LUST AUFS ALTER

PETER SCHEER

LUST
AUFS ALTER

**UNKONVENTIONELLE GEDANKEN
ÜBER DAS ÄLTERWERDEN**

FALTER *VERLAG*

Ich widme dieses Buch
meiner geliebten Frau Marguerite,
die mein Leben so besonders lebenswert macht.

Ich bedanke mich für hilfreiche Korrekturen
bei meiner privaten Lektorin Mag.ᵃ Gertraud Stadler, Graz.

ISBN 978-3-85439-669-7
© 2020 Falter Verlagsgesellschaft m.b.H.
1011 Wien, Marc-Aurel-Straße 9
T: +43/1/536 60-0, F: +43/1/536 60-935
E: bv@falter.at, service@falter.at
W: faltershop.at
1. Auflage 2016
2. Auflage 2020
Alle Rechte vorbehalten.

Autor: Peter Scheer
Lektorat: Helmut Gutbrunner
Umschlagdesign: Dirk Merbach
Illustration Umschlag: Oliver Hofmann
Grafik und Layout: Marion Großschädl
Produktion: Susanne Schwameis
Druck: Finidr, s.r.o., 73701 Český Těšín

INHALT

Vorwort 6

TEIL 1
ANLEITUNG ZUM ÄLTERWERDEN 9
Zwei ältere Herren 11
Der fröhliche Pensionist 21
Sie sind unwichtig... 30
Sie sind gesünder, als Sie glauben 40
Lebensführung 56
Sie sind reicher, als Sie glauben 65
Meiden Sie manche Menschen, treffen Sie andere 79
Es ist wie eine zweite Jugend 88

TEIL 2
BETREUUNG UND STERBEN 103
Mein Großvater... 105
Träume 109
Das Foto 114
Die Apfelblüte 120
Was heißt es sich zu kümmern?........................... 124
Gestorben muss werden, so oder so 137
Ernstl stirbt 146
Die Verscheuchung 154
Die Sorge 155
Die Diagnose(n)... 160
Heute geht alles schief 164
Der Beginn des Abschieds 172
Wie erleben die Alten die Betreuung? 181
Mutter schweigt 188
Verlust der Erinnerung 192
Die Steinsetzung.. 194
Zwei Jahre danach 202
Auf dem Weg in den Wald 209

Nachwort 212

VORWORT ZUR ZWEITEN AUFLAGE

Viele Leserinnen und Leser haben mich, auf den Buchtitel anspielend, gefragt: „Kann man sich aufs Alter freuen?" Andere Bücher hätten sie gewarnt: Das Alter sei eine Beleidigung des Lebens, man werde schwächer und schwächer, gesellschaftlich immer weniger wert und rücke seinem Grab jeden Tag näher. Wenn man Freunde besuchen wolle, ginge man auf den Friedhof. Berechtigte Ängste vor Krankheit, Armut und Tod bestimmten den Alltag. Manche hofften, dass es in dem Buch um Alterssex gehen könnte. Der Buchtitel würde das nahelegen. Aber selbst wenn es um Sex ginge: Bücher über Sex im Alter seien durchwegs unerfreulich. Sex im Alter würde mühsamer, schlechter und die in manchen Lebenshilfebüchern in Aussicht gestellte Hoffnung, das sexuelle Erleben würde mit dem Alter intensiver, sei schlichtweg falsch, so der einhellige Tenor. Selbst das berühmte Buch Erich Fromms, „Die Kunst des Liebens", würde dort, wo es ums Alter geht, schal.

Nach der Rezeption meines Buches änderte sich die Einstellung meiner Leser zum Alter jedoch grundlegend: Alte Freunde und neue Bekanntschaften erzählten mir, sie hätten aus dem Buch neue Ideen und sogar Inspiration geschöpft. Mit der Begehrlichkeit des Autors, der beim Schreiben oft fehlendes Feedback beklagt (außer den kritischen Bemerkungen der Familie), fragte ich nach. Da hieß es dann meist unbestimmter, es hätte geholfen, sich angesichts des Todes und der fraglichen Unsterblichkeit nicht so ernst zu nehmen. Die ABG-Regel, Angst, Besserwisserei, Geiz, würde man nach der Lektüre besser bekämpfen. Das Bewusstsein, dass nicht mehr viel Zeit sei, dass die Kerze, die man als Symbol für das Leben nehmen kann, schon fast abgebrannt sei, schien, – obwohl es im Grunde ängstigt – oft dabei zu helfen, sich infrage zu stellen. Die Passagen über Sterbende, die ich auf ihrem letzten Weg begleitet hatte, waren manchen zu drastisch. Verständlich, waren die meisten meiner Leser*innen doch keine Mediziner*innen und so angesichts der von mir geschilderten Leiden schreckhafter. Am meisten freut mich, dass mir meine Familie das Buch immer wieder mal als Spiegel vorhält, sollte ich den darin zum Ausdruck gebrachten Empfehlungen zuwiderhandeln, und mir so den Sinn des Buches in

Erinnerung ruft, nämlich mir und anderen die Möglichkeit zu geben, das Alter freudig zu genießen, in einer von Wohlstand geprägten Umgebung, in einem Land, das im Herzen Europas ein Leben in Frieden ermöglicht. Denn das ist alles andere als selbstverständlich. Seit 2016 scheint die Angst der Älteren wieder größer zu werden: Sie fürchten, junge Zuwanderer aus anderen Kulturen könnten die ihre beeinträchtigen. Auch wenn viele von ihnen kaum je in die Oper oder die Gebetshäuser gehen – sie wollen sie so haben, besitzen, wie sie sie kennen. Die Dynamik der Bevölkerungsexplosion weltweit – davon wollen sie nichts hören. Der Erhalt des Erworbenen und die Angst, es zu verlieren, bestimmen den politischen Diskurs. Älter werden um fast jeden Preis, auch wenn man mit seiner Zeit wenig anzufangen weiß, ist angesagt. Da wird zu Ärzt*innen gelaufen, was das Zeug hält, überfüllte Ordinationen und Ambulanzen zeigen das. Schmerzen können nicht ertragen werden, statt Lachen, Demut und Hinnehmen der Altersbeschwerden werden unrealistische Erwartungen an die Medizin gerichtet, die zwangsläufig enttäuscht werden müssen. Die Gegengifte gegen Ängstlichkeit und Todesangst, nämlich Demut, Glaube und Bescheidenheit, werden zu wenig genutzt. Jeder Tag ist ein Geschenk – vor allem, wenn man halbwegs gesund ist und eigentlich froh sein könnte. Stattdessen verbringen manche Menschen zwischen sechzig und achtzig ihre Zeit mit Erinnerungen an die Vergangenheit, vor deren Hintergrund die Gegenwart nur schlecht abschneiden kann. Das ist schade. Denn wenn es so schlecht ist, wie sie sagen, warum trennen sie sich dann so schwer vom Leben? Warum gehen sie nicht leicht aus einer angeblich schlechten Welt?

Ab 2017 machte ich aus dem Buch ein Kabarett. Gemeinsam mit meinem Sohn Aaron und Andrea Schramek unter der Regie von Michael Schilhan führte ich das Programm „Es ist wie eine zweite Jugend, nur ohne Zukunft" auf. Im ersten Akt bin ich für fünf „verstümmelnde Operationen" allein auf der Bühne: Es werden Sport als lebensverlängernde Tätigkeit, Diät als gesundheitsfördernde Maßnahme jenseits des 65. Lebensjahrs weggeschnitten. Angst, Besserwisserei und Geiz kommen als Nächstes dran. Dann betritt Aaron die Bühne: Er ist willentlich alt geworden. Es erscheint ihm besser, alt zu sein, als die Sorgen und Probleme der Jugend zu haben. Ich habe manchmal meinen Text vergessen oder extemporiert, manchmal wurde er mir eingesagt. Was für schöne Alterserinnerungen! Andrea Schrameks Part als Mitglied des Transportdiensts eines großen Krankenhauses kommt nach der Pause: Sie erzählt meine Kranken- und Leidensgeschichte, während ich röchelnd im Bett liege, aus ihrer Sicht. In breitem Wienerisch lobt sie mich zwar, gibt aber den Unheilbaren der Lächerlichkeit preis. Die enormen Kosten und Schmerzen, die am Ende des Lebens auftreten, werden plastisch geschildert. Doch dann stürze ich, der sterbenskranke Patient, auf der Bühne, robbe zur Wasserflasche, weil sie mir – aus rechtlichen Gründen – kein Wasser reichen darf. Schwer richte ich mich auf. Angst, ich könnte mit dem Spiel die Dämonen locken, Befriedigung über das gute Wasser. Ich ziehe einen Morgenmantel an. Danach bin ich wieder ich selbst, wie im ersten Akt. Nun empfehle ich ein beschwingtes Leben in selbstverordneter Hoffnungslosigkeit. Wir führten das im Next Liberty Kinder- und Jugendtheater in Graz, dann im Theater in Leoben, 2019 im Brötchengeschäft Trzesniewski in Wien und zuletzt im Haus der Missionsschwestern beim Clubabend Dornbach – Neuwaldegg auf.

Für die Bühne wurde dieses Buch noch verdichtet. Der Tobak war noch schärfer.

Bei einer Korrektur des Verlags über den „wahren" Verlauf des Schicksals Pierres in Tolstois Krieg und Frieden, fiel auf, dass Schreibender und Leser eine virtuelle Gemeinschaft bilden: die europäischen Lesenden. Diese Gemeinschaft erscheint im Jahre 2019 bedroht. Der Wind weht in Richtung Nation. Wenn Nationen die Herrschaft übernehmen, kommt Krieg. Krieg zerstört Literatur. Wenn sich Alte erregen wollen, die Lust auf die Welt haben und erst wenig in „jene Welt" schauen, dann jetzt. Denn diese Momente sind es, die wir Alten haben, Momente, die uns in die Zukunft schauen lassen. Sonst wären wir verbleichende Bauherrn der alten Zeit, mit wenig Freude und kaum einem Blick in die Zukunft. Das zu verhindern und Ihnen Lust aufs Alter zu ermöglichen – dazu mag das Buch dienen.

Peter Scheer im Dezember 2019

TEIL 1

ANLEITUNG ZUM ÄLTERWERDEN

ZWEI ÄLTERE HERREN

Zwei ältere Herren sitzen in Zermatt beim Abendessen. Die Wahl des Lokals war ihnen schwergefallen. Dabei waren es nicht die Auswahlkriterien ihrer Jugend gewesen, die es schwer gemacht hatten, denn es gab in Zermatt kein Restaurant, das sie sich nicht hätten leisten können. Sie mussten auch nicht auf ihre Linie schauen, noch gab es Dinge, die sie nicht aßen oder nicht mehr vertrugen. Sie wollten einfach nicht zu nobel essen, vor allem der ältere der beiden Freunde, die sich seit über dreißig Jahren kannten, hasste Noblesse – sie erinnerte ihn an seine vielen beruflichen Essen, bei denen ihm meist schlecht geworden war. Noblesse, so meinte er, drücke sich meist im übertrieben schlechten Benehmen des Personals aus, welches ihn nicht als Promi wahrnahm und daher schlecht behandelte, sowie in überhöhten Preisen. Gestern waren sie erst im Walliserhof, einem der noblen Hotelrestaurants an der Bahnhofstraße, gewesen. Der Ober, wie sie ihn auf Wienerisch nannten, also der Chef de rang, hatte, als sie sich an den von ihnen reservierten Tisch setzen wollten, Peter, den Älteren, angeschrien, dass dieser Tisch reserviert sei, und als sich dann klärte, dass alles seine Richtigkeit habe, kein Wort der Entschuldigung gefunden. Überdies war der Tisch praktisch mitten im Raum gestanden, aber doch so knapp an der unbenutzten Bar, dass die Kellner immer wieder an ihm anstreiften. Schließlich war die Speise – das Züricher Geschnetzelte mit Rösti, weshalb sie sich ein traditionell schweizerisches Lokal ausgesucht hatten – unspektakulär gewesen und Peter hatte kommentiert, dass es eben schwer sei, indischen oder thailändischen Köchen die Besonderheiten der schweizerischen Küche nahezubringen. Auf den Nachtisch hatten sie dann verzichtet, so frustriert waren sie vom Service und der Kost. Der Kellner hatte sie, obwohl nach Aussprache und Sprachtönung offensichtlich eher Italiener als Schweizer, vielleicht aber auch Tessiner, ständig belehrt, dann bestimmt, wann er Wein und wann Bier bringen würde, und zuletzt auch noch bei der Bezahlung das Trinkgeld zurückgewiesen, als hätten sie einen Fauxpas begangen.

Deshalb waren sie heute in ein einfaches Lokal gegangen, eines, das ihnen der Skilehrer empfohlen hatte. Sie hatten die Suchbedingungen folgendermaßen dargestellt: Es sollte ein Lokal sein, das der Skilehrer selbst besucht und in dem man gutes Essen bekommt. Pedro, ein Argentinier, der seit Jahrzehnten als Skilehrer arbeitete, kannte sich aus. Für sich allein wollte er nicht kochen, und so war er auf die Mittagseinladungen seiner Kunden angewiesen oder an seinen freien Tagen eben auf Restaurants, die gut und billig kochten.

Sie saßen nun im ersten Stock der Pizzeria, die Fenster gingen auf die Bahnhofstraße, die Tische waren mit einfachen, rotkarierten Tischdecken gedeckt, die Karte bestand aus nur zwei Seiten, wovon die eine ausschließlich Pizzen enthielt. Neben ihnen saß eine Gruppe Japaner mit einem deutsch sprechenden Guide. Sie aßen Pizza, Nudelgerichte und Hauptspeisen zugleich, tranken Tee und Wein und lachten viel. Möglicherweise waren es auch Chinesen, das Lachen und die Lautstärke ihrer Unterhaltung deuteten eher darauf hin.

Die zwei Herren fühlten sich also gleich wohl: Beide hatten die Sommer seit ihrer Kindheit im Süden verbracht. Der Kleine und Jüngere zunächst mit den Eltern in Campinganlagen rund um Caorle, Jesolo und Lignano. Der Große und Ältere mehr in Jugoslawien, da die Eltern Kommunisten gewesen waren und günstige Tarife in Parteiheimen bekamen. Beide waren sie Kinder des Wirtschaftswunders: Schon als er elf Jahre alt war, 1962, war die Mutter mit ihm, dem Jüngeren, und seiner Schwester in ein schönes Hotel nach Lignano Sabbiadoro gefahren und so lange geblieben, wie das Geld reichte. Später, als Jugendliche, fuhren sie auf eigene Faust nach Italien. Der Kleine per Autostopp nach Venedig, der Große mit einem billigen Auto bis in den Süden Italiens, in den Mezzogiorno, nach Ancona und Sizilien. Der Kleine hatte seine Flitterwochen sowohl mit der ersten wie auch mit der zweiten Frau in Italien verbracht. Das erste Mal ging es mit dem geliehenen Audi 100 des Schwagers über den Apennin nach Rom, mit einem lustigen Zwischenstopp in den Bergen in Pian del Voglio. Dort war er, bekleidet mit einem Lodenmantel, über einen niedrig gespannten Draht gesegelt und so komisch hingefallen, dass seine schwangere Frau lange lachen musste. Der Größere hatte seine vierte Ehe in Venedig geschlossen, der Kleine war Trauzeuge gewesen, wie übrigens auch schon bei den Ehen zwei und drei, wobei der Große immer schwören musste, dass der Kleine noch nie zuvor sein Trauzeuge gewesen war. In den letzten Jahren hatte der Große versucht, seinen Urlaub am Keutschacher See in Kärnten zu verbringen, aber das ist nun einmal nicht Italien, und so fuhr er fast täglich über die Grenze, um Nudeln zu essen.

Der Kellner kommt, er spricht ausreichend, aber schlecht Deutsch. Der Kleine bestellt natürlich auf Italienisch, der Große findet das affig und bestellt auf Deutsch. Sie nehmen miteinander eine Pizza Napolitana als Vorspeise, vor allem, weil sie keinen geschmolzenen Käse am Abend essen wollen – dazu sind sie wohl doch schon zu alt. Dann noch Fritto misto für den Großen und Scaloppine al Limone für den Kleinen, die Lieblingsspeise des jeweils anderen. Sie waren zum Skilaufen nach Zermatt gekommen, kurz vor Weihnachten, in der Vorsaison. Überall sonst lag in diesem warmen Winter des Jahres 2014 kein Schnee, Zermatt, vor allem Cervinia, war damals schneesicher und sie genossen die lange Abfahrt vom kleinen Matterhorn, welche die längste der Alpen ist. Sie ließen es sich an nichts fehlen: Mit Ausnahme des heutigen Tages hatte sie eine rotblonde Skilehrerin mit britischen Wurzeln immer pünktlich um neun Uhr vom Hotel abgeholt, ein elektrisch getriebenes Taxi bestellt, war mit ihnen zur Gondel gefahren oder zum Zug auf den Gornergrat und hatte sie gemütlich über sonnenbeschienene Pisten ins Tal geführt. Ihr Hotel war keines der Luxusschuppen, sondern ein gutbürgerliches Haus, in dem sie zwei Juniorsuiten mit Blick aufs Matterhorn genommen hatten. Problemlos bewältigten beide die sportliche Belastung. Der Große spielte zuhause bis zu fünf Mal die Woche Tennis und fuhr im Sommer mit dem Fahrrad zum Tennisplatz, der Kleine ging viel zu Fuß, fuhr immer mit dem Rad und lief fast jeden Tag um 6.20 Uhr eine kleine Runde mit seinem Laufpartner in Graz. Keinesfalls vermieden sie es, Bewegung zu machen, der Große ging sogar manchmal zu Fuß in seine im neunten Stock gelegene Wohnung in Chicago.

Gesunde Senioren also, einige Implantate und Brücken im Mund, der Große an der Gallenblase operiert, der Kleine Hämorrhoiden und sonst das Übliche. Beide gut krankenversichert und offensichtlich nicht arm.

Das Gespräch kam auf die Bewältigung des Alters. Ausgelöst hatte es der Kleine, da er ein Buch darüber schreiben wollte, oder, wie er sagte, schreiben müsse, aber auch, weil er seine jährliche Vorsorgeuntersuchung vor sich hatte, die es verhindern würde, mit dem Großen noch zwei Tage in Wien zu verbringen. Sein Arzt sei wunderbar, sagte er. Er nähme ihn dran, obwohl er inzwischen ärztlicher Direktor des Krankenhauses der Elisabethinen in Graz geworden sei, er hieße nicht nur Professor Stark, sondern sei auch wirklich stark und nähme alle Wünsche und Vorbedingungen des Kleinen gütig hin. Er untersuche die Gefäße, die Carotisgabel und das Blut. Der Arzt sei zwar über die horrenden Fettstoffwechselbefunde des Kleinen immer wieder entsetzt, aber sie könnten gut darüber reden. Der Große war gewöhnlich empört, wenn dieses Thema zur Sprache kam. Nie würde er zu einer Vorsorgeuntersuchung gehen, ließe sich weder ins Herz schauen noch ein Rohr in den Hintern schieben. Er wollte auf seine Krankheit warten, dann wäre seiner Meinung nach noch immer Zeit genug, zu einem Arzt zu gehen.

Diesmal aber geschah fast ein kleines Wunder: Der Große machte dem Kleinen keine Vorhaltungen, dass er zu Gesundenuntersuchungen gehe und ein Buch über das Altern schreiben wolle, und der Kleine versuchte nicht den Großen zu überreden, sich untersuchen zu lassen. Sie ließen sich gegenseitig sein, wie sie sind, was selten vorkam.

So ging das Gespräch weiter: Was tun, wenn einer der beiden durch Krankheit oder Altersschwäche entweder der Frau oder den Kindern zur Last fallen würde oder in ein Alters- oder Pflegeheim müsse? Der Große war da ganz eindeutig: Er würde sich umbringen. Er konnte den Überlegungen des Kleinen zur Altenpflege zwischen Schuldgefühl und Aggression (wie sie den Backbone dieses Buches ausmachen) einfach nichts abgewinnen. Die Mutter des Großen war früh, mit siebenundsechzig Jahren, in nur drei Monaten an einem Pankreaskarzinom gestorben, der Große war drei Tage vor ihrem Tod weggefahren, er konnte es nicht mitansehen.

Der Vater des Großen kam ohne seine Frau schlecht zurecht. Er nahm gegen viele Beschwerden Schmerzmittel, die seine Nieren angriffen, dann ließ er sich an der Prostata operieren und wäre an den Folgen der Operation fast gestorben, vielleicht auch, weil er wieder zu viele Schmerzmittel nahm. Er erlitt einen Schlaganfall und lebte gerade noch lange genug, um von seinem jüngsten Sohn und der Schwiegertochter aus dem Haus geworfen zu werden. Er zog in eine kleine Wohnung, wo eine Philippinin nach ihm sah und wo er, besucht nur von des Großen zweiter Frau, dann auch starb.

Des Kleinen Vater war mit vierundsechzig gestorben, er hatte die Weihnachtsfeiertage, die er hasste, mit Essen und Trinken verbracht. Zur Verbesserung seiner sexuellen Fähigkeiten hatte er noch eine Messerspitze Strychnin genommen, und so erlag er seinem zweiten Infarkt.

Der Kleine hatte sein ganzes Leben mit seiner Mutter verbracht. Da seine Schwester mit neunundvierzig Jahren gestorben war, waren er und die Mutter noch mehr ein Paar geworden, als sie es ohnedies immer schon gewesen waren. Er hatte mit der Mutter Urlaube gemacht, zuerst eine Safari in Kenia, dann einen Wochentrip nach New York, vierzehn Tage Bali, Karibikkreuzfahrt und zuletzt noch eine Kreuzfahrt im Mittelmeer. Sie waren ein Paar und er wollte nicht, dass er sich einmal würde vorwerfen müssen, nicht beizeiten alles mit ihr unternommen zu haben. Er war natürlich auch ihr Arzt und betreute sie mal besser, mal schlechter. In den Zeiten, in denen seine Mutter im Sommer Angst vor dem Alleinsein gehabt hatte, gab es schon Auseinandersetzungen mit seiner Frau, die sich nicht jeden Urlaub durch die Trennungsangst ihrer Schwiegermutter „zerstören" lassen wollte. Jedenfalls hatte die Mama die letzten zwanzig Jahre mit ihm und seiner Familie gelebt. Vor einem Jahr war sie nach einem Schlaganfall gestorben.

„Was für eine Frechheit, den Kindern zur Last zu fallen", hob der Große an. Er liebte die Provokation, er fuhr gern mit dem glühenden Schwert ins eigene und noch lieber ins Herz des Kleinen. So konnte der Dialog beginnen. Selbstmord war einmal ein Spezialgebiet des Kleinen gewesen, er hatte bei dem von der Presse so bezeichneten Selbstmordpapst Österreichs, Erwin Ringel (1921 – 1994), gelernt und war über vier Jahre dessen Stellvertreter an der Medizinischen Fakultät der Uni Wien gewesen. Der Kleine zweifelte an der Fähigkeit der meisten Menschen, sich als Pflegebedürftige umzubringen. Seine Mama wollte sich sechs Tage vor ihrem Tod – mit ihm sprach sie da kaum noch – umbringen. Zuerst bat sie ihren Sohn um Hilfe, dann den praktischen Arzt, der sie betreute. Der Sohn verweigerte die Mithilfe am Selbstmord mit dem Hinweis auf die Erinnyen, die ihn dann verfolgen würden, und außerdem sei er fürs Leben da und nicht für die Mithilfe zum Selbstmord. Der praktische Arzt, Dr. Gustav Mittelbach, Gründer und Betreiber des Sozialmedizinischen Zentrums in Graz und fast ein Freund der Familie, lachte, als die Mutter des Kleinen ihn um Sterbehilfe bat: „Nehmen Sie doch all die Medikamente, die sie hier herumliegen sehen, Frau Scheer." Daraufhin beschloss die Mama, nicht mehr zu reden, mit niemandem, nicht mehr zu essen, nicht zu trinken – was zum selben Ergebnis führte, nur langsamer und quälender.

„Man muss es sich jetzt, also beizeiten, herrichten", das war wieder der Große. Der Große ist gelernter Pharmazeut, der Kleine Arzt. Man einigte sich daher auf Diazepam (Valium) und Midazolam (Dormicum) als Einstiegsdroge und Phenobarbital (Luminal) als Tötungsmedikament. Der Kleine wollte gelesen haben, dass auch die Schweizer Todesagenturen Luminal[1] als Tabletten verwenden. Außerdem hatte es für Marylin Monroe gereicht, also würde es auch für sie reichen. Zwar nahm der Große immer wieder ziemlich viel Diazepam ein, wenn er einen Jetlag hatte, und der Kleine trank gern Alkohol, sie müssten daher die Dosis diesem Umstand anpassen. Zwei bis drei Gramm pro Kopf würden ausreichen.

Aber wann genau wäre der Schlussstrich zu ziehen? Dann, wenn man sich den Kindern ausliefern müsste, wenn man nicht mehr Auto fahren oder telefonieren könnte, oder erst, wenn man unerträgliche Schmerzen bekäme? Wann würde der rechte Zeitpunkt gekommen sein, wann verlöre man die Freude am Leben, wann gäbe man die Hoffnung auf? Woher, so wandte der Kleine ein, kämen dann die vielen Alten, die sich von Pflegerinnen zum Beispiel in Israel, wo man das allenthalben sähe, im Winter mit dem Rollstuhl in die Sonne, im Sommer in den Schatten schieben ließen? Woher kämen die Alten, die ihre Ersparnisse für diese Pflegerinnen ausgäben, weder Stuhl noch Harn mehr halten könnten und dann mit versiegender Stimme

---

1 Allerdings ist Phenobarbital nicht zuletzt deswegen aus dem Handel genommen worden, so dass ohne das Wissen der beiden diese Kombination nicht funktioniert.

den uninteressierten Philippininnen Vorträge über die Erkenntnisse eines langen Lebens hielten, die sich ihre Kinder nicht anhören wollten? Wieso lebten die noch? Hatten die nur den richtigen Zeitpunkt übersehen?

Der Kleine kannte Beispiele ohne Zahl. Der Große war so sehr mit der durch ihre Oberflächlichkeit gekennzeichneten amerikanischen Kultur verwachsen, dass es ihm erst während des Gesprächs auffiel, dass einer seiner Tennispartner vor Wochen erkrankt war und er sich nie erkundigt hatte, wie es um ihn stehe. Er war, wie er sagte, kein Helfer. Der Kleine hatte seinen Großonkel in Israel immer wieder besucht, der mit fast neunzig in ein Altersheim gekommen war. Acht Jahre wartete er dort auf seinen Tod. Er sagte einmal zum Kleinen, dass das seine schwerste Aufgabe sei.

Das Gespräch im Restaurant wurde hitziger und nachdenklicher zugleich. Jetzt, da sie beide in Pension waren, konnten sie es sich besser vorstellen, bösartigen Menschen ausgeliefert zu sein. Der Kleine erinnerte sich an die Betreuungsmannschaft Izius, die in einer Ecke des Aufenthaltsraums Kaffee trank und den Alten in den Rollstühlen zusah, wie sie miteinander zu sprechen versuchten oder wie Strafgefangene sinnlose Arbeiten ausführten. Beschäftigungstherapie vor dem Mittagessen nannte man das. Iziu fand das entwürdigend; er war zwar blind, aber noch hell im Kopf und hätte lieber mit jemandem gesprochen, anstatt Plastikkugeln aufzufädeln. Wie es seine Art war, machte er niemandem Vorwürfe. Er versuchte sich einfach aufzulösen, aber sein über all die Jahre gut trainierter Körper und das wenige Essen, das er immer zu sich genommen hatte, ließen ihn fast hundert Jahre alt werden. Worauf hat er sich noch gefreut? Auf die Besuche der Tochter und seiner Enkelkinder? Wieso hatte er nicht eine ausreichende Anzahl Tabletten geschluckt, als er seine Wohnung hergeben musste?

Joachim Fuchsberger (1927 – 2014) hat ein Buch übers Alter geschrieben: „Altwerden ist nichts für Feiglinge!" (Gütersloher Verlagshaus, 2011). Darin erklärt er, wie schwer es ist, alt zu werden und zu sein. Der Schlussfolgerung Fuchsbergers, dass man nämlich Mut zum Altwerden brauche und dass es dann Spaß mache, können sich die beiden Herren im Zermatter Restaurant nicht anschließen. Was soll denn daran Spaß machen? Die in Kaffee eingetunkte Semmel, die man mit den dritten Zähnen zermalmt? Oder der Blick auf die Berge, die man einst bestiegen und dann mit Skiern befahren hat? Das soll ein Vergnügen sein?

Joachim Fuchsberger hat in dem Film „Die Spätzünder" (2010) mitgespielt. In einem Altersheim sieht man, wie die Alten trotz der furchtbaren Betreuung durch eine repressive Chefin Freude am Leben und am Singen mithilfe eines Künstlers, welcher wegen Drogenbesitzes zu dieser Art Sozialdienst verurteilt wurde, haben. Die Insassen sind Reiche und Gebildete. Abgeschoben von ihren Kindern und einem Regime ausgeliefert, das an ein nobles Straflager erinnert, finden sie sich zu einer heimlich probenden Kapelle zusammen und treten mit dem Lied „Live Is Life" der steirischen Rockband Opus auf. Sie sind glücklich.

Das Leben neigt dazu, Märchen nicht wahr werden zu lassen. Genau durch solche Fantasien und Träume retten sich die Alten über den richtigen Moment des Abtritts hinweg und unterstützen ihre Todesangst durch die Regeln der Religionen, die Selbstmord verbieten. Die im Alter zunehmende Feigheit, da sind sich die Freunde einig, verhindert den Suizid und lässt ehemals nützliche Mitglieder der Gesellschaft zu behinderten Krüppeln werden, die sich einreden, dass sie nun für ihr Streben und ihren gesellschaftlichen Beitrag entgolten werden. Welch ein Irrtum! Sie machen weder sich noch ihrer Umgebung Freude.

Jean Améry (1912 – 1978) hat in seinem Buch „Über das Altern" (1968) seinen Selbstmord für den Zeitpunkt angekündigt, an dem er nicht mehr Herr seiner Selbst sein würde. Ich erinnere mich an seinen Vortrag, den eines traurig gewordenen Linken, der an der Entwicklung der Politik, an dem wiederaufflammenden Antisemitismus und an der Welt verzweifelte. Er war nicht im eigentlichen Sinn depressiv. Erwin Ringel, der ihn zu dem Vortrag eingeladen hatte, sagte mir, dass zwei Gründe zu dessen baldigem Ende führen würden: die Enttäuschung über die Verarbeitung der Nazidiktatur einerseits und die ständigen Fragen von Journalisten und naiven Studenten, wann er, Jean Améry, sich nun endlich das Leben zu nehmen gedenke. Ringel hatte recht.

Hans Mayer, der sich nach dem Krieg Jean Améry nannte, nahm sich das Leben.

Beispiele fallen unseren Freunden viele ein. Doch plötzlich wird der so schnell gefasste Beschluss noch einmal reflektiert: Wann und wie soll es geschehen? Wer wird das Startsignal geben? Wäre der jeweils andere imstande, die Lebenstüchtigkeit zu beurteilen und das Todesurteil auszusprechen? Würde man sich an dessen Urteil halten oder, wie es in dieser Freundschaft schon manchmal vorkam, eine „Pause" machen, den anderen verraten? Einfach, weil man Angst hat, Angst vorm Sterben, Angst vorm Grab, Angst vor der Unendlichkeit.

Sie können dieses Buch so verstehen: Es wird Ihnen keinen Rat geben, der sie am Leben hängen lässt. Es wird Sie nicht bestärken, Diät zu halten, weil Sie dadurch länger leben. Es wird Ihnen nicht raten, sich für schlechte Zeiten einen Notgroschen zurückzulegen, aber es wird Ihnen empfehlen, auf sich zu schauen. Ungefähr so: Verbrauchen Sie sich, verschwenden Sie sich und das Ihre und Sie werden keine Erben zurücklassen, die sich streiten müssen – denn es wird nichts geben, worum sie sich streiten können. „Verbrauchen Sie sich und das Ihre" heißt aber auch, dass Sie nicht warten, bis einschränkende Erkrankungen wie Morbus Parkinson kommen oder Ihre Knie nicht mehr das tun, was Sie wollen. Vielmehr ist es ein Buch, das Sie auffordert, die Freuden des Pensionistendaseins zu genießen und abzutreten, bevor es zu spät ist. Das wird nicht dann sein, wenn sie ein Hörgerät brauchen – aber dessen Besitz sollte Sie vom Opernbesuch abhalten, weil sie „es" nicht mehr hören. Das wird auch nicht dann sein, wenn Sie einen Stock brauchen, aber der sollte Sie vom Berggehen abhalten, weil sie für sich und andere zur Gefahr geworden sind. Sobald Sie aber in den Rollstuhl kommen, sollten Sie darüber nachdenken, was Sie noch erwarten können und was Sie noch machen wollen.

Die Grenze für meine Mama war die selbstkontrollierte Ausscheidung.

Darauf können sich die Freunde auch einigen: Wenn sie gewickelt werden müssen, aber die Hand noch bewegen können, dann würden sie das Medikament nehmen. Die Frage, ob es nicht besser wäre, unter einer Plombe ausreichend Zyankali einzubauen, wie es die SS-Führer taten, lassen sie offen. Hermann Göring (1893 – 1946) hat draufgebissen, Rudolf Heß (1894 – 1987, die letzten vierzig Jahre verbrachte er im Kriegsverbrechergefängnis Spandau) nicht. Dieser entzog sich der Hinrichtung, jener wurde zu einem Symbol des Siegerrechts. Zwei Karrieren angesichts eines unverstehbaren Verbrechens. Also, da sind sich die Freunde einig – für eine Zyankalikapsel sind sie eine Nummer zu klein. Was sie jetzt wissen und besprochen haben, bleibt: Sie werden sich beobachten und zu verhindern versuchen, was verhindert werden muss: das Siechtum des Alters, das den fröhlichen Pensionisten langsam verderben lässt.

DER FRÖHLICHE PENSIONIST

Wer die Pension erfunden hat, ist mein Freund! Zufällig weiß ich, wer das war: Reichskanzler Otto von Bismarck (1815 – 1898), vor dessen Denkmal am Großen Stern in Berlin ich immer eine Gedenkminute abhalte. Nicht, dass ich nicht vorher die Verdienste Bismarcks für die Vereinigung des Deutschen Reichs würdigte, nein, wirklich dankbar bin ich ihm wegen der Allgemeinen Krankenversicherung, vor allem aber der Pension. Er wollte mit diesen Maßnahmen den Sozialismus verhindern. Mit gutem Augenmaß hat er sie berechnet: Damals – also nach dem Krieg gegen Frankreich 1870/71 – war die durchschnittliche Lebenserwartung der Männer – und nur diese arbeiteten im Sinne des Lohnerwerbs – sechsundsechzigeinhalb Jahre. Also sagte der Reichs-kanzler paraphrasiert: „Dann sollen die Menschen mit fünfundsechzig in Rente gehen, dann haben sie noch eineinhalb Jahre, in denen sie sich ihrer Familie widmen, ihre Dinge ordnen und so einen friedlichen Lebensabend genießen können." Denn das Wort Lebensabend kommt von daher, dass es sich nicht um einen dritten Lebensabschnitt han-delte, wie man das heute oft sieht, sondern eben um einen „Abend", an dem die letzten Wochen und Monate verbracht wurden, noch so weit gesund, dass man sich um seine Angelegenheiten kümmern konnte, um sich dann auf den Weg ins Grab zu machen.

Wie anders ist das heute. Man spricht von der dritten Phase (in welcher der Autor sich jetzt befindet), in der man im Grunde noch alles kann: Ski fahren, reisen, lieben, neue Dinge erlernen, wie zum Beispiel Com-puter und Tablets bedienen, und sogar Freude am Geldausgeben hat und – so es gut gegangen ist – an der Frau oder dem Mann, mit dem bzw. der man zusammen ist. Am Übergang zur Phase vier[2] ändert sich das langsam.

---

[2] Das ist jene Phase, in der man zunehmend auf Hilfe angewiesen ist. Haushalt und Alltag können nicht mehr selbstständig erledigt werden, auf Reisen ist man auf fremde Hilfe ange-wiesen etc.

Am größten Bauernmarkt der steirischen Landeshauptstadt Graz, dem Kaiser-Josef-Markt, arbeiten fast nur Pensionisten der Phase drei bis vier. Sie kommen frühmorgens, meist um 5.20 bis 6.30 Uhr, bauen mithilfe eines Enkels oder des Platzbetreuers den Stand auf, frühstücken warm angezogen einen heißen Kaffee, für den sie eine eigene Tasse mitgebracht haben, verkaufen Obst, Hühner, Eier, Gemüse, Selbstgebackenes, Fleisch und Wurst und sogar Fische. Der Rücken schmerzt und die Beine wollen nicht mehr so recht. Sie sind eine unverzichtbare Kraft in der häuslichen Landwirtschaft, ohne sie wäre das Familieneinkommen geringer. Es ist dies aber nicht der Sinn der Pension, wie Bismarck sie sich vorgestellt hat. Ihm zufolge bereitet sich der ideale Pensionist auf das Sterben vor. Dieser ist, dem Wortwitz sei es geschuldet, fast ausgestorben.

Während ich dies schreibe, ruft mich ein relativ neuer Freund an. Meine Apple-Sammlung hat seit einiger Zeit die Funktion, dass das Telefon sowohl auf dem Tablet, meinem McBook Air als auch auf meinem Smartphone läutet. Da ich gerade schreibe, hebe ich – etwas genervt – am Computer ab. Es ist Günther, Sportlehrer und ehemaliger Teilnehmer an den Leichtathletik-Europameisterschaften, der mit mir am letzten Februarwochenende Ski fahren gehen will. Er hat seine Kontakte spielen lassen, um ein geeignetes Quartier zu finden, aber feststellen müssen, dass alles ausgebucht ist. Das wollte er mir mitteilen. Nur das Super-Luxus-Resort ist noch frei, aber er findet, dass das einfach zu teuer ist. Es kostet zwischen dreihundert und vierhundert Euro pro Person und Tag, und das kann und will er sich nicht leisten. Während wir telefonieren und ich ihn zu beruhigen versuche, ihm erkläre, dass er ja mit mir fahre und ich ihn gerne einladen würde, rufe ich das Hotel auf Booking.com auf. Ich mag diese Website, sie hat die günstigsten Preise und man kann meist kostenlos stornieren, zudem bin ich dort Genius-Kunde, was immer das auch heißen mag. Tatsächlich gibt es noch ein Zimmer, sogar die Juniorsuite mit zwei unabhängigen Betten, was bei meinem Schnarchen kein Fehler ist, und es kostet tausendeinhundertsechsunddreißig Euro inklusive Halbpension. Ein Schnäppchen. Denn gerade im Februar 2015 ist der Euro gegenüber dem

Schweizer Franken um dreißig Prozent gefallen, der US-Dollar war für uns noch nie so teuer und ich weiß, dass ich in den Tagen vor Schladming aus Jux und Tollerei als Mitglied des Verwaltungsausschusses des Ernst Ludwig Ehrlich Studienwerks in Brandenburg sitzen und junge, hoffnungsvolle Menschen auswählen werde, die um ein Stipendium angesucht haben. Das heißt im Klartext, dass ich gerade – international gesehen – von meiner bescheidenen Rücklage etwa dreißig Prozent verloren habe, dass ich drei Lebenstage für einen guten Zweck geben werde, an denen ich sonst arbeiten und Geld verdienen könnte, und dass ich in Phase drei bin, also noch Ski fahren kann und will.

Überdies bin ich Vater von fünf Kindern, und alles, was ich nicht selbst verbrauche, werden sie zu bekommen versuchen. Mein geliebter mittlerer Sohn hat in der letzten Woche von mir einen Flug nach Los Angeles erbeten, dann war er beim Zahnarzt, den er sehr ernst nimmt, seit er um zirka zehntausend Euro Goldplomben benötigt hatte. (Weil er zuvor seit seinem vierzehnten Lebensjahr weder Zähne geputzt hat noch zum Zahnarzt gegangen war und seine Eltern belehrte, dass er gute Zähne habe, bis die alten Idioten ihm eine Zahnreparatur in dieser Höhe ermöglichten, so dass sogar der behandelnde Zahnarzt nachfragte, ob er sich wohl dafür bedankt habe). Meine liebe zweite Tochter benötigt für ihr Studium Unterstützung und bekommt mindestens fünftausendvierhundert Euro im Jahr von mir dafür, ohne dass ich rechne, was ich und meine Frau ihrer nun achtjährigen Tochter so alles geben. Diese Geschichte ist endlos, nur mein Ältester verdient mit seinen Ideen und unserer Umsetzung so viel, dass auch wir was davon abbekommen. So gleicht sich alles aus. Daher kann ich mir das Hotel leisten. Schließlich war es aber doch nicht nötig, sondern nur eine Protzerei von mir. Günther bekam zwei Einzelzimmer im berühmten Sporthotel Royer und wir gaben die Differenz für Steaks aus.

So haben sie jetzt schon einiges erfahren, was einen fröhlichen Pensionisten ausmacht: Wie schon in meinem vorletzten Buch[3] beschrieben, geht es darum, zu sich und anderen gut zu sein. An nichts soll man es sich oder den anderen fehlen lassen. Sei es das nun erwachsene Pfle-

---

[3] Ronny Scheer: Taubenfüttern ist nicht genug. Metro Verlag, Wien 2012.

gekind mit ihren beiden Kindern, die auch einmal gern einen Geburtstag haben wollen, sei es eines der anderen Kinder, seien es die Blumen, die ich heute früh meiner Liebsten, mit der ich auch noch verheiratet sein darf, schenkte – alles ist drin und kann genossen werden. Die Blumen waren eine Unterstützung für ihren Dienst, den sie aus Nettigkeit für ihre Kollegin machte. Als sie aus dem Auto stieg, sagte sie: „Es sind nur wenige, die so viel Freude aneinander haben wie wir!" Der Mensch will sich unterscheiden. Jeder will besser sein. Sogar meine sonst so bescheidene Frau.

Hier darum ein paar Hinweise, wie man ein fröhlicher Pensionist wird:
- Nehmen Sie sich nicht zu sehr ernst – wie sollten Sie auch, und auf was hinaus?
- Versuchen Sie nicht, nützlich zu sein. Da Sie sich ja nicht ernst nehmen, wollen Sie auch nicht nützlich sein, weil Sie wissen, dass Sie es nur noch bedingt sind. Vor allem verbinden Sie mit Ihrem Nützlichseinwollen keine Ansprüche.
- Jammern Sie nicht. Heute Morgen bin ich beim Laufen hinunter vom Schlossberg gestürzt und mein lieber Laufpartner hat mich gelobt, weil ich so abgerollt habe wie James Bond, wie er meinte – er hasst Jammerer fast mehr als alles andere. So wurde mir Anerkennung gezollt und ich beklagte nicht einmal das Loch am Knie der neuen Hose.
- Keine Besserwisserei. Sie wissen es nämlich wirklich nicht besser, wie man es heute richtiger macht. Weder in der Politik noch in Ihrem eigenen Berufsfeld (also in meinem Fall in der Medizin) noch sonst wo. Sie hatten Ihre Chance und haben sie – hoffentlich – genutzt. Jetzt sind die Jüngeren dran und werden ebenfalls versuchen, die Probleme der Welt zu lösen. Und seien wir ehrlich: Sie und ich haben ausreichend Fehler gemacht, die Welt, die wir übergeben, ist bei weitem nicht perfekt.
- Seien Sie großzügig und keinesfalls geizig. Sowohl Ihr Totenhemd als auch das der anderen hat keine Taschen. Geld ist flüchtig, der Wunsch, einen Notgroschen zu haben, ist trügerisch. Früher, wie etwa von den wunderbaren russischen Schriftstellern des vor-

letzten Jahrhunderts beschrieben, wurde oft der letzte Groschen gestohlen, versoffen oder verspielt. Manchmal wurde der Besitzer oder die Besitzerin des Notgroschens auch ermordet – alles nicht zu empfehlen. „Spare in der Zeit, dann hast du in der Not!" ist keine Empfehlung in Zeiten stark wechselnder Aktienkurse, der täglichen Hiobsbotschaft, der Euro (der nun mal mein Zahlungs- und Einkommensmittel ist) werde nicht mehr lange Bestand haben, und wo man sieht, dass ganze Staaten vor dem Konkurs stehen, was oft nur unter Aufwendung erheblicher Mittel zu verhindern ist.

– Betreiben Sie regelmäßig Sport, denn Sie wissen, dass Sie dann besser leben, nicht unbedingt länger. Sie werden sich wie ich freuen, wenn sie stürzen und blitzschnell wieder aufstehen.

– Essen Sie mit Freude und zwar aus einem einzigen Grund: weil's schmeckt. Machen Sie keine absurden Diäten, sondern halten Sie sich auf Ihrem Niveau. Sie brauchen keine Waage, weil Ihnen Hosen oder Röcke ohnehin sagen, wie es um Sie steht. Probieren Sie jedes Jahr einen alten Anzug oder ein altes Kostüm. Passen Sie noch rein, dann haben Sie es richtig gemacht, ist nicht einmal daran zu denken, den Knopf zuzumachen, dann müssen Sie umkehren und durch Bewegung und Vermeidung von Fett und Kohlehydraten wieder dorthin zurück, wo Sie waren. Ich bin ein wenig bösartig: An jedem Hochzeitstag trage ich meinen Hochzeitsanzug. Meine Frau hat seit unserer Hochzeit leider etwas zugenommen. Sie kehrt jetzt um. Ich freue mich darüber.

– Denn Sie wissen: es sind die letzten Meter, die Sie gehen. Die Kerze, mit der man das Leben manchmal vergleicht, ist schon weitgehend abgebrannt, aber noch steht die Flamme ruhig. Ob sie noch fünf, zehn oder zwanzig Jahre haben, die letzten werden nicht Ihre besten sein. Ihre besten Jahre sind heute. Was immer Sie noch tun wollen, tun Sie es jetzt! Oder nie.

– Daher: Seien Sie frohen Mutes! Die Tatsache, dass Sie bald nicht mehr sind, sollte Sie trösten. Niemand wird Sie vermissen, auch wenn die Menschen es gerne sagen. Es geschieht aus Nettigkeit. Sie waren nie wirklich nützlich, weil es ohne Sie ebenso gegangen wäre, und sind es daher auch jetzt nicht. Sie sind nicht einmal ein Staubkorn im Kosmos, nur „Staub", weil ein Sandkorn gut und gern ein paar Millionen Jahre existieren kann, besonders, wenn es aus Silizium ist, während Sie zwischen fünfzig und neunzig Jahre haben. Besser ein Hauch im Kosmos sein, der wie der Hauch Ihres Atems an einem kalten Wintertag kurz vor Ihrem Mund steht und dann vergeht. Kinder pusten gleich noch einmal, weil es so lustig aussieht. Und das sind Sie dann: ein Hauch aus einem fröhlichen Kindermund. Hoffentlich.

Während ich nun die Regeln für den fröhlichen Pensionist fast fertig habe, klingt mir im Ohr, was Günther mir zum Abschied sagte, bevor er mit seinen Schülern zum Schwimmen ging: „Ich habe noch nie so was gemacht, einfach mit einem Freund auf ein Wochenende Ski fahren zu gehen, ohne dass es für jemanden war oder einen Nutzen oder Sinn hatte." Klar, Günther ist zwanzig Jahre jünger und erkennt erst jetzt, dass das Leben so oder so vorbeigeht.

Es gibt allerdings das Bedürfnis nach Beachtung, das der an sich guten Idee des langsamen Vergehens einen Riegel vorschiebt, das Bedürfnis nach einer Bühne, danach, dass einem zugehört wird – privat und öffentlich. Fragt man sich, warum sich Menschen in Fernsehshows zeigen oder im Rundfunk Interviews geben, ist die Antwort immer die gleiche: Sie wollen gesehen und beachtet werden.
Alte Menschen haben dazu einige Möglichkeiten: Sie können karitativ tätig werden, können sich Vereinen anschließen, sich um ihre Nachkommen kümmern oder – und das kommt leider allzu häufig vor – untereinander auf alles und jedes schimpfen und sich über die heutige Zeit, die heutige Jugend und die aktuelle Politik aufregen. Das zuletzt genannte Verhalten wäre reine Verschwendung der ohnedies versiegenden Lebenskraft. Dass der Mensch offenbar unfähig ist, ohne Beachtung zu leben, stimmt ein wenig traurig. Langsames Verglimmen scheint fast unmöglich, denn die Eitelkeit und der Wunsch nach Beachtung sind einfach zu groß.

Was tun? Es ist die Schere, die sich zwischen Wissen und Praxis auftut. Einerseits weiß man, dass man unnötig geworden ist, andererseits sucht man sich Bühnen. Absolut verbieten sollte man sich aber Jammern, Besserwisserei und Altklugheit, die sich im Erzählen von Geschichten aus der „guten alten Zeit" äußert.

Als sich Österreich nach zwölf Jahren entschloss, die EU-Richtlinie zum Arbeitszeitgesetz umzusetzen, durften ab 2015 Ärzte „nur" mehr achtundvierzig Stunden pro Woche arbeiten. Österreich hat zwar immer um Aufschub ersucht, aber die so gewonnene Zeit nicht zur Vorbereitung genutzt. In einer Diskussion in der Senior-Exzellenz-Akademie der Medizinischen Universität Graz berichtete ein dreiundsiebzigjähriger Chirurg, dass er selbst immer die Nacht durchoperiert und danach fröhlich weitergearbeitet habe. Er schlug ein Lebensarbeitskonzept in dem Sinn vor, dass man zum Beispiel ab dem fünfunddreißigsten oder vierzigsten Jahr nach dem Nachtdienst nach Hause gehen könne, aber nicht, wie neuerdings, müsse. Gute Idee. Nur zu spät. Die Regelung war vor fünfzehn Jahren geschaffen worden. Das heißt, der Professor hätte sich damals in diesen europaweiten Prozess einbringen und seine Erfahrungen darlegen müssen, um die Arbeitszeitregelung in seinem Sinn zu beeinflussen. Da er das nicht getan hat, ist es so gekommen, wie es gekommen ist. Jetzt haben seine Vorschläge nur einen Sinn: eine Bühne zu betreten (und sich dabei lächerlich zu machen).

Heinrich Mann (1871 – 1950) hat in seinem Roman „Professor Unrat oder das Ende eines Tyrannen" (1904) so ein Lächerlichwerden eines alten Mannes auf extreme Weise geschildert. Josef von Sternbergs 1930 entstandener Film „Der blaue Engel" nach Manns Roman, in dem Emil Jannings von Marlene Dietrich zutiefst gedemütigt wird, zeigt, was passiert, wenn man als Alter auf eine Bühne kommt, die man nie betreten hat oder längst hätte verlassen sollen. Zuletzt wird aus dem honorigen Professor der deutschen Kleinstadt der dumme August. Seine Rolle besteht darin, in einem schlechtsitzenden Kostüm auf der Bühne zu stehen und von seiner jugendlichen Geliebten ein Ei am Kopf zerschlagen zu bekommen. Das Ei rinnt ihm den Kopf hinunter, die ehemaligen Schüler johlen, zerstört wankt der Greis hinter die Kulissen. Wer das je gesehen hat, verliebt sich als Alter nicht in eine junge Varieté-Darstellerin und gibt den Clown auf der Bühne.

In einem Bestseller des Jahres 2004, „Nachtzug nach Lissabon" von Pascal Mercier, findet sich ebenfalls ein Lehrer der klassisch-philologischen Fächer Latein und Griechisch. Nach der flüchtigen Begegnung mit einer Frau auf einer Brücke in Basel lässt er alles liegen und stehen und macht sich auf die Suche nach dem Leben. Er findet mehr, als er sucht. Geheimnisse und Aufregungen, die ihn weiter führen, als er je zu träumen wagte.

Beide Romane zeigen: Es gibt keinen Weg zurück, weder in die Einfachheit noch in die Sicherheit der geachteten Position eines Gymnasiallehrers. Den Hintergrund der beiden Romane, so könnte man vermuten, bildet auch die berechtigte Angst, was die beiden Junggesellen in der Pension machen werden. Übersetzungen für Museen? Nachhilfestunden geben? Mit Hut und Mantel auf den Markt gehen und ehemalige Schüler, die nun Karriere gemacht haben, grüßen, Mitglied im Schachklub oder beim Männerbund Schlaraffia werden?

Denn eines gilt es nicht zu unterschätzen: das Bedürfnis nach Beachtung bleibt stark wie der Wunsch, gestreichelt zu werden oder sich geliebt zu fühlen und Anerkennung zu finden. Wer sich einredet, das nicht mehr zu brauchen, belügt sich und wird meist bitter. Sehen Sie sich nur die Leserbriefe zu Zeitungsartikeln an, dann wissen Sie, was ich meine. Sollten Sie selbst solche Briefe schreiben, kann ich Ihnen nur raten, sich schleunigst eine Bühne zu suchen, mag sie auch noch so klein sein. Selbst wenn Sie im Kaffeehaus Meinungen austauschen und sich dabei ertappen, die Zeitungsartikel und -kommentare der letzten Zeit wiederzugeben – alles immer noch besser, als nicht beachtet zu werden.

Gründe für diese Situation gibt es viele: die Vereinzelung und Vereinsamung der Menschen in den Städten, die dann in Kleinwohnungen allein leben; die Auflösung der Mehrgenerationenfamilie; die frühzeitige Beendigung der Erwerbstätigkeit; der Jugendwahn mit der Folge, dass es immer weniger Platz für Ältere in der Gesellschaft gibt; die Besetzung der Senate mit aktiven, erwerbstätigen Menschen (statt mit „Alten", wie der Name nahelegt); die Auflösung der Religionen im Alltag der westlichen Gesellschaften; die Versorgung mit Pensionen und

Renten, die eine Erwerbstätigkeit unnötig machen (und so die Bühne des Berufslebens schließen); nicht zuletzt die hohe Scheidungsrate. Das Ergebnis: Fast gesunde und noch aktive Alte haben keine Bühne mehr und schimpfen, einsam geworden, nur noch vor sich hin.

Nicht nur, dass Sie die Schimpfenden meiden müssen, um gesund zu bleiben, sie sollte für sie auch Anlass sein, sich eine Bühne zu suchen.

SIE SIND UNWICHTIG

Leider ist es mir schon seit meiner Kindheit unverständlich, wie Menschen sich selbst so ernst nehmen können. Mit der ersten Todesangst, dem Wahrnehmen, dass ich sterblich bin, hat mich die Fähigkeit verlassen, mich ernst zu nehmen. Dazu kam noch, dass Menschen in meiner nächsten Umgebung lebten, welche die Besten beim Hinscheiden beobachtet hatten. Meine Kindheit war voll von Geschichten über die Shoah[4] und es waren so viele hervorragende Gestalten, wie der Kinderarzt meiner Mama, Prof. Knöpfelmacher, deren Opfer. Sein Bild sah ich in jenem Spital, in dem ich als junger Turnusarzt meine Ausbildung begann, er war für mich ein Vorbild. Er ging am 23. April 1938 in den Tod, der wohl so freiwillig nicht war. Er, der als einziger Arzt die Tuberkulose meiner Mama sofort erkannt hatte, er, der das von Julius Tandler gegründete Karolinen-Kinderspital leitete, er mit all seinen Verdiensten und seinem Abstand zur jüdischen Religion. Aber diese Zugehörigkeit durch Geburt war sein Todesurteil, entehrt wollte er nicht leben und wohl auch nicht in einer Zeit, die nur das Leben einer selbstdefinierten Herrenrasse als wertvoll ansah. Viele Kinderärzte, die den Nationalsozialisten dienten und Kinder auf alle möglichen Weisen ums Leben brachten, hätten sich an ihm ein Beispiel nehmen sollen. Stattdessen wurden sie zu Mördern. In Wien waren von zirka achthundert Kinderärztinnen und Kinderärzten plötzlich nur mehr etwa hundert übrig, weil fast neunzig Prozent von ihnen Jüdinnen und Juden im Sinne der Rassengesetze waren.

Es kommt aber noch schlimmer: Nicht nur die Tatsache, dass sie sterblich sind, nicht nur die Erfahrungen, dass Menschen andere Menschen ermorden, macht sie unwichtig, nein, sie sind auch unwichtig, weil es ohne sie ebenso gut gehen würde. Vielleicht sogar noch ein bisschen besser. Sie stehen nämlich im Weg. Das Raumschiff Erde hat inzwischen so viele Kopien der Spezies Mensch, dass viele Tier- und

---

4 Ich verwende diesen hebräischen Begriff, weil der des Holocausts unterstellt, dass die Juden ausgerottet wären. Da sie das nicht sind, passt Shoah, die die Verfolgung, Ghettoisierung und Ermordung vieler europäischer Juden meint, besser. (Siehe auch https://de.wiktionary.org/wiki/Schoah, abgerufen am 08.04.16, 6:00.)

Pflanzenarten verdrängt werden und schließlich aussterben. Alles, was wir essen, ist geronnenes Sonnenlicht. Wer es verbraucht, ist egal, aber er nimmt es jemandem anderen weg. Daran ist nicht zu rütteln. Sie stehen im Weg und standen immer schon im Weg. Wenn Sie nicht ein außergewöhnliches Genie sind, gleich welcher Art, stehen Sie im Weg. Natürlich gibt es auch Ausnahmen: Martin Luther King (1929 – 1968) hat das Leben der Afroamerikaner in den USA wesentlich verbessert – er war wichtig, nützlich und starb früh. Mahatma Gandhi (1869 – 1948) hat einen friedlichen Weg aus der Sklaverei des Kolonialismus aufgezeigt und aß zudem noch wenig. Er stand wenigen im Weg. Nur wer für andere da ist, steht manchmal nicht im Weg. Alle anderen tun es.

Ich durfte mir fast vierzig Jahre lang einreden, nützlich zu sein. Ich war Kinder- und Jugendfacharzt, behandelte Kinder und junge Menschen und es schmeichelte mir, wenn Eltern und Kinder mir ein gutes Zeugnis ausstellten. Sogar Wissenschaft durfte ich betreiben, Studenten ausbilden und die Fachliteratur um ein paar hundert Seiten bereichern. Ich war, so dachte ich, der Inbegriff der Nützlichkeit. Ich half in der Standespolitik und änderte mehrere Gesetze im Sinne der Kinder und ihrer Familien. Es war wirklich toll. Vielleicht habe ich meinen Rüssel vollgekriegt, wurde satt an Nützlichkeit und glaube daher, sie nicht mehr so dringend zu brauchen.

Das ist gut so. Wenn es bei Ihnen aber anders ist, wenn Sie nicht nützlich waren oder es sich nicht so gut haben selbst einreden können oder einreden lassen, dann machen Sie sich keine Hoffnungen: Jetzt werden Sie es sicher nicht mehr. Wozu auch? Der Friedhof ist übervoll von Nützlichen, die sich zudem auch noch für unersetzbar hielten. Sie hatten Termine und Gespräche, Bedeutung, die Sie sich gaben oder die man Ihnen gab. Sie schienen wichtig zu sein. Dann gingen Sie und es war, als wären sie nie da gewesen.

Ich erinnere mich, dass ich einmal bei einer Patientin, acht Jahre alt, auf Bitten ihres Vaters, den ich flüchtig kannte, im Nachtdienst ins Krankenzimmer kam. Die Krankheit – juveniles Rheuma – galt als bekannt und wurde fachgemäß von der Spezialistin des Hauses diagnostiziert und behandelt. Aber das Mädchen wurde nicht gesund. Die anerkannte Kollegin hatte sich geirrt. Ich empfahl lediglich die Vorstellung in einer Spezialklinik in Garmisch-Partenkirchen, wo eine Sonderform gefunden und sie geheilt wurde. Heute ist sie eine zwanzigjährige Frau ohne Behinderung. Ich ging mit stolzgeschwellter Brust hinaus und wuchs noch einmal zehn Zentimeter, als mich der Vater anrief und sagte, dass ich geholfen hätte.

Komisch, die Klinik, an der ich arbeitete, steht und funktioniert auch ohne mich. Die Kranken werden versorgt und alle Patienten und deren Eltern, die mir schmeichelten, dass es ohne mich schlechter sei, dass ich ihnen und ihrer Familie so wichtig wäre – sie kommen jetzt ohne mich aus. Kinder leiden, werden gesund, manche werden kränker, manche sterben – alles geht seinen normalen Gang. Freunde sagen mir, dass die Klinik ohne mich zugrunde ginge. Das erinnert mich nur an einen alten Witz aus meiner kommunistischen Studentenzeit.

Ein Genosse des Zentralkomitees der Kommunistischen Partei der Sowjetunion wird nach New York geschickt, um den Kapitalismus zu beobachten. Er bleibt über die ausgemachte Zeit von vier Wochen in New York, bereist dann noch die gesamte USA und erreicht schließlich Hollywood, von wo er vom lokalen NKWD (Geheimdienst der Sowjetunion) schleunigst in ein Flugzeug in die UdSSR verfrachtet wird. Angekommen, befragen ihn die Genossen, wie es gewesen sei, was er gesehen habe. „Genossen", hob er an und seufzte, „der Kapitalismus liegt im Sterben! Der Kapitalismus ist tot! Nur der Sozialismus lebt!" Erfreut lehnen sich die Genossen, die wegen der langen Abwesenheit ihres ZK-Mitglieds schon skeptisch geworden waren, zurück. „Aber ich sage euch, Genossen: Was für ein Tod!", fügt der Zurückgekommene noch hinzu. Das war sein Todesurteil.

Wie kommen Sie darauf, dass es ohne Sie schlechter gehen würde? Wie erklären Sie sich Drohungen älterer Menschen wie: „Werdet's schon sehen, wenn ich nicht mehr bin!" oder „Schauts nur, wie ihr das ohne mich macht!". Anders werden sie es machen, und Sie können – wenn sie noch die Phase vier erreichen – ihnen sogar dabei zusehen. Wie viel Leid könnte verhindert werden, wenn die Alten es nicht immer besser wüssten und wenn sie den Jungen nicht im Wege stünden. Was zählt Ihre Erfahrung? Nichts. Erfahrung, so sagt der erfreulicherweise mit mir befreundete Univ.-Prof. Dr. I. D. Mutz, einer der besten Kinderärzte

Österreichs, ist etwas für Leute, die nicht lesen können. Denn die anderen haben begriffen, dass das Wissen der Menschheit aufgezeichnet wurde und so allen zur Verfügung steht, die keine Analphabeten sind. Also auch Ihnen, wenn Sie das gerade lesen. Niemand gibt irgendwas auf Ihre Erfahrung, niemand braucht sie; sie ist meist aus einer anderen Zeit. Schön, wenn sie andere Alte treffen, die sich noch an das Vierteltelefon erinnern und daran, wie es war, wenn man keinen Schilling eingesteckt hatte und zu Hause anrufen musste, weil man den Zug oder den Bus versäumt hatte. In Zeiten der Mobiltelefonie ist das so aktuell wie die Hellebarde des mittelalterlichen Ritters. Historisch lustig, für Sie eine nette Erinnerung, aber nichtsdestotrotz unwichtig. Ebenso ist es verzichtbar zu erfahren, wie Sie Ihre Kinder aufgezogen haben. Sie haben eine Wirtschaftswundergeneration aufgezogen, die eine aus den Zerstörungen des Krieges auferstehende Wirtschaft möglich gemacht hat. Alle Kräfte waren gefragt. Meine Generation war so zahlreich, weil Platz war. Heute sind zu viele da. Vieles ist ersetzbar. Die „Märkte" sind zu einem kaum steuerbaren Individuum geworden, das selbst Finanzfachleute nur ansatzweise verstehen. Viele Tätigkeiten wurden durch Maschinen ersetzt und es gibt deshalb keinen Brockhaus, kein fünfzig Bände umfassendes Nachschlagwerk mehr, weil alle Informationen über das Internet verfügbar sind. Man braucht es schlicht nicht mehr, es ist unnötig geworden. Wie schön!

Daher sind Ihre Erfahrungsberichte über die Schwierigkeiten der Recherche zu Ihren Zeiten so bedeutend wie alle Geschichten, die Ihre Kindheit, Jugend, Adoleszenz und Erwachsenenzeit betreffen. Ihre Kinder gehen mit den eigenen Kindern anders um. Vielleicht besser, vielleicht bereiten sie diese auf eine andere Welt vor, in der andere Anforderungen auf diese Kinder warten. Vielleicht machen sie es richtig, wenn sie die Kinder verwöhnen. Vielleicht machen sie es richtig, wenn sie ihnen beibringen, nichts zu essen, was ihnen nicht schmeckt. Vielleicht soll es so sein und sie bereiten ihre Kinder auf eine Überflussgesellschaft vor, die diese nur so und nicht anders kennen. Dass Sie noch mit dem Befehl aufgewachsen sind, alles aufzuessen, was auf den Tisch kam, war das Ergebnis eines extremen Mangels vor und im Krieg, den Ihre Eltern erlebt hatten. Deswegen sind Sie heute vielleicht übergewichtig und essen mehr, als Ihnen guttut. Vielleicht haben Sie wahrgenommen, dass es wunderbar ist, ein Auto zu haben, und dass es schön ist, überall hinfahren zu können. Ihre Kinder wissen aber, dass die fossilen Energien begrenzt sind und dass es daher – auch aus gesundheitlichen Gründen – besser ist zu gehen. Daher werden sie ihre eigenen Kinder auf Fahrrädern mitnehmen und zum Gehen anhalten und dabei verwöhnen und eventuell sogar tragen, obwohl sie den Kinderwagen dabei haben. Sie werden das Kind im Tragetuch haben und nebenher den Wagen schieben und hoffen, dass sie das Kind in den Wagen legen können, wenn es eingeschlafen ist. Vergleichen Sie das nicht mit der Art, wie Ihr Kind aufgewachsen ist. Es war eine andere Zeit und Sie können stolz sein, wenn Sie das Kind so großgezogen haben, dass es für die Zeit, in der es nun selbst Erziehungsaufgaben wahrzunehmen hat, diese auch wahrnehmen kann. Das ist alles.

Eine kleine Geschichte dazu: Ein Vogelvater erkennt, dass er seine Kinder retten muss. Der zu einem reißenden Strom angewachsene Fluss droht das Nest hinwegzuschwemmen. Die Kleinen können in dem Sturm und über die tosenden Wogen noch nicht hinwegfliegen. Also nimmt der Vater eines nach dem anderen in den Schnabel und fliegt über den Fluss. „Wirst du mich auch einmal retten, wenn ich alt und schwach bin?", fragt er das Erste. „Nein", antwortet dieses. Er lässt es fallen. Ebenso ergeht es dem Zweiten. Das Dritte aber antwortet: „Nein, aber ich werde meine Kinder ebenso retten wie eben du mich!"

Das ist die richtige Antwort. Es geht um die Sicherung des Genoms, des Überlebens der Art. Dafür sind wir ausgestattet, das ist es, was wir tun müssen, auch wenn es schon zu viele Menschen gibt.

Wenn Sie in meinem Alter sind, haben Sie Ihre „Aufzuchtspflichten" erfüllt. Die Kinder sind groß, haben ihr eigenes Leben und ihre eigenen Vorstellungen. Ihnen zuzusehen reicht völlig, und liebevoll da zu sein, sollten sie einen doch noch brauchen. Ihnen Geschichten zu erzählen, um ihnen zu sagen, wie sie es besser machen könnten, ist verzichtbar und macht nur böses Blut. Den Geschichten der Kinder zuzuhören hingegen wird Ihnen Freude bringen.

Ich kann Sie beruhigen: Unwichtig zu sein ist schön. Sie sind plötzlich frei. Nichts bedrängt oder hetzt Sie mehr, Sie müssen nichts tun.

Denn die Wahrheit ist: Sie werden nicht gebraucht! Und wenn doch, dann nur wie die Bauern am Markt, die den Jungen bei der Erwerbsarbeit helfen. Wenn sie aber nachlassen, geschieht etwas, was viele nicht wahrhaben wollen: Es geht auch ohne sie. Denn plötzlich hat vielleicht die Schwiegertochter Zeit oder der Enkel, und die machen es eben anders, aber genauso gut, und wenn Sie Glück haben, dürfen Sie manchmal noch ein wenig mithelfen.

Daher zerstreiten Sie sich nicht. Vermeiden Sie es, recht haben zu wollen und Anweisungen zu geben. Sie sind unwichtig, man lässt Sie bestenfalls leben, man sagt Ihnen, dass das, was Sie wissen, obsolet geworden ist – und auch wenn Sie vielleicht mit den neuen Medien und den neuen Erkenntnissen der Wissenschaft Schritt halten, wozu? Was wollen Sie damit bezwecken? Sich wichtig machen? Wichtig sein?

Ich bin Mitglied in einem Herrenclub. Eine wunderbare Sache. Wir reden uns ein, den Armen zu helfen und die Welt zu verbessern. So weit, so gut. Wir reden uns auch ein, dass der, der mehr Fähigkeiten hat, einen größeren Beitrag für die Gemeinschaft leisten soll und dass höhere Posten eine höhere Verantwortung bedingen und nicht der Ehre wegen da sind. Und dann die traurige Realität: Die alten Männer beschimpfen sich, unterstellen einander das Schlimmste: Diebstahl, Raub, auch Nepotismus[5]. All das widerspricht dem Regelkanon des Herrenclubs. Es ist wie in einem Senat, der nicht von seiner Macht lassen kann. Selbst in so wunderbaren Zukunftsfilmen wie „Star Wars" oder „Matrix" findet sich ein Senat. Das sind immer alte Menschen, die das Sagen haben. Und das, obwohl die Schwächen des Alters nur allzu sichtbar sind. Man wird ängstlicher, obwohl man nichts mehr zu verlieren hat. Man wird dümmer, weil man vieles vergisst. Man wird zögerlicher, weil man alles besser und genauer zu überlegen meint, und doch nur langsamer denkt. Man beginnt sich selbst zu glauben, weil man sich weniger überprüft. Man wird starrer, vor allem, weil im Gehirn die Neuronen langsam abgebaut (und kaum ersetzt) werden und sich stattdessen im besten Fall weiße Substanz an diesen Stellen

---

5 Nepotismus, zu Deutsch Vetternwirtschaft, kommt überall vor. Verbreitet war sie im Adel und in der Kirche des Mittelalters.

ausbreitet, wenn nicht Amyloid wie bei Alzheimer oder Kalk wie bei der vaskulären Demenz. Man fürchtet die Jungen, und zwar zu Recht: Sie werden diese Welt übernehmen und die Alten hinwegfegen, auf den Kehrrichthaufen der Geschichte werfen und ihnen ankreiden, dass sie viele Probleme der Welt, wie Überbevölkerung, Umweltverschmutzung, Kriege, Elend, Hunger und Not, nicht ausreichend bekämpft haben. Sie fürchten die Jungen so wie der Leitwolf den jungen Wolf fürchtet, da dieser – schon im Interesse des Genoms und der Auswahl des Besten – ihn verdrängen und ungerührt zulassen wird, dass sein Vater oder Onkel allein verhungert. Seien wir froh, dass Kultur und Anstand die Alten überleben lassen. Wenn wir klug sind, dann leben wir in der Stadt und nicht im Ausgedinge oder im Kellerstöckl, wie es in der Steiermark heißt, leben im eigenen Haus und nicht im Altersheim. Nur wenn wir nicht weitergeben wollen, wenn wir den Hof nicht überschreiben, die Jungen nicht ins Grundbuch lassen, dann werden wir zu Recht rausgedrängt, weil wir nicht loslassen können, unterdrückerisch sind oder einfach besserwisserisch. Also seien Sie fröhlich und heiter und geben Sie keine Ratschläge!

Während ich das an einem noch kalten Vorfrühlingstag schreibe, muss ich zweimal zurückscrollen, um mich der Kapiteleinteilung zu vergewissern. Dies, obwohl ich joggen war und hin und zurück mit dem Fahrrad zum Treffpunkt mit dem Partner gefahren bin. So ist das mit der Verfasstheit eines Pensionisten. Sie wird schlechter.

Inzwischen schreiten die Jungen voran. Sie wissen mehr, und was sie nicht wissen, schauen sie nach. Sicher, auch sie haben Schwächen. Ihr Computer stürzt gern aufgrund von Überlastung ab und das, was sie in Wikipedia finden, stimmt nicht immer und sie können den Wahrheitsgehalt von Meldungen oft nicht richtig einschätzen. Aber diese kleinen Fehler lassen sich ausbügeln.

Die Fehler der Alten hingegen sind schwerwiegender. Sie erinnern sich gern an „ihre" Zeit, sie kennen das Heute wenig oder schlecht, sie wollen von sich reden und zuletzt: sie wissen es besser.

Vor nichts muss man sich so hüten wie vor Besserwisserei. Nicht nur dass sie unsympathisch macht, nein, meistens hat man auch noch unrecht.

Der österreichische Architekt Harry Glück (1925 – 2016) wurde zu seiner Zeit wegen seiner Gemeindebauten heftig angefeindet. Friedensreich Hundertwasser (1928 – 2000) warf ihm vor, er mache nur das, was die Stadt Wien und die Betonierer von ihm verlangten. Dann schuf er den Wohnpark Alt-Erlaa mit Schwimmbecken am Dach und Blumentrögen auf den Terrassen. Er sprach von seiner Philosophie, davon, dass der Mensch Wasser und Pflanzen brauche, um leben zu können – und heute ist er ein Genie, das zu seiner Zeit eben verkannt war. Was haben die Menschen geschimpft! Der Wind verfinge sich in den Bauten, sie würden wegen ihrer Höhe schwanken, das Schwimmbad am Dach sei nicht zu benutzen, weil im Sturm zu kalt, und überdies seien die Wohnungen zu teuer und zu entlegen, der Verkehr würde durch sie um ein Vielfaches zunehmen und daher seien diese Bauten mehr Belastung als Freude. All diese Befürchtungen erwiesen sich als unbegründet. Dasselbe geschah bei der Schleifung der Wiener Stadtmauer und der Errichtung der Ringstraßenpalais. Manche lehnten das damals ab. Vielleicht muss das so sein. Das Neue überrascht, ist unvertraut und wird daher zurückgewiesen.

Auch in der Politik weiß fast jeder, wie es besser zu machen wäre. Es gab eine erste Koalition aus ÖVP und FPÖ. Wesentliche Weichen wurden gestellt, das Pensionsrecht verändert, so dass es möglich scheint, dass die Pensionen noch ein paar Jahre bezahlt werden können. Ein „Solidarbeitrag" wurde bei den höheren Pensionen eingeführt, also eine Kürzung, der man diesen schönen Namen gegeben hat. Sicher komisch. Da zahlt der Staat seinen Beamten eine gute Pension, weil diese im Erwerbsleben ein geringeres Einkommen hatten als zum Beispiel Freiberufler, allerdings auch nicht deren Risiko. Es wird eine Lebensarbeitssumme errechnet und ausgezahlt. Natürlich haben alle anderen längst vergessen, dass sie jahrelang ein höheres Einkommen hatten als die Beamten, und wenn sie sich doch erinnern, rechnen sie es ihren Fähigkeiten und der Faulheit der Beamten zu. Somit gönnt keiner den Beamten ihre Pension. Der Souverän, das Volk, reduziert sie also, und damit das ohne Streik und ohne allzu viel Lärm einhergeht, nennt man es „Solidarbeitrag" und schon ist die Pille mit einem Zuckerguss überzogen und wird geschluckt. Was kann man da besser machen? Nichts. Denn die Pensionen sind nicht finanzierbar. Entweder müssen die Menschen mehr zahlen oder früher sterben oder mehr Kinder haben. Zu viele Alte, zu wenige Junge und mäßige Wirtschaftsdaten erforderten diese Reformen.

Wie leicht kränkt man sich dann über eine solche Vorgehensweise. Denn wer will schon auf etwas verzichten, indem er zum Beispiel dazu beiträgt, dass auch in Zukunft, dann, wenn er längst nicht mehr lebt, die Pensionen finanzierbar bleiben?

Noch leichter lässt es sich über Kränkungen durch die Kinder und Enkel verzweifeln, die auf die Meinung der Alten keinen Wert legen. Das sollte Sie aber keineswegs kränken, denn es macht nichts. Was heißt schon „Wert legen"? Dass man Sie ernst nimmt. Warum wollen Sie unbedingt ernst genommen werden? Das will doch nur jemand, der sich selbst ernst nimmt, und das sollen Sie nicht tun. Es macht nur traurig.

Sie könnten auf den Gedanken kommen, dass Sie es wirklich besser wissen. Das wäre schade. Wie kommen Sie darauf? Und selbst wenn es so sein sollte: Erinnern Sie sich, jede Generation muss ihre eigenen Erfahrungen machen. Was denken Sie, wie viele junge Menschen dieses Buch lesen werden? Wie viele werden meinen Erfahrungsschatz in Anspruch nehmen wollen? Sie sind an einer Hand abzuzählen. Ich finde das nicht gut, weil ich natürlich hoffe, dass alle Menschen mein Buch kaufen und lesen. Meine Träume weisen mir diesen Weg. Aber natürlich wird es nicht so sein. Noch kann ich meine Träume von der Wirklichkeit unterscheiden. Mein Buch wird vielleicht von älteren Menschen gelesen, sie werden manches gut, manches schlecht finden. Auf jeden Fall aber werden meine Leser wissen, wie es besser zu machen gewesen wäre. Ich habe es da leicht. Ich vergleiche mich neuerdings mit jenen, die nichts tun. Diese Gruppe ist gar nicht so klein. Es gibt einfach Menschen, die gern ein Buch geschrieben hätten, die gern in der Früh aufgestanden wären, gern auf den Berg gegangen wären, gern mehr reisen würden. Nur, sie machen es nicht. Der Hund braucht sie, die Enkel oder andere Umstände halten sie an dem Ort, an dem sie angeblich nicht sein wollen. Und so verhält es sich mit allem, was man machen will. Die Umstände lassen es scheinbar nicht zu. Manchmal mag das ja stimmen, aber öfter sind wir es selbst, die es nicht zulassen, die wir uns im Weg stehen. Dabei ist es doch viel wichtiger, dass sie das kurze Stück, das sie noch gesund gehen können, erleben, genießen und freudig annehmen. Denn das, was sie weiterzugeben haben, das, für das sie wertgeschätzt werden wollen, das ist vorbei.

SIE SIND GESÜNDER, ALS SIE GLAUBEN

Alte Menschen, unglückliche Pensionisten, selbst die, welche in Phase drei sind – also im „gesunden Alter" –, denken gern über ihre möglichen Krankheiten nach. Sie haben hie und da Schmerzen, fühlen sich an manchen Tagen nicht wohl und schlafen nach einem reichlichen Abendessen schlecht oder wachen nachts auf.

Die Schlafstörung

Das Schlafen wird beobachtet, Veränderungen werden gern als Schlafstörung empfunden. Ein amerikanischer Forscher, James J. McKenna[6], konnte zeigen, dass es – jedenfalls bei Babys – keine Schlafstörungen gibt. Babys wachen einfach immer wieder auf und es liegt nur an der Reaktion der Umgebung, ob sie danach lang oder kurz wach sind. Die „Störung" wird von der Umgebung diagnostiziert, die zum Beispiel gern durchschlafen würde. Schlafstörungen sind ein subjektiver Befund. Meine Frau und ich schlafen ganz unterschiedlich. Gestern schlief sie um 15.45 Uhr ein, nachdem sie ein Steak und etwas Brot gegessen hatte, schlief dann bis 20 Uhr, arbeitete bis 23.30 Uhr und wachte um 5.40 Uhr auf, weil ich sie weckte. Sie ging dann eine Stunde schwimmen. Ich hingegen war gestern um 6.20 Uhr joggen und radelte danach nach Hause. Seit ich Pensionist bin, erlaube ich mir manchmal, selbst wenn das Wetter strahlend schön ist und ich an sich im Freien sein müsste, ein Bad am Vormittag zu nehmen. Danach trockne ich mich kaum ab, ziehe mir den Bademantel mit Kapuze an und gehe nach den Anweisungen Sebastian Kneipps halbnass ins Bett. Ich schlief dann bis 10.45 Uhr, aß ein Müsli mit steirischem Apfel und südafrikanischen Weintrauben und schrieb an diesem Buch weiter. Im Garten schien die Sonne, sodass ich bei offenem Fenster die Gesänge der Vögel hörte. Zu Mittag aß ich ein Brot und, wie meine Frau, um 15 Uhr ein Steak. Nach einem Wissenschaftstermin und einem Treffen in einem Kaffeehaus spielte ich von 18 bis 22 Uhr Tarock, ein Kartenspiel. Mit dem Fahrrad nach Hause gekommen, war ich, trotz zwei halben Liter Bier und

---

[6] Siehe http://cosleeping.nd.edu/mckenna-biography/ (abgerufen am 16.01.2015, 20:07).

einer scharfen Wurst, hellwach und ging erst um 1.40 Uhr schlafen. Um 5.45 Uhr wurde ich wieder geweckt – Schwimmen für meine Frau, Joggen für mich stand auf dem Programm. Sowohl meine sechzigjährige Frau als auch ich schlafen also sowohl am Tag als auch in der Nacht, mal so, mal so. „Dem Schlaf braucht man nicht hinterherzurennen, der holt einen schon ein, wenn man ihn braucht", sagte sie einmal. Wir genießen die Errungenschaft des elektrischen Lichts, stehen manchmal nachts auf, legen uns am Tag hin und schlafen und wachen wie die Tiere, die McKenna so wunderbar beobachtet hat.

Wir kennen allerdings auch Menschen, die in der Nacht schwer aufstehen. Das sind meist Langschläfer, die erst nach etwa einer Stunde eine REM-Phase, also den paradoxen Schlaf[7], erreichen und daher unter zu kurzem oder wiederholt unterbrochenem Schlaf leiden. Sie erquicken sich daher auch nicht bei einem Mittagsschlaf, und wenn sie weniger als acht Stunden schlafen, sind sie müde. Bei ihnen ändert sich die Schlafarchitektur im Alter wenig. Das Wichtigste, was man aus der Schlafforschung wissen muss, ist: Es gibt keine Schlafstörung, es gibt nur das subjektive Gefühl, zu wenig geschlafen zu haben. Davon ausgenommen ist das Schlafapnoesyndrom, unter dem vor allem Männer leiden. Sie bekommen im Schlaf zu wenig Luft, ersticken fast und wachen dann müde auf. Schwere Hirnfunktionsstörungen, zum Beispiel nach einem Unfall oder Schlaganfall, können den Schlaf auch verändern; die Altersdemenz kann zu einem oft wiederkehrenden, nicht erquickenden Schlaf führen.

Die meisten „Schlafstörungen" kommen jedoch aus der Unfähigkeit, sich an geänderte Umstände anzupassen, wie zum Beispiel das Vorhandensein kleiner Kinder, die in der Nacht essen wollen, oder weil man Nachtdienste machen muss oder eben einfach älter wird und man öfter auf die Toilette muss.

---

7 Die REM-(rapid eye movement-)Phase des Schlafs ist dafür verantwortlich, dass wir träumen und ausgeruht sind. Pro Nacht sollen wir idealerweise vier davon haben. Bei Kurzschläfern wird sie schnell, bei Langschläfern meist erst nach Stunden erreicht. Weder die Schlafarchitektur noch die Zugehörigkeit zu Kurz- oder Langschläfern ist beeinflussbar. Lediglich das Ausmaß des Schlafbedürfnisses reduziert sich im ersten Lebensjahr. Die Mär, dass alte Menschen weniger Schlaf brauchen, ist weitgehend widerlegt. Sie gehen nur früher schlafen und wachen daher auch früher auf.

Es gibt einige Regeln, die man beachten sollte: Aufstehen, wenn weiterschlafen nicht geht. Nur dann liegen bleiben, wenn aufstehen gar nicht geht. Kein gemeinsames Schlafzimmer – besser zwei Zimmer, man kann sich ja jede Nacht besuchen. Es ist selten, dass zwei Menschen denselben Tag-Nacht-Rhythmus haben. Licht machen und alles tun, wozu man Lust hat. Keine Angst vor dem nächsten Tag. (Kein: „Ich muss morgen frisch sein!") Nicht unbedingt zu schlafen versuchen, weil man am nächsten Tag zum Beispiel einen frühen Termin hat. Schlaf lässt sich nicht erzwingen, also soll man's erst gar nicht versuchen. Es macht auch nichts, wenn man einmal eine Nacht durchmacht. Als Junger hat man das aus erfreulichen Gründen, etwa für ein Fest, gemacht, als Alter nützt man die Zeit und schreibt oder liest oder spaziert durch die menschenleere Stadt. Man ist nie mehr so ausgeschlafen, wie man es mit zehn oder elf Jahre war. Es macht nichts, dass man manchmal am Tag müde ist und einnickt; man hat nur mehr selten Wichtiges zu tun. Alles gelingt besser, wenn man sich nicht einredet, dass man müde ist. Daher gibt es auch fast keinen Grund, am Abend nicht Kaffee zu trinken und sofort daran zu denken, dass man dann nicht schlafen kann. Das zeigt nur, dass einem das Schlafen zu wichtig geworden ist. Dabei könnte es einem doch um jede Minute schade sein, die man von dem noch zu erwartenden Erdendasein verschläft. Koffein führt an sich nicht zu Schlaflosigkeit, sondern zu einer besseren Atmung, weswegen es auch bei Frühgeborenen, die an einer Regulationsstörung der Atmung im Schlaf leiden, verwendet wird.

Da Sie nun wissen und verstehen, dass es keine Schlafstörung gibt, haben Sie auch keine. Sollte Ihr Schlafrhythmus mit dem Ihres Partners nicht harmonieren, ziehen Sie schleunigst aus dem ehelichen Schlafzimmer aus und schlafen Sie, wenn Ihnen danach ist, suchen Sie sich eine Beschäftigung für die unterbrochenen Nächte oder fühlen Sie sich einfach heiter müde, denn es ändert gar nichts, wenn Sie sich ärgern. Haben Sie das alles beherzigt, brauchen Sie meist kein natürliches Beruhigungsmittel wie Baldrian, kein Schlafmittel und keinen Wein am Abend. Sollten Sie sich aber an solche Mittel gewöhnt haben, überlegen Sie sich, ob es noch lohnt, sie sich wieder abzugewöhnen. Welche Nebenwirkungen will ich vermeiden? Schadet es meiner Gedächtnisleistung? Werde ich dadurch unfallanfälliger? Wenn Sie diese Fragen negativ beantworten (gemeinsam mit ihrem Arzt), dann frage ich Sie: Warum wollen Sie sich das wieder abgewöhnen?

Gesundheit war einmal, nur die Todesangst treibt an
Die meisten Menschen beginnen sich um ihre Gesundheit zu kümmern, wenn es zu spät ist. Wie ich in dem Buch „Taubenfüttern allein ist nicht genug", dessen Fortsetzung sie in Händen halten, geschrieben habe, führen die meisten Lebensstiländerungen statistisch nur bis zum vierzigsten Lebensjahr zu einem besseren und gesünderen Alter. Damals hatte man aber keine Zeit oder keine Lust oder einfach noch keine Todesangst – und so änderte man nichts. Hingegen wird aber großer Wert auf die Gesundheit dann gelegt, wenn sie im Schwinden begriffen ist. Gesundenuntersuchungen bei Senioren verlieren aber ihren Wert, wenn keine Gesundheit mehr festzustellen ist. Ebenso verhält es sich mit den Anweisungen zum Essen – also zu Diäten – und der Aufforderung, mehr Bewegung zu machen.

In einem Fernsehbericht über die „wahrhaften"[8] Inglourious Basterds[9], also jenen Kämpfern des jüdischen Korps der Haganah (israelische Armee), die nach dem Krieg Naziverbrecher stellten und ohne Urteil töteten, sah man einen fünfundachtzigjährigen Mann, der sein ganzes Leben in einem Kibbuz schwer gearbeitet hatte. In der Dokumentation sieht man, wie er in der Früh nach dem Aufstehen im Unterleibchen Turnübungen macht. Der einstige militärische Drill ist noch spürbar, weshalb diese Übungen wahrscheinlich in der Dokumentation gezeigt wurden.

Aus medizinischer Sicht haben Fitness- und Lebensstilvorschläge im Alter nur den Sinn, dass man sich *jetzt* besser fühlt, dass man beweg-

---

8 Video History: Die wahren Inglourious Basterds (29.01.2014, 21 Uhr, 43:24 Min.) in der ZDFmediathek (abgerufen am 30.01.14).

9 Der Titel wurde von den Autoren des Films absichtlich falsch geschrieben, um auszudrücken, dass es sich nicht um eine wahre Begebenheit handelt. Es ist ein kontrafaktischer Film von Quentin Tarantino (2009), in dem eine erfundene Sabotagegruppe deutsche Soldaten, vornehmlich SS-Angehörige, foltert und befragt. Der SS-Standartenführer (im Film als „Oberst" bezeichnet) als Gegenspieler, Christoph Waltz, bekam den Oscar für die Darstellung des weltgewandten Fieslings. Die von einem indianischstämmigen Leutnant der US-Armee (Brad Pitt) angeführten Juden töten sogar die Führung des Dritten Reichs.

lich bleibt, Treppen steigen kann, nicht traurig wird, weil man zuerst körperlich, dann geistig zunehmend abbaut, und dass man nicht so dick wird, dass an Bewegung kaum mehr zu denken ist. Das ist fein und erfreulich genug.

Besorgniserregend wird es jedoch, wenn alte Menschen sich von ihrer Angst dominieren lassen. Da wird zunehmend auf Salz verzichtet, angeblich wegen des Bluthochdrucks. Da erzählen ältere Menschen, dass sie dieses und jenes nicht mehr vertragen, und bekommen Diäten empfohlen, die das Leben zwar nur selten (etwa im Fall der erforderlichen Eiweißreduktion bei Nierenkranken) verlängern, es für die Betroffenen und deren Umgebung aber schwieriger machen. Warum so viel Angst und – auch wenn diese verständlich ist – warum ihr nachgeben? Nahrungsergänzungsmittel und Vitamine, besondere Qualitäten des Essens, Rücksichtnahme auf Fettstoffwechsel und Elektrolyte, all das ist nur dann gerechtfertigt, wenn sich dadurch das aktuelle Lebensgefühl verbessert. Wenn diese Maßnahmen zu einem Korsett werden, das gegen die Todesangst geschnürt wurde, wäre es besser, diese Angst zu bearbeiten statt ihr nachzugeben. Das Ausmaß an Beeinflussbarkeit der durch die höhere Lebenserwartung zunehmenden Alterskrankheiten wie Bluthochdruck und Hypercholesterinämie durch Diäten ist erschreckend gering. Komisch ist vor allem, dass die höhere Lebenserwartung zu einer Steigerung der Todesangst geführt hat (vor allem durch den Verlust der unmittelbaren Auferstehungshoffnung).

Das lange Leben wirklich alt gewordener Menschen hat mehr mit Genetik und guter Lebensführung von Geburt an sowie mit gelungenen Beziehungen zu tun (im ländlichen Raum Japans zum Beispiel sind Tagesrhythmik, Essgewohnheiten und Lebensplanung seit Jahrhunderten unverändert). Die einzige Diät, die sich als lebensverlängernd herausgestellt hat, ist: wenig essen. Ob man das macht, wie heutzutage oft gepriesen, indem man jeden zweiten Tag nichts isst oder einfach immer wenig isst, sei jedem selbst überlassen. Aber jeder, der wenig isst, hat bessere Chancen, alt zu werden, sogar über sein genetisches Alter hinaus, als der, der dick ist. Dick wird man im Alter leicht, das Ausmaß an Bewegung nimmt ab, essen gehört zu den Tätigkeiten, die problemlos zu bewältigen sind und Spaß machen, zudem fördert es die soziale Interaktion, weil man meistens nicht alleine isst, und wenn es dazu auch noch etwas Alkohol gibt, wird die Zunge leicht und das Herz unbeschwert. Warum auch nicht?

Stattdessen wird den verschiedenen Wehwehchen nachgegangen, Arztbesuche werden zu den wichtigsten Terminen und die Ratschläge der Ärzte werden ernstgenommen.

Ich rate davon ab!

Essen Sie, was Ihnen schmeckt, und nicht, was angeblich gesund ist. Machen Sie ausreichend Bewegung, es tut Ihnen gut und Sie fühlen sich danach viel besser. Lachen Sie viel und nehmen Sie immer weniger ernst. Vor allem nicht sich selbst, denn Sie sind der Schauspieler, dem der Souffleur langsam das Zeichen gibt, von der Bühne abzutreten. Das ist nicht schlimm. Sie und ich, wir hatten unsere Chance und sie wird nicht wiederkommen. Nur wenige von uns haben noch die Chance, Papst oder Präsident zu werden. Schade, aber so ist es. Das sich nun auftuende Loch mit Sorgen um die eigene Gesundheit zu füllen, ist schal und dumm. Man könnte fast sagen: Je weniger Leben noch übrig ist, desto mehr hängt man daran. Wie eine Wurst, von der man eine Scheibe abschneidet und, da man sie nicht ganz durchgeschnitten hat, ein kleines Stück Haut noch festhängt. Unbedacht reißt man es – im besten Fall – ab. Oder man zieht es in die Länge, den Rest kennen Sie.

Die österreichische Schauspielerin und Kabarettistin Topsy Küppers (* 1931), einst Gattin des wunderbaren Georg Kreisler (1922 – 2011), bekam mit zweiundachtzig Jahren Krebs und hat ein Buch darüber geschrieben. „Mein Ungustl: Ein widerlicher Gast" (Langen Müller, 2015), so nennt sie ihren Tumor, den sie mithilfe der Ärzte besiegt zu haben hofft. Bei der Buchpräsentation, die in der ORF-Society-Sendung „Seitenblicke" gezeigt wurde, freuen sich alle Befragten mit der Autorin, dass sie ihren Ungustl besiegt hat. Aber sie ist dreiundachtzig! Wer hätte noch vor zehn oder zwanzig Jahren überhaupt etwas derart wortwörtlich Einschneidendes getan, um ein in diesem Alter auftretendes Karzinom zu bekämpfen? Wer hätte dieses Karzinom für etwas anderes gehalten als die zu erwartende lebensbeendende Krankheit, die hohes Alter eben mit sich bringt?

Stattdessen wird die Behandlung und die momentane Verbesserung als Sieg gegen den Krebs gefeiert, die Autorin im Kreis ihrer hauptsächlich Gleichaltrigen als Heldin begrüßt und der Arzt als Helfer in der Stunde der Not im Fernsehen gezeigt. Sogar Nacktfotos von Küppers sind in dem Buch zu sehen, von denen sie im österreichischen Rundfunk sagt, dass sie darauf gut aussehe. Topsy Küppers war in der Tat eine sehr gut aussehende Frau, als sie mit Kreisler „Heute Abend: Lola Blau" gab. Ich kann das bezeugen, denn ich war bei der Erstaufführung (1971) dabei. Wieso genügt das nicht? Warum so am Leben hängen, wo man es doch im Altersheim fristet? Es ist die Kreatur, die sich weiterschleppen will und – nach dem Sieg über den Krebs – an etwas anderem sterben muss.

Daher: Kümmern Sie sich ruhig um Ihre Gesundheit, wenn es Ihnen Spaß macht, aber lassen Sie sich nicht durch ein „gesundes Leben" einschränken.

Auf dem Berg ist Sonne und Nebel im Tal, man steigt neunhundert Meter zu der Schweizeben unter dem Hochanger durch das Weitental bei Bruck an der Mur auf, der Susannensteig ist schneebedeckt, an manchen Stellen eisig, weswegen mein Freund Ingo und ich „Kramperln", also leichte Steigeisen, tragen. Die Wirtschaft auf Schweizeben ist offen. Platz ist nur mehr im Raucherzimmer, dort sitzt ein schweigsamer Mann an einem Tisch, darunter sein Hund, darauf zwei Zigarettenpackerln. Der Raum ist lichtdurchflutet, durch das Fenster blickt man in das weite Mürztal, die Nebeldecke lässt es wie ein Meer erscheinen. Es ist Frühstückszeit. Ingo bestellt ein Krügerl Bier, ich schließe mich an.

Zwei deutlich jüngere Frauen kommen in den Raum. Die Funktionskleidung wird Schicht um Schicht ausgezogen, ein schöner Anblick. Ein interessanter Geruch breitet sich aus: Der Geruch der Plastikkleidung vermischt sich mit dem Geruch der sich am Morgen gewaschen, beduftet und beim Aufstieg geschwitzt habenden Frauen im Alter von etwa vierzig bis fünfzig Jahren. Die Kleidung hängt jetzt auf einem Bügel neben dem Ofen, wo sie weiterduftet. Die beiden setzten sich, nehmen ihr transportables Diabetesbesteck aus der Hüfttasche und messen den Blutzuckerspiegel. Da die erste Messung sie nicht befriedigt, wird nochmals gestochen und wieder gemessen, das nun erreichte Ergebnis stellt sie zufrieden. Nun wird Insulin gespritzt, beide Frauen trinken einen Tee mit Süßstoff, ohne etwas zu essen.

Während wir nach dem großen noch ein kleines Bier trinken, werden die Oberteile wieder nach und nach angezogen. Die Frauen grüßen und verlassen die Hütte. Komisch, denken wir beide, sie müssten doch etwas essen. Andererseits scheinen sie sich mit ihrem Leiden auszukennen. Dass sie sich so verhalten, wird damit zusammenhängen – und auch damit, dass sie sich zu einem disziplinierten Leben entschlossen haben und es durchhalten. Alles an diesen Frauen wirkt diszipliniert: die Art, wie sie ihre Haare zusammengebunden haben, wie sie die Kleidung aufhängen und wie sie sich im Raum verhalten, selbst ihr Schimpfen, dass sie im Raucherraum sitzen müssen, weil im großen Zimmer gegenüber eine Geburtstagsfeier stattfindet. Sie bitten den schweigsamen Mann, während ihrer Anwesenheit nicht zu rauchen. Wir rauchen auch nicht. Die Wirtin unterstützt uns in unserer Disziplin: Sie verkauft uns keinen Schweinsbraten; angeblich, weil sie keine Zeit hat. Den Boden in dem ziemlich sauber erscheinenden Raum wischt sie dann aber auf. Sie hatte, scheint es, doch Zeit, nur keine Lust. Oder sie fand, dass wir dick genug seien. Oder sonst was.

Wir gehen fröhlich zu Tal, zu Ingo, der ein „ausgewogenes" Menü – Steak mit Brot mit einer Flasche Nebbiolo aus dem Piemont – serviert. Ich werde meinen guten Vorsätzen untreu, nicht mehr Auto zu fahren, wenn ich auch nur ein klein wenig getrunken habe, und gleite heiter zurück nach Graz.

Gehen Sie an Ihre Grenzen

„Wer saufen kann, kann auch laufen" war einer der Sinnsprüche aus dem „Taubenbuch". Ich finde immer mehr, dass das stimmt. Zwar sagt Ingo: „Muskeln kann man trainieren, Gelenke und Sehnen nur ruinieren!", und der Satz wird auch nicht besser, wenn man ihn umdreht. Dabei ist aber zu bedenken, dass das Ruinieren von jenen, die es nicht probieren, meist nicht erlebt wird. Die anderen werden meist mit künstlichen Gelenken versorgt, mit denen man fast jeden Sport betreiben kann: Wandern, Klettern, Laufen, Schwimmen und vieles andere mehr. Bewegung führt zu einer besserer Hirnleistung und einem guten Lebensgefühl. Das allein sollte schon reichen, um Sport zu machen und nicht nach Ausreden zu suchen.

Viktor Frankl (1905 – 1997) hat, als er mit zirka sechzig Jahren an Höhenangst zu leiden begann, wieder, wie in seiner Jugend, zu klettern begonnen. Er bestieg den Stüdlgrat am Großglockner. Das Foto[10], das ihn am Grat im Seil hängend zeigt, ging damals um die Welt. Er war als Erfinder der Logotherapie vor allem in den USA eine Berühmtheit und das Foto galt als Beweis für die Richtigkeit seiner Gedanken, die er im Buch „… trotzdem Ja zum Leben sagen" (1946), in dem er von seinen Erfahrungen im Konzentrationslager erzählt, darlegte. Er war zu Recht berühmt. Denn nicht nur, dass er das Konzentrationslager überlebt hatte, nicht nur, dass er geschrieben hat, dass die moralisch Schwächeren, jene, die mehr auf sich schauten, größere Chancen hatten, dieses furchtbaren Regime zu überleben, nein, er hat die Idee des „Menschen zum Sinn" gehabt: Die Sinnfrage war eine Herausforderung, mit der er seine depressiven Patienten konfrontierte und viele damit heilte. Er selbst konnte das sicher auch gut brauchen in seinem kleinen Kammerl in der Wiener Privatklinik, in die ihn die Feindschaft, der Neid und der unterschwellige Antisemitismus der Wiener medizinischen Fakultät verbannt hatte.

Der Wille zum Sinn war das Gegenteil jenes Triumphs des Willens, den die Nationalsozialistin Leni Riefenstahl (1902 – 2003) verherrlicht hat. Riefenstahls gleichnamiger Film zeigt den Reichsparteitag 1934 in Nürnberg, wo die Masse den Willen des Einzelnen aufsaugt und ihn so zu allem bereit macht. Diesen Menschen wird glauben gemacht, dass der kollektive Wille jede Grenze überschreiten kann. Die Katastrophe des Nationalsozialismus zeigt, dass dieser Glaube Grenzen überschreiten lässt, die man nie überschreiten sollte. Der kollektive „Herrenmensch" betrat die Bühne der Geschichte und begann sein Zerstörungswerk.

---

[10] Siehe www.univie.ac.at/logotherapy/d/vf/kalmar/Frankl_Klettern_Portrait4.jpg (abgerufen am 31.03.15, 10:47).

Hat man Hannah Arendt (1906 – 1975) gelesen, weiß man, dass diese Überschreitungen die Fähigkeit zu einem klaren Urteil zerstört[11], dass so die „Bestie Mensch" freigelassen wird. Diese Bestie bewegt sich dann in einem Umfeld, das den Willen höher stellt als die moralische Entscheidung, und die Einzelnen können sich überdies einreden, dass sie Gutes tun, sogar dann, wenn sie die Gebote der Menschlichkeit außer Acht lassen. Dass es nie wieder so weit kommen möge, ist ein frommer, wahrscheinlich aber nicht in Erfüllung gehender Wunsch.

Ganz anders und doch ähnlich verhält es sich beim heutigen Sport. Bei Spitzenathleten wie dem Skispringer Thomas Morgenstern wurden die Grenzen zu weit gesteckt. Obwohl er am Schluss der Saison 2014 schon so müde war, dass er bei seinem vorletzten Sprung stürzte, wurde er noch einmal rausgehetzt – und stürzte so schwer, dass an seinem Aufkommen gezweifelt werden musste. Hermann Maier wurde dadurch zum Idol, dass er drei Tage nach seinem kapitalen Sturz in Nagano (1998) den Olympiasieg holte. Die Liste der Spitzensportler, die sich überfordern, ist lang. Da ist etwa Simon Amann, der trotz Sturzes weitersprang und sich schwer verletzte, oder Lindsey Vonn, die trotz ihrer Depressionen und einer Knieoperation 2014 im Jahr 2015 die Bestmarke gewonnener Rennen von Annemarie Moser-Pröll übertraf – wir wissen zwar, dass solche Grenzüberschreitungen, dass ein derart unverantwortlicher Umgang mit der Gesundheit junger Menschen nicht tolerierbar ist, nehmen es aber einfach hin.

Die fröhlichen Pensionisten kann man ziemlich klar in drei Gruppen teilen: in jene, die Bewegung macht (das ist die größte Gruppe); in jene, die Pseudobewegungen macht; und in jene, die zu viel Sport betreibt,

---

11 Ähnliches beschrieb auch schon Sigmund Freud in seinem Buch „Massenpsychologie und Ich-Analyse" (1921). Weitergeführt wurde der Gedanke in unzähligen Werken, deren berühmtestes von Wilhelm Reich stammt. In „Massenpsychologie des Faschismus" (1931) zeigt er, wie das Individuum zu einem Teil der Masse wird. Der Gedanke des Aufgehens des Ichs in der Masse wirkte auch noch in der Aufarbeitung des Faschismus nach, wie bei Klaus Theweleit in den „Männerphantasien" (1977/1978) oder bei dem wenig bekannten Österreicher Michael Siegert, der 1971 und danach zu diesem Thema gearbeitet hat. Michael Siegert beschreibt in seinem Buch die Folgen des Aufgebens der Individualität, die sich im Schweigen gegenüber der nachfolgenden Generation und der Unfähigkeit, Verantwortung für die eigenen Taten zu übernehmen, äußerte.

die ihr Alter nicht wahrnimmt oder verleugnet, die weiter die Sportart ihrer Jugend verfolgt und sich dabei chronisch überfordert. Warum ist das so? Die Antwort ist einfach: In der heutigen Kultur ist Altwerden keine Option. Der alte Mann, den mein Großvater in den Fünfziger- und Sechzigerjahren des vergangenen Jahrhunderts noch authentisch darstellte, ist verschwunden. Kein Anzugmacher, kein Schneider erzeugt noch Maßanzüge alten Stils. Die Hosen enden nicht mehr unter den Brüsten der alten Männer, die Sakkos sind nicht mehr so weit geschnitten, dass sie Platz für Brieftasche, Zigaretten, Bauch und Accessoires haben. Jeder muss körpernah geschnittene Sakkos tragen und von seinen sportlichen Erfolgen erzählen. Mein Sohn Aaron, der Soziologie in Wien studiert, sagt dazu: „Nur der Umstand, dass wir uns unseres Umfelds bewusst sind und die Zeitströmungen kennen, heißt noch lange nicht, dass wir außerhalb davon leben können." So ist das. Die meisten Pensionisten geben es auf, Bewegung zu machen. Sie sitzen, lesen, schauen fern und werden in der Folge dick und unbeweglich. Sie schämen sich dafür. Zu Recht. Das alles geht oft mit einer geistigen Unbeweglichkeit einher, einem Unzufriedensein, mit Pessimismus und Zorn auf die Jugend. Nicht schwer zu verstehen. Neid und Ärger über ein versäumtes Leben mischen sich mit dem Wissen um das Steckengebliebensein, eine furchtbare Melange der Bitterkeit.

Geht man an seine Grenzen, überschreitet man sie ein bisschen, macht man – Grenzerfahrungen. Man sieht und spürt vor allem, was man noch kann. Kurz ist die Zeit, die einem noch gegeben ist. Man weiß, dass sich alles reduziert: die Erinnerung, die Elastizität, die Anzahl der neu anzusteuernden Neuronen, die neuen Einfälle und die Möglichkeiten, die man bei anderen Menschen hat. Man lernt schwerer Menschen kennen, nimmt deren Ideen und Einfälle nicht mehr so leicht auf, vor allem deshalb, weil man ohnedies schon alles zu kennen glaubt. Dieser Glaube ist irrig und kommt daher, dass das Gehirn „einrostet". Dem entspricht die biologische Tatsache, dass die weiße Substanz (also die Kabeln) zunimmt und die Neuronen (also die Schaltstellen) weniger werden, schließlich baut sich auch die weiße Substanz langsam ab und das Vergessen wird zum Alltagsschicksal. Wichtiger denn je sind daher

Grenzerfahrungen. Sie allein sind es, die neue Erfahrungen möglich machen. Damit meine ich nicht, dass jemand, der nie auf Skitouren gegangen oder Marathon gelaufen ist, jetzt im Alter plötzlich damit beginnen soll. Was ich meine, ist, dass sie an ihre jeweiligen Grenzen gehen sollen. Hören Sie nicht auf die Stimme der Vernunft – sie ist der Wegbereiter der Angst.

Das habe ich unlängst auch meinem sechs Jahre älteren Freund, der auch Peter heißt, gesagt. Er hat bis achtundsechzig gearbeitet und ist seit einem Jahr in Pension. Leider ist er nicht ganz gesund, hat Stents in den Herzkranzgefäßen, ein Auge wurde trüb und seine schon immer weiche und wärmende Seele ist noch weicher geworden. Wir redeten übers Skifahren. Er sprach von seiner Angst. Einmal ist er im Flachen ausgerutscht und konnte nicht mehr aufstehen, benötigte Hilfe, konnte sich mithilfe der Stöcke nicht hochziehen. Einmal stürzte er und hatte Angst, sich etwas gebrochen zu haben. Er sagt: „Ich habe Angst vor Schmerzen!" Meine Frage „Ist Opium für Schmerzen verboten worden?" brachte ihn zum Schmunzeln. Wir sind beide Ärzte, er Psychiater, ich Kinder- und Jugendarzt. Wir wissen um die Flüchtigkeit des Lebens und der Gesundheit, um die Kraft der Bewegung, die ihn mehr langweilt als mich, und um ihre relative Wirksamkeit.

Wie eine Studie kürzlich herausgefunden hat, lebt man durch regelmäßige Bewegung im besten Fall zwei Jahre länger, verbraucht aber für diesen Gewinn vier Jahre an Zeit – diese Art der Lebensverlängerung ist also keine wirkliche Verlängerung, das wissen wir. Allerdings haben wir bis dahin eine schönere Zeit. Ebenso wissen wir beide, dass diese zwei Lebensjahre, die ans Ende angehängt werden, nicht die besten sein werden, so dass wir uns nicht sicher sind, ob wir sie erleben wollen.

Und doch, Sie sollen an Ihre Grenzen gehen, um von den schrecklichsten der Altersleiden so lange wie möglich verschont zu bleiben: der Ängstlich- und Furchtsamkeit. Aggressionen gegenüber der Jugend und Ärger über sich selbst, der sich dann manchmal als Fremdenfeindlichkeit oder nörgelnde Verdammung von Neuerungen zu erkennen gibt oder in einer anderen Form zutage tritt, die ihrem Wesen oder ihren Vorerfahrungen entspricht. Nur wenn Sie sich erproben, nur wenn Sie wissen, wie weit Sie gehen können, werden Sie sich spüren, sich erleben und neue Erfahrungen machen.

Als ich meine jährliche Gesundenuntersuchung im Herbst hatte, war das Auto leider nicht in Graz geblieben. Ich hatte es in Wien abgestellt und nicht wieder abgeholt. Meine Kinder wollten es mir bringen, taten es aber nicht. Es war der warme Herbst 2014, die Zeitung voll mit Ankündigungen einer Klimakatastrophe. Ein Vespa-Roller stand in der Garage. Fast neu. Die letzte Erwerbung meines Sohnes, bevor er nach Israel ging. In meiner Jugend assoziierte ich mit Mopedfahren unbegrenzte Freiheit. Leider stürzte ich oft. Gezählte einundzwanzig Mal. Immer ohne Folgen, sogar, als es mich über die Kühlerhaube eines Pkws, die in die Kreuzung hineinragte, schleuderte. Ich krümmte mich zusammen und rollte wie eine Kugel ab. Nun sagte mir ein Freund, dass er das Mopedfahren aufgegeben hätte, weil, wie er sagte, „die Straße im Alter härter" wird. Ich wollte aber zur Gesundenuntersuchung und war zu faul für das Fahrrad, zu geizig für das Taxi und zu hochmütig für die Straßenbahn, aber nicht feig genug für das Moped. Also – richtig – stieg ich aufs Moped, rollte die steile Straße vorm Haus hinunter und kam mit einem tollen Triumphgefühl an. Das Moped wurde danach für zwei Wochen mein Transportmedium: ob es sich um Einkaufen für die Familie handelte oder darum, meinen Sohn zur Bahn zu bringen – das Moped und ich konnten täglich mehr. Als mein Ältester sagte: „Wieso fährst eigentlich du? Das ist doch eine Verkehrung der Dinge!", war ich stolz.

Gehen Sie an Ihre Grenzen, erst dort sehen Sie, was Sie können. Und es wird Sie stolz machen!

Gehen Sie zu Ärzten, sie helfen Ihnen

Es gibt Menschen wie mich, die gehen gern zu Ärzten. Einfach, weil sie von ihnen Hilfe erwarten und bekommen. Ebenso, weil sie gern manchen Krankheiten vorbeugen. Zahnausfall zum Beispiel. Deshalb gehen sie regelmäßig zur Zahnpflege. Sicher, die Zahnpflege ist nicht alles. Aber sie fördert den Kontakt zum Zahnarzt und jede Zahnpflegerin wird ein Löchlein, das sie entdeckt, Ihnen und dem Arzt melden und so weitere Schäden verhindern helfen.

Ebenso ist es mit den anderen Untersuchungen. Sicher, eine Darm-
spiegelung ab dem fünfzigsten Lebensjahr alle fünf Jahre einmal wird
Darmkrebs nicht verhindern, aber sie ist die einzige Chance auf Früh-
erkennung und -behandlung. Diese Liste könnte fast unendlich fort-
gesetzt werden. Jede Vorsorgeuntersuchung, jeder Kontakt mit dem
medizinischen System birgt natürlich auch die Gefahr einer Überdiagnose in sich, aber wahrscheinlicher ist, dass man eine entstehende
Krankheit früh abfängt, so dass sie noch heilbar ist. Gegen die Gefahren
der Überdiagnose kann man sich leicht schützen: Kündigen Sie Ihre
Zusatzversicherung! Erstens wird Ihnen die Versicherung sehr dankbar
sein, denn Sie sind ein schlechtes Risiko geworden. Am liebsten hatte
die Versicherung Sie, als Sie jung waren und daher gesund. Jetzt steigt
täglich die Wahrscheinlichkeit, dass Sie die Versicherung in Anspruch
nehmen werden. Das ist für den Profit der Versicherung schlecht. Daher
werden Sie Ihre Kündigung widerspruchslos annehmen. Somit verführen Sie dann Ärzte und Ärztinnen nicht, sie aus niedrigen Motiven
zu behandeln. Nicht Geld ist dann das Interesse der Mediziner, sondern
ausschließlich der Wunsch, Ihnen zu helfen. Machen Sie also den für
Sie guten Schritt und legen Sie sich in ein Mehrbettzimmer. Wenn Sie
eine künstliche Hüfte brauchen, sind Sie dann zwar auf der Warteliste,
werden aber von dem operiert, der es täglich tut, und müssen nicht
einmal Danke sage. Wenn Sie dann doch Geld für Gesundheit ausgeben
müssen, nehmen Sie das, das Sie sich an Zusatzversicherung erspart
haben, und geben Sie es den Ärzten Ihrer Wahl.

Und dann: Haben Sie ein wenig, aber nicht zu viel Vertrauen. Der
Arzt kann Sie verwechseln, inkompetent sein oder er ist einfach inner-
lich mit anderem beschäftigt. Daher überprüfen Sie die Empfehlungen, lesen Sie Beipacktexte, überlegen Sie selbst Vor- und Nachteile der
Verschreibungen und Empfehlungen, vergleichen Sie diese mit Ihrem
Lebenskonzept und schauen Sie, ob das alles zusammenpasst. Nehmen Sie zum Beispiel Tabletten gegen Bluthochdruck, sofern Sie noch
Freude an Sex haben, nur mit Vorsicht, manche haben nämlich als
Nebenwirkung Potenzstörungen. Überdies ist Bluthochdruck an sich
keine Erkrankung, Sie nehmen die Tabletten vorsorglich, um Nachfol-
geerkrankungen zu verhindern. Denken Sie über Medikamente nach,

die den Fettstoffwechsel beeinflussen. Ab einem gewissen Alter kommt die Vorsorge gegen Arterienverkalkung zu spät. Überdies wird von diesen Medikamenten die Wahrscheinlichkeit, an Diabetes mellitus zu erkranken, größer. Besprechen Sie Risiken mit Ihrem Arzt und treffen Sie dann eine gemeinsame Entscheidung. Seien Sie offen, lügen Sie Ihren Arzt nicht an und schenken Sie ihm das Vertrauen, das er braucht, um Sie gut behandeln zu können. Denken Sie aber auch daran: Jeder Arzt ist geneigt, Ihnen ein Rezept zu geben. Wenn Sie schon Medikamente einnehmen, kann es sein, dass die Wechselwirkungen nur mehr schwer zu überblicken sind. Achten Sie darauf, besprechen Sie das mit Ihrem Arzt und erinnern Sie sich an die Mathematik Ihrer Schulzeit: Gleichungen mit mehr als drei Unbekannten sind fast unlösbar. Daher sollten Sie wahrscheinlich nicht mehr als drei unterschiedliche Medikamente einnehmen.

Legen Sie sich nur ein Mal wirklich ins Bett – zum Sterben

„Im Bett sterbn d' Leut", sagt der Volksmund. Das stimmt. Sie brauchen das Bett zum Schlafen, sonst nicht. Weder werden grippale Infekte erträglicher oder heilen mit weniger Nebenwirkungen ab, wenn Sie im Bett liegen, noch wird eine Herzkrankheit vom Liegen besser. Das Bett ist gut zum (Bei-)Schlafen und für sonst nichts. Sicher, Sie sollen ein gutes Bett haben, denn im Bett und in den Schuhen verbringt man sein ganzes Leben – sagt ein Sprichwort. Daher müssen beide so gut wie möglich sein. Aber sonst meiden Sie das Bett, besonders wenn sie schon älter sind. Es macht Sie eher krank als gesund. Von der Entwicklung von Blutgerinnseln über allgemeine Schwäche bis zur empfundenen Schlafstörung – all das entsteht im Bett. Es wird Ihr Begleiter, wenn es dann so weit ist. Bis dahin ist es von Schaden. Das wussten die Menschen immer schon. Deshalb machten sie das Bett zwar weich und warm, aber sie stellten es in den dunklen Räumen auf, verhängten die Fenster und heizten den Raum oft nicht. All das, um die Anziehung des Bettes zu verringern und dessen Benützung auf die Nacht zu konzentrieren. Nehmen Sie das als Richtschnur. Wenn Sie das Bett brauchen, dann benützen Sie es. Ich warne aber vor der Idee, das Bett zu „hüten". Das Bett hütet sich selbst. Es zieht Sie nur an, wenn Sie sich vor der Welt verstecken wollen oder weil Sie traurig sind oder weil es Ihnen bequem ist. Für Bequemlichkeit ist im Alter wenig Platz. Denken Sie immer daran, dass Sie – selbst wenn Sie römisch-katholischen Glaubens[12] sind – die Ewigkeit haben, um sich auszuruhen. Das muss doch genügen. Die wenigen Stunden, die Sie auf Erden haben, sollten Sie sich nicht allzu viel ausruhen. Bleiben Sie in Bewegung, denken Sie an andere, achten Sie moderat auf Ihre Gesundheit, aber meiden Sie das Bett. Es darf ruhig einen Morgen geben, an dem Sie sich einen Morgenschlaf gönnen, zum Beispiel nach dem Sport, aber an sich reicht das. Je stärker es Sie anzieht, desto mehr gehen Sie in die andere Richtung! Vermeiden statt aufsuchen, weggehen statt hüten, wachen statt schlafen – das ist die Devise.

[12] Das bezieht sich auf die Auferstehungshoffnung. Im Judentum, ebenso wie im Christentum, treffen sich die Verstorbenen im mythischen Jerusalem am Ende der Zeiten und essen vom Tisch des Allerhöchsten. Das römisch-katholische Christentum hat die griechische Idee der unmittelbaren Auferstehung inkulturiert (freundlich formuliert für „angeeignet"). Diese ist eine seelische Auferstehung, der Körper wird im Grabe zu Staub. Allerdings geht die Erdbestattung auf den jüdischen Glauben der körperlichen Auferstehung zurück, die von Jesus nach dem Neuen Testament vollzogen worden ist.

LEBENSFÜHRUNG

Im *Kurier,* einer der größten österreichischen Tageszeitungen, erschien am 1. Februar 2015 ein Artikel mit dem Titel: „Die 5-L-Formel: Einfach gesund". Der renommierte Altersforscher Georg Wick[13] zeigt darin Strategien für ein besseres Leben auf.

Zehn bis fünfzehn Jahre, so heißt es im Bericht, könne man sein Leben verlängern. Die Ingredienzien dieses Rezepts sind: Leben (bewusst auf sich achten), Laufen (als Synonym für einen aktiven Lebensstil), Lernen (nicht nur in der Schule), Lachen (eine positive Grundeinstellung) und Lieben (nicht nur den Partner). Klingt gut, ist aber sicher für viele nicht ganz leicht umzusetzen. Aber: Alles, was man davon beherzigt, hilft. Wick erzählt, dass seine Mama achtundneunzig Jahre alt geworden ist, was ihm „gute" Gene verheißt. Er behauptet aber, dass nur dreißig Prozent durch die Gene bestimmt seien. Das macht das Verkaufen seiner Ideen natürlich leichter, ob es stimmt, kann man nicht so genau sagen. Er jedenfalls wird alt und älter. Liegt es nun an seiner Lebensführung oder an den Genen? Eher, so meint man heute, an den Genen.

Die Ansicht, dass man arbeiten soll, um gesund zu bleiben, bis man es nicht mehr kann, ist strittig. Es hängt vom Beruf ab und von den eigenen Möglichkeiten. Unumstritten scheint, dass es falsch ist, Geistesarbeiter in Pension zu schicken. Kein Land, das erfolgreich ist, macht das. US-amerikanische Präsidenten bleiben selbstverständlich im Dienste der amerikanischen Diplomatie; emeritierte Professoren der besten europäischen technischen Universität, der ETH Zürich, bleiben, wenn sie es wollen, der Forschung, Beratung und Lehre bis ins hohe Alter erhalten; sie geben den jungen Forschern Ratschläge, edieren wissenschaftliche Journale und halten Vorträge in aller Welt. Natürlich sollte auch der Geistesarbeiter den Moment erkennen, an dem er die Weiterentwicklung der Forschung zu behindern beginnt. Er sollte wissen, wann er sich ausschließlich zu wiederholen beginnt und die Ideen der Jugend abzulehnen anfängt, oft einfach deshalb, weil er sie

---

[13] Georg Wick: Perspektiven der Altersforschung – Vom programmierten Zelltod zur Pensionsreform. Wiener Vorlesungen. Picus Verlag, Wien 2008.

nicht mehr versteht. Rudolf Virchow (1821 – 1902) war so ein Mann: Seine Zellularpathologie hatte die Entwicklung seines Faches beflügelt, seine Mikroskopie zu großem Fortschritt beigetragen, wie man in dem ihm gewidmeten Museum an der Charité in Berlin sehen kann. Seine Ablehnung der Keimtheorie, die besagt, dass Bakterien und Viren Krankheiten auslösen, behinderte aber den Fortschritt, dem er sich mit seiner Macht als Geheimrat vehement entgegenstellte. Die sich daraus ergebende Feindschaft gegenüber dem Entdecker des Tuberkelbazillus, Robert Koch (1843 – 1910), hat ihn nicht nur lächerlich gemacht, sondern eine positive Entwicklung behindert.

Einzelfälle, die nicht ins Gewicht fallen, sind zum Beispiel der italienische Präsident Giorgio Napolitano (* 1925), der erst mit neunzig in Pension gegangen ist, der Papst und allenfalls mein Schwiegervater Jack David Dunitz (* 1923), Emeritus der ETH Zürich.

Jeden der Ratschläge von Wick sollte man befolgen. Aber nicht, um sein Leben zu verlängern, sondern um es währenddessen schöner zu haben. Die Zeit, wo noch vieles geht und möglich ist, muss man nützen. Jack Lemmon und Walter Matthau haben in drei Filmen (z. B. „Ein verrücktes Paar", 1993) darüber „diskutiert": Es sind immer zwei „Alte", die miteinander streiten, sich versöhnen, sich verlieben und aus dem Leben noch etwas machen – oder eben nicht. Berührend ist der Auftritt von Jack Lemmons „Vater", der auf die Frage seines Sohnes, ob er sich noch einmal auf eine Liebe einlassen soll, etwa so antwortet: „Wann denn, wenn nicht jetzt? Du kannst nichts nachholen!"

Es muss keine schwere Erkrankung kommen, um sich bewusst zu sein, wie es um einen steht. Man muss keinen Herzinfarkt haben oder Krebs, um zu wissen, dass das Leben endlich und vermutlich bald vorbei ist. Statistiken, der Blick auf die Geburtsurkunde und in die eigene Seele reichen völlig. Erinnerungen können dabei helfen: Wann sind meine Großeltern gestorben? Wie sehe ich aus der Sicht meiner Enkel aus? Welche Einschränkungen habe ich bereits? All das gibt ausreichend Auskunft über das unaufhaltsame Nachlassen der Kräfte und den baldigen Tod.

„Ein kleiner Kommentar gegen das Aufkommen von Reue wäre hilfreich, wenn man darüber nachzudenken beginnt, was man schon früher hätte machen müssen, was Reue impliziert, die sicher nicht gesund ist", sagt mein Sohn Aaron, nachdem er mein Manuskript gelesen hat. Recht hat er. Nachholen geht nicht, das Leben bewegt sich vorwärts. Was versäumt ist, ist versäumt. Besser jetzt keine Zeit mit Wehmut und Trauer über die verlorenen Stunden vergeuden, sie werden nur, wie bei einer schlechten Investition, dem schon Verlorenen nachgeworfen und verhindern, dass man noch ein wenig Freude hat.

Ergreifen Sie die Ratschläge von Wick. Vielleicht verlängern sie das Leben, vielleicht aber machen sie auch nur den verbleibenden Teil besser. Sicher, man hätte vielleicht schon früher damit beginnen können: Lebenslanges Lernen fängt schon in der Schule an. Es ist die Einstellung zum Lernen, die es spannend und erfreulich erscheinen lässt. Intrinsische Motivation eben, lernen macht Spaß. So scheint es Wick ergangen zu sein, deshalb hat er Schüler herangebildet, Neues gelernt und seinen Beitrag geleistet. Diese Einstellung verlässt einen im Alter nicht. Selbst wenn man seine Interessen ändert, wie der kürzlich verstorbene Erfinder der Pille und erste Hersteller des Cortisons Carl Djerassi (1923 – 2015), und zum Beispiel Dichter und Kunstsammler wird, hat man immer noch dieselbe Einstellung zum Leben und zum Lernen. „So wenig Zeit und noch so viel zu tun!", sagte Djerassi gern und zitierte dabei Gustav Klimt, von dem er Bilder in aller Welt kaufte. Dann schenkte er seine Sammlungen der Albertina Wien und dem Museum of Modern Art in New York und wurde sogar noch zum Benefaktor. Nun ist er tot, aber sein Geist lebt in seinen Entdeckungen, seinen Büchern und seinen Kunstsammlungen weiter. Wahrnehmen und einen Beitrag leisten macht das Leben schöner. Dann ist es vielleicht nicht so wichtig, wie lang es dauert.

Daher noch ein paar Bemerkungen zu den anderen Ratschlägen:

Leben heißt, dass man achtsam mit sich umgeht. Leben heißt, dass man sich gern hat, dass man sich mit Freude nach dem Baden eincremt, weil die Haut im Alter weniger Fett produziert, oder sich schön anzieht, weil man dann besser aussieht. Es heißt auch, dass man gern gut isst und meistens nicht mehr, als man verträgt. Das macht jeden Tag Spaß und muss nicht damit begründet werden, dass man dadurch sein Leben verlängert. Ich erinnere mich an eine Studie, in der die Vorteile der exakten Einstellung der Zuckerkrankheit ermittelt wurden. Die Vorteile der Reduzierung der Folgeerkrankungen des Diabetes mellitus wurden durch die damit einhergehende höhere Frequenz der Hypoglykämien mehr als aufgehoben. Die durch Unterzuckerung ausgelösten epileptischen Anfälle führten zu weit mehr Todesfällen, als es eine schlechte Einstellung zur Folge gehabt hätte. Den Zuckerkranken machte die strenge Einstellung keine Freude. Sie mussten sich bis zu sechsmal am Tag stechen, danach Insulin spritzen und erreichten doch keinen der Funktion der gesunden Bauchspeicheldrüse ähnlichen Verlauf des Blutzuckers. Das ist für mich ein Beispiel für eine optimale medizinische Versorgung, die leider für den Kranken einen nachteiligen Effekt hat.

Ob man nun Diabetiker ist oder einfach nur älter wird: Bewegung hilft in jedem Fall. Und das in zweierlei Hinsicht. Einerseits ist man hier und heute beweglicher, als man es morgen sein wird, und noch zu Aktivitäten fähig, die einem sonst verschlossen bleiben. Im Winter 2015 habe ich beim Skifahren viele ältere Menschen gesehen, die sich und andere gefährdeten. Einfach deshalb, weil die Technik noch in den körpereigenen Reflexen gespeichert war, aber die Durchführung der an sich richtigen Bewegungen bei schwierigeren Passagen, bei steileren Hängen nicht mehr funktionierte. Sie hatten nicht genügend Muskelkraft, nicht genügend Beweglichkeit, und so geriet die Bewegung schwach und die Skier gehorchten ihnen nicht. Stürze, Unfälle waren die Folge. Rudolf Hundstorfer (1951 – 2019), von 2008 bis 2016 österreichischer Sozialminister, der einen sehr guten Job machte, ist ein Beispiel dafür. Die Arbeit ließ ihm wenig Zeit zum Training und er hatte vielleicht auch vergessen, in der Zeit vor dem Skiurlaub zu trainieren. So kam es, dass er stürzte und sich das Becken brach.

Ich schlage vor, dass jeder einen Berg in seiner Nähe bezwingt oder eine halbe Stunde läuft oder eine vergleichbare Aktivität unternimmt, bevor er einen Skilift besteigt, um sicherzustellen, dass er körperlich fit ist. (Motto: „Fahr nur einen Berg hinab, den du auch hinaufgehen kannst!") Gelingt diese Anstrengung mühelos, wird man auch die viel härteren Bedingungen auf der Piste bewältigen. Denn dort kommen hinzu: das neue Material, die schweren Schuhe, die Kälte und nicht zuletzt die Höhe. Diese Belastungen, vielleicht noch in Kombination mit Brillen, die sich beschlagen, schlechter Sicht durch Nebel oder Wolken, erhöhter UV-Strahlung und eventuell etwas Alkohol, der in der Skihütte konsumiert wurde, sind da noch nicht berücksichtigt. Aber wenn man sieht, wie schwer ältere Menschen nach einem Sturz aufstehen oder welche Probleme es ihnen macht, einige Schritte mit Skiern den Hang hinaufzugehen, wenn sie sich verfahren haben, dann kann man den Grad der Notwendigkeit einer guten Vorbereitung ermessen. Also: Regelmäßiges Ausdauertraining hilft, vor allem, wenn man sich in der Natur bewegen will.

Es ist auch förderlich, wenn man sich Partner dafür findet. Nichts ist so motivierend wie eine Partnerschaft am Berg oder im Tal. Allein nimmt die Motivation schnell ab und nach wenigen Trainingseinheiten wird man faul und müde. Jemandem verpflichtet sein, hinter ihm/ihr hergehen oder sie/ihn überholen, hilft. Ob es dabei unbedingt der Lebenspartner sein muss, sei dahingestellt. Viele Ehepartner sind über die Performance des anderen nicht erfreut, schimpfen dann aufeinander und statt Ausdauersport wird üble Beziehungsarbeit geleistet. Das soll nicht sein.

In einer Hütte auf der Mugl bei Niklasdorf in der Nähe von Bruck an der Mur trifft ein Ehepaar mit Tourenskiern ein. Sie kommen in die Hütte. Beide haben ein Aufspürgerät, für den Fall, dass jemand in eine Lawine gerät, der Mann außerdem eine Pulsuhr, sie sind perfekt ausgerüstet. Ingo und ich essen Eierspeise und Käsekrainer. Ingos Hund liegt unterm Tisch. Der Geruch erfüllt den warmen Hüttenraum, der Wirt bringt Bier und sogar noch eine zweite Wurst, weil sowohl ich als auch der Hund diese gerne und mit Genuss essen. Das Ehepaar am Nachbartisch bestellt gegen den Rat des Wirts Spinatschafkäsestrudel mit Salat. Dazu trinkt der Mann alkoholfreies Bier. Der Wirt sagte, dass er Spinat nicht leiden könne, weshalb er dieses Gericht, das bei seinen Gästen sehr beliebt ist, bei seiner Frau nur mit dem Namen „Was Grausliches!" bestellt. Das hält das Ehepaar von der Bestellung nicht ab. Als der Strudel, der im Mikrowellenherd gewärmt wurde, serviert wird, ist schnell klar: Die Frau isst ihn gern, der Mann hingegen quält sich damit ab und schaut immer wieder zu uns und unserer Wurst herüber. Mir scheint, dass er sogar den Hund beneidet, der zwei Drittel der Wurst in kleine Stücke geschnitten bekommt, die er mit Genuss verschlingt. Das Ehepaar spricht während des Essens nicht, die Frau trinkt zwei Mal je einen halben Liter Apfelsaft mit Wasser verdünnt, der Mann bleibt bei seinem alkoholfreien Weizenbier.

Solche Sportpartnerschaften machen traurig. Meinem zehn Jahre älteren Bergkameraden ist es ziemlich egal, was ich esse, oft freut er sich aber, etwas abzubekommen, weil er selbst selten etwas bestellt. Da ich zur Eierspeise Butter und Marmelade ordere, nimmt er zur Wurst gerne von der Butter aufs Brot und als süßen Abschluss ein kleines Stück Brot mit Marmelade. Er ist ein wahrer Gentleman. Er würde nie eine Essensbestellung meinerseits mit dem Hinweis kommentieren, dass diese im Widerspruch zu meinem Wunsch stünde, abnehmen zu wollen. Er sieht zwar, dass ich keinen Gürtel mehr brauche, um die Hose an ihrem Platz zu halten, aber einen Kommentar dazu wird man von ihm nie hören. Ginge ich mit meiner Frau, ich könnte nicht garantieren, dass ich oder sie nicht die eine oder andere Bemerkung fallen ließen. So wird es auch bei den Nachbarn im Speiseraum der Hütte sein: Jeder würde das Essen des anderen kommentieren, und so essen sie das Gleiche, womöglich traut sich der Mann gar nicht, etwas anderes als seine Frau zu bestellen. Das ist kein Genuss, sondern Terror. Dementsprechend telefoniert der Mann auch während der kleinen Mahlzeit. Was keinen Spaß macht, kann ruhig unterbrochen werden.

Das bringt uns zum Lachen. Ja, lachen – das ist immer gut. Das gesamte Leben wird leichter, wenn man sich selbst nicht ernst nimmt und über sich lachen kann. Weil man seiner Umgebung mit Freude begegnet und sich selbst durch Humor und Reflexion das Leben erträglicher macht. Die Voraussetzung dazu ist, dass man wenig ernst nimmt. Das ist ziemlich einfach, weiß man doch, dass alles, was man heute ernst nimmt, morgen schon unwichtig ist. Dass alles, was man macht, bald durch den Tod relativiert wird und dass selbst eine simple Krankheit vieles abschwächt. Dazu kommt, dass der Mensch zwar die grundlegenden Fragen nach dem Woher, dem Warum und dem Wozu stellt, aber nicht beantworten kann. Diese Unfähigkeit, die das Schicksal des Menschen ist, zwingt uns zum Lachen. Wie kann man sich nur ernst nehmen? Kränkungen ergeben sich schnell. Das beginnt im Kleinen, wenn der fröhliche Pensionist zum Beispiel Wäsche aufhängt und die Frau die Art des Aufhängens kritisiert. Dann hört der kluge Mann auf, Wäsche aufzuhängen. Oder im so genannten Großen hat das zur Folge, dass man in Zeiten fallender Zinsen, wo man für Geld, das man auf der Bank hat, sogar noch zahlen soll, Angst bekommt, ja sogar Angst zu verhungern. Wenn sich der Pensionist sozial engagiert oder in kleinen Vereinen mitmacht, dann hoffentlich immer mit innerem Abstand, mit lichter Distanz, die es ihm ermöglicht, Freude zu empfinden und nicht leicht gekränkt zu sein. Denn die einfachsten Umstände können zur Kränkung führen: Nichtbeachtung von Vorschlägen; Berücksichtigung anderer statt ihm; zuletzt sogar eine Abwahl, die er nicht wollte. Es ist doch wunderbar, wenn andere es anders machen. Es ist fein, wenn andere etwas besser wissen und danach handeln. Es ist gut, wenn man wieder in die zweite Reihe treten und zuschauen kann, wie andere es machen. Das alles muss und soll doch nicht kränken. Nehmen Sie sich nicht so wichtig. Es war doch eine Tätigkeit, die nicht unbedingt gebraucht wurde, ob es im Kegelverein oder bei den Rotariern war. Jeder soll einmal Obmann sein dürfen, seine Ideen einbringen, und die Tatsache, dass man selbst ersetzbar ist, kann einen nun wirklich nicht mehr überraschen. Daher: Genießen Sie, solange es geht, lassen Sie leichten Herzens los und erfreuen Sie sich an der Weiterentwicklung der Sache.

Das führt unmittelbar zum vierten Punkt von G. Wick: der Liebe. Diese soll und muss nicht mehr ausschließlich sexuell, sondern umfassender verstanden werden. Sie bezieht sich nun auf die immer weiter wachsende Familie, auf die Kinder und Kindeskinder, deren Partner und nicht zuletzt auch auf Freunde und Bekannte.

Wer geliebt werden will, „sollte" selbst lieben. Und bekanntermaßen so, wie es die Bibel vorschlägt: den anderen wie sich selbst. Das klingt einfacher, als es ist. Denn man ist weder schöner noch attraktiver noch agiler geworden. In der Tat zerstreiten sich manche Menschen im Alter mit sich selbst. Sie mögen sich so, wie sie sind, immer weniger. Bisweilen haben sie nie ihren Frieden mit sich gemacht und diese innere Zerrissenheit wurde nur von Arbeit oder Partnerschaftsproblemen überdeckt. Jetzt, da sie gesellschaftlich gestorben sind, jetzt, da sie sozial unnötig sind, deckt nichts mehr die Selbstaggression, das Auf-sich-böse-Sein zu. Stattdessen wird die Selbstaggression sichtbar. Symptome dessen können sein: (Selbst-)Verwahrlosung, mangelnde Pflege, Griesgrämigkeit, starker Wunsch, gebraucht zu werden, Pessimismus und Zorn auf die Welt.

Es wird oft gesagt, dass man alte Menschen nicht mehr ändern kann, was so nicht stimmt[14]. In Krisen und unter Druck ändern sich Menschen oder sie brechen. Mit sich selbst Frieden zu machen, sich zu verzeihen, dass man so ist, wie man ist, lässt einen für sich und dann für andere erträglicher werden. Denn solange man sich böse ist, wird man andere eher be- und verurteilen. Hat man selbst eine bescheidene Karriere gemacht und ist damit unzufrieden, wird man von seinem Sohn oder der Tochter gesellschaftlichen Aufstieg verlangen; leidet man unter seinem sozial wenig verträglichen Wesen, wird man entweder noch unverträglicher oder man verlangt von anderen ein Entgegenkommen, das man selbst nicht anbietet. In Summe geht es darum, mit sich selbst auszukommen, jetzt, da die Ablenkungen weniger werden und die Anforderungen geringer.

Es mag überraschen, dass man das völlig selbst in der Hand hat. Niemand braucht einem dreinzureden, niemand muss einem helfen oder kann einen behindern. Man geht in die Natur, setzt sich auf eine Bank und freut sich, dass man die blühenden Bäume des Frühlings sieht, weiß, dass man nicht mehr viele Frühlinge sehen wird, und lacht, wenn kleine Kinder lachen. Dann kommt man fröhlich nach Hause. Jeder ist froh, die Frau, die Kinder, die Freunde. Das andere, leider häufig gelebte Modell sieht so aus: Man sitzt im Garten, ärgert sich über die Hunde, die ihre Notdurft verrichten, findet die Kinder zu laut und

14 Mir hat dabei Irvin D. Yaloms Buch „Love Executioners and Other Tales of Psychotherapy" (Deutsch: „Die Liebe und ihr Henker", bTb, München 2001) geholfen. Yalom beschreibt darin die Anfänge seiner psychotherapeutischen Tätigkeit mit Alten, Dicken und Krebskranken. Er zeigt, dass diese sich ändern können, wenn der Therapeut bereit ist, sich auf sie einzulassen.

schlecht erzogen, ärgert sich über den Staub, der von den Bäumen fällt – im Schatten ist einem zu kalt, in der Sonne zu heiß. Man kommt übellaunig nach Hause, vom Spazierengehen schmerzen die Glieder, das angebotene Essen wird widerwillig an- und eingenommen, es wird geschimpft und Anrufe werden nicht getätigt bzw. nicht angenommen. Man ist allein, die Stimmung ist schlecht und bei einem Arztbesuch, der mit langer Wartezeit und Ärger verbunden war, bekommt man Antidepressiva verschrieben, die man aber nicht nimmt, weil man ja nicht geisteskrank ist. So könnte man im eigenen Saft schmoren, über die anderen im Stillen schimpfen und eine doch recht stabile Pseudobalance finden.

SIE SIND REICHER, ALS SIE GLAUBEN

Die Geschichte des Notgroschens ist eine Geschichte des Scheiterns

Sie sind reicher, als Sie zu sein glauben. Natürlich gibt es Pensionisten, die Mindestpensionsbezieher sind und im Alter wirklich verarmen. Selbstverständlich gibt es viele Menschen, die nach der Pensionierung, vor allem auch nach der Verwitwung, mit einer kleinen Pension sich sogar die Heizung nicht mehr leisten können. Es ist klar, dass es arme alte Menschen gibt – vor allem in den CEE-Ländern (also den Ländern, die aus unserer Sicht hinter dem Eisernen Vorhang waren) und in Russland sowie in vielen anderen Regionen der Welt, aber in Mitteleuropa und besonders im deutschen Sprachraum, auf den sich dieses Buch bezieht, ist das selten geworden. Viele Menschen haben einen Notgroschen angespart, viele bekommen eine durchaus ausreichende Pension ausbezahlt und sparen trotzdem. Dieses Sparen hat viele Nebenwirkungen: Man beginnt billiger einzukaufen, wird geizig und karg. Man gibt nicht mehr so gern, schränkt sich und meist damit auch seine Umgebung ein.

Man spart – aber wozu? Psychoanalytiker wie Irvin D. Yalom („In die Sonne schauen", 2009) vermuten, dass man spart, um damit der Todesangst zu begegnen. In Hugo von Hofmannsthals (1874 – 1929) „Jedermann" (1911) tritt Mammon (der Gott des Geldes) auf, von Jedermann in der Stunde seines Todes gerufen.

Der Dialog ist zu Recht berühmt:

Mammon
Ei Jedermann, was ist mit dir?
Du bist ja grausamlich in Eil
Und bleich wie Kreiden all die Weil.
Jedermann
Wer bist denn du?
Mammon
Kennst vom Gesicht mich nit
Und willst mich dorthin zerren mit?

Dein Reichtum bin ich halt, dein Geld,
Dein eins und alles auf der Welt.
Mammons Hand bedeckt mit Ringen; lange Krallen.

Jedermann *sieht ihn an*
Dein Antlitz dünkt mir nit so gut
Gibt mir nit rechten Freudenmut
Das ist gleichviel, du mußt mitgehen.

Mammon
Was solls, kann alls von hier geschehen,
Weißt wohl, was ich in Mächten hab,
Sag was dich drückt, dem helf ich ab.

Jedermann
Die Sach ist anderster bewandt
Es ist von wo um mich gesandt.

Mammon *ein langer Blick*
Von –

Jedermann *schlägt die Augen nieder*
Ja, es war ein Bot bei mir.

Mammon
Ist es an dem, du mußt von hier?!
Ei was, na ja, gehab dich wohl
Ein Bot war da, daß er ihn hol
Dorthin, das ist ja schleunig kommen
Hab vordem nichts derart vernommen.

Jedermann
Und du gehst mit, es ist an dem.

Mammon
Nit einen Schritt, bin hier bequem.

Jedermann
Bist mein, mein Eigentum, mein Sach.

Mammon
Dein Eigen, ha, daß ich nit lach.

Jedermann
Willst aufrebellen, du Verflucht! du Ding!
Will ihn nehmen.

Mammon *stößt ihn weg*

Du, trau mir nit, dein Wut acht ich gering,
Wird umkehrt wohl beschaffen sein.
Ich steh gar groß, du zwergisch klein.
Du Kleiner wirst wohl sein der Knecht
Und dünkts dich, anders wärs gewesen,
Das war ein Trug und Narrenwesen.

Jedermann

Hab dich gehabt zu meim Befehl.

Mammon

Und ich regiert in deiner Seel.

Jedermann

Warst mir zu Diensten in Haus und Gassen.

Mammon

Ja, dich am Schnürl tanzen lassen.

Jedermann

Warst mein leibeigner Knecht und Sklav.

Mammon

Nein, du mein Hampelmann recht brav.

Jedermann

Hab dich allein gedurft anrühren.

Mammon

Und ich alleinig dich nasführen.
Du Laff, du ungebrannter Narr,
Erznarr du, Jedermann sieh zu
Ich bleib dahier und wo bleibst du?
Was ich in dich hab eingelegt
Darnach hast du dich halt geregt.
Das war ein Pracht und ein Ansehen
Ein Hoffart und ein Aufblähen
Und ein verflucht wollüstig Rasen,
War alls durch mich ihm eingeblasen,
Und was ihn itzt noch aufrecht hält
Daß er nit platt an' Boden fällt
Und alle Viere von sich reckt

Und hält ihn noch emporgestreckt
Das ist allein sein Geld und Gut
Da hier springt all dein Lebensmut.
Hebt eine Handvoll Geld aus der Truhe und läßt es wieder fallen.
Fällt aber in die Truhen zurück
Und damit ist zu End dein Glück.
Bald werden dir die Sinn vergehen
Und mich wirst nimmer wiedersehen.
War dir geliehen für irdische Täg
Und geh nit mit auf deinen Weg,
Geh nit, bleib hier, laß dich allein
Ganz bloß und nackt in Not und Pein.[15]

Das könnte die Interaktion sein, wenn man „gerufen wird". Der Mammon nützt nichts. Im „Jedermann" helfen dann nur die „guten Werke" und der Glaube an ein unmittelbares Verzeihen durch IHN nach dem Tod. Als Jude habe ich es da leichter: ER straft sofort und unmittelbar und macht keine weiteren Versprechungen.

Vor allem hat aber das Totenhemd keine Taschen. Daher hilft das Sparen nicht gegen den Tod oder für die ewige Seligkeit. Es reduziert höchstens die Angst, alt und arm zu sein. Es ist bei älteren Menschen nur dann sinnvoll zu sparen, wenn sie entweder ein Ziel damit verbinden oder arm sind. Für alle anderen ist es kontraproduktiv. Sie machen sich nur die paar Jahre kaputt, die sie noch haben. Im schlimmsten Fall verprassen es die Erben oder das dann doch nötige Pflegeheim kassiert alles Geld, das noch vorhanden ist. Pflegeheime sind tückisch. Sie sind, wieder in den deutschsprachigen Ländern, mit der Einbehaltung der Pension zufrieden – der Rest wird von der Allgemeinheit zugesteuert. Man hat dann zwar keine Einzelbetreuung und kein wunderbares Zimmer, aber man ist angemessen versorgt. Alters- und Pflegeheime haben natürlich höhere Kosten, als von der Pension gedeckt werden können. Daher wird zusätzliches Geld eingetrieben, vor allem, wenn Pflegebedürftigkeit eintritt. In manchen Ländern sogar von den Erben.

15 http://gutenberg.spiegel.de/buch/jedermann-1012/5 (abgerufen am 21.01.15, 17:20).

Selbst wenn man sein Haus überschrieben hat, können die Institutionen auf diesen Besitz zugreifen. Natürlich entwickelt sich in diesem Zusammenhang oft ein Katz-und-Maus-Spiel, das aber die Heime gewinnen und die Erben verlieren. Besitz führt auch zu Begehrlichkeiten. Das stimmt für Erben ebenso wie für Institutionen. Insofern ist Besitzlosigkeit Schutz gegen falsche Freunde, „tieflauernde" (eine Formulierung eines bekannten Notars, der viele Nachlässe bearbeitet hat) Verwandte, Angst vor Verlust und vor allem gegen ihre eigene Knausrigkeit. „Freedom's just another way for nothin' left to lose!", sang Kris Kristofferson 1969. Dieser Gedanke hat meine Generation infiziert. Die Faszination hält bis heute an. Und doch habe ich in der Hoffnung auf ein sorgloses Leben lange gespart, habe ein Haus und später ein zweites gekauft und immer wieder Autos. In einer Zeit nun, da Spareinlagen von Kräften (zum Beispiel „Märkten", was immer das ist) bedroht sind, die der Einzelne nicht mehr überblickt, stellen sich schnell Sorgen ein. Was für Folgen die Veränderung des Kurses des Schweizer Franken gegenüber dem Euro hat, welche Auswirkungen die Geldspritze der Europäischen Zentralbank in der Höhe von tausendzweihundert Milliarden (2015) haben wird, ist unvorhersehbar. Die Experten sind sich uneinig: Die einen sagen, dass der Euro dadurch mehr Wert sein wird, und verweisen auf die USA, die anderen, dass es dadurch zu einer Inflation wie einst in Argentinien kommen und man eine Million Euro für ein Kilo Brot zahlen wird.

Wie dem auch sei: Der Notgroschen kann schnell weg sein und diese Sorge deckt jedes Freiheitsgefühl zu.

Als die Juden Österreich nach dem „Anschluss" durch das „Dritte Reich" verlassen mussten, waren sie gezwungen, ihr Geld zurückzulassen. Sofort bildeten sich Schmugglerorganisationen, die Hilfe beim Transfer anboten. Man überließ ihnen einfach die Hälfte und bekam, wenn man nicht betrogen wurde, die andere Hälfte im Exil. Meine Oma gab ihrem jüdischen Zahnarzt ein Kilo Gold. Sie hatte auf die Hälfte zugunsten der Überträger verzichtet. Es kam nie etwas an. Bis heute weiß man nicht, wo die zweite Hälfte geblieben ist. Mein Opa hingegen hatte einen Studienfreund, der bei der SS war. Gemeinsam sorgten sie dafür, jüdisches Vermögen ins Ausland zu bringen, und so wurde mein Opa in der Zeit zwischen März und September 1938 reich. Dann musste er über die grüne Grenze fliehen, als er von seiner bevorstehenden Verhaftung erfuhr.

Fjodor Michailowitsch Dostojewski (1821 – 1881) war nicht nur ein großer Schriftsteller, sondern auch ein leidenschaftlicher Spieler. In seiner Novelle „Der Spieler" (1867), die er in wenigen Wochen hinschrieb, um seine Spielschulden in Baden-Baden bezahlen zu können, führt er diese Spielsucht eindringlich vor Augen. Der Spieler weiß, dass ihn sein Verhalten unweigerlich in den Ruin treibt, aber die Sucht lässt ihn nicht los. Auch die alte Erbtante, auf die alle Hoffnungen gesetzt werden, verfällt ihr. Der erhoffte Reichtum bleibt aus, das Erbe ist dahin. Erbe, Notgroschen, Spielgewinn – am Ende ist alles futsch.

In Leo Tolstois (1828 – 1910) „Krieg und Frieden" (1868/69) kommt Pierre zu unverhofftem Reichtum. Sein Vater hat ihn, trotz Illegitimität, am Sterbebett noch anerkannt. Fürst Kuragin, der sich schon Hoffnungen auf das Erbe gemacht hatte, bringt den naiven Pierre dazu Hélène Kuragin, seine Tochter, zu heiraten. Hélène aber liebt Pierre nicht und betrügt ihn ständig. Der Reichtum bringt Pierre kein Glück. Stattdessen Betrug und Hass der eingesessenen Adeligen auf den Bastard und in seiner Ehe Betrug, List und Falschheit. So einfach ist's: Geld macht glücklich, Reichtum angeblich nicht. Das kann ich nicht beurteilen. Ich bin nicht reich.

In der Zeitung kann man täglich von alten Menschen lesen, die Trickbetrügern aufsitzen und ihr erspartes Geld verlieren. Reichtum zieht Neider an oder Verwandte, die Geld wollen.

Der Mammon greift nach ihrer Seele, er will, dass sie sich mit ihm, mit Geld beschäftigen, Erhalten und Bewahren, Verstecken und Vermehren, das soll ihr Lebensziel sein, und dabei bemerken sie nicht, dass sie ihre Güte und Liebe verlieren.

Geben Sie mit warmer Hand
In funktionierenden Familien hilft einer dem anderen. Das stimmt vor allem auch für die Alten, die den Jungen geben, wenn sie etwas brau-

chen, und für die Jungen, die sich später um die schwach gewordenen Alten kümmern. Entledigen Sie sich dabei nicht all Ihrer finanziellen Mitteln, aber geben Sie großzügig und voller Freude. Ob die Jungen sich später dann daran erinnern, ist ungewiss. Rechnen Sie also nicht damit, dass Sie für Ihr Geben hienieden entschädigt werden, denn Liebe lässt sich nicht erkaufen. Seien Sie einfach kein geiziger Pfeffersack[16], der auf seinem Geld sitzt, bis es ihm die Bank oder die Entwertung stiehlt. Der berühmte Altersforscher Leopold Rosenmayr (1925 – 2016) sagte 2015, dass er sich zu viel gekauft hätte und dass das Alter teurer sei, als er angenommen hatte. Er machte sich Sorgen, ob er sich seine Pflegerin noch lange genug leisten wird können. Komisch, da wird man neunzig Jahre alt, hat sich tiefgründiger philosophischer und soziologischer Überlegungen hingegeben und beginnt sich am Ende seines Lebens Sorgen zu machen.

So kann's gehen. In einem Alter, wo jeder neue Tag ein Geschenk ist, jeder Tag, an dem man noch einen klaren Gedanken fassen kann, fast ein Wunder, wo man die Freunde und Bekannten längst am Friedhof besucht, tauchen plötzlich Sorgen auf. Sie dringen durch die Ritzen der Wohnung, durch jeden Spalt und machen Angst vor Kälte, Alleinsein, Verlassenheit und Einsamkeit. Sie verdrängen jedes Gefühl von Dankbarkeit, irritieren den Geist und die von ihnen ausgehende Kälte lässt den alten Menschen frieren. Dagegen helfen nur gute Taten. Und um genau die geht es, sie wärmen den Körper, der selbst nicht mehr so viel Wärme erzeugt. Werden Sie also erst einmal neunzig, wie Rosenmayr, bleiben Sie bei klarem Verstand, und wenn es dann so weit ist, dass Sie in ein Altersheim müssen, können Sie sich immer noch sorgen. Soll Ihnen nie etwas Schlimmeres passieren! Achten Sie nur darauf, dass man Sie dort nicht all ihrer Menschlichkeit beraubt; das ist aber selten der Fall und noch seltener sind Prozesse gegen Pfleger und Pflegerinnen, die alte Menschen töten, auch wenn Ihnen, je näher Sie dem Altersheim kommen, diese eher in den Sinn kommen mögen als Berichte von schönen und fröhlichen Heimen, in denen sich die Bewohner wohlfühlen.

---

[16] Pfeffersäcke nannte man die reichen Hamburger Händler, weil sie mit Pfeffer handelten, der damals sehr wertvoll war, und so dick waren, dass sie an Säcke erinnerten.

Daher: Geben Sie mit warmer Hand und erwarten Sie sich nichts dafür. Das Schenken ist eben kein Geben und Nehmen, wenn es die Kinder und Kindeskinder betrifft, sondern eine Einbahnstraße: Die Älteren geben und die Jungen nehmen, ohne sich zu verpflichten oder verpflichtet zu werden. Fahren Sie mit Ihren Kindern auf Urlaub oder gehen Sie essen. Wenn Sie arm sind, häkeln Sie etwas oder stricken Sie einen Pullover. All das wird Sie und die Kinder froh machen. Verpflichten Sie Ihre Kinder zu nichts. Das bringt nur Ärger und im schlimmsten Fall führt es zu Mord und Totschlag. Das Gefühl, die Kinder verpflichtet zu haben, wird Ihre Angst nur scheinbar reduzieren, denn die kommt von der Aussicht auf das Grab und seine Kälte, es ist die Angst vor dem Verschwinden.

Wenn Sie bis hierher gelesen haben, wissen Sie schon: Das Verschwinden ist, da unausweichlich, ebenso ängstigend wie tröstlich, jedenfalls durch Reichtum nicht zu verhindern.

Übersehen Sie Schnäppchen

Ich liebe Schnäppchen. Ich könnte als Werbeträger für Eduscho gehen. Meine Frau hat recht, wenn sie sagt, dass ich nichts, was ich dort kaufe, wirklich brauche, dass es wie eine Sucht ist. Es stillt meinen „Kaufrausch", und ich bin dann irgendwie zufrieden, es ist nicht teuer, und auch wenn ich es nicht brauche, erfreut es mich. Eine Radlerhose vielleicht oder eine neue Laufjacke für kalte Tage oder ein Hemd – hab ich zwar alles schon, aber trotzdem. Und billig war's, viel billiger als in einschlägigen Geschäften. Dass ich immer wieder aufs Neue reinfalle, ist schwer zu verstehen. Ich erkläre es mir so: Ich will das Gefühl haben, etwas Günstiges erstanden zu haben, will gewinnen. Ich schau mich um. Alle im Geschäft um mich herum wollen dieses Gefühl haben. Pensionistinnen stürmen das Geschäft, ohne dass ihnen auffiele, dass sich diese Firma die teuersten Locations leisten kann, und kaufen – ihre Männer im Schlepptau – Dinge, die sie nicht brauchen und derentwegen sie auch nicht in die Stadt gekommen sind. Irgendwie haben sie das Gefühl, an Bedeutung gewonnen zu haben, sie haben etwas bekommen, das sie sonst nicht hätten, sie haben keinen Artikel gekauft, sondern Bedeutung. Sie können etwas erzählen, sich anderen, die etwas Ähnliches um viel mehr Geld gekauft haben, überlegen fühlen.

Mein Freund Peter, der Große, sagt, dass er in Gesellschaft nicht ankommt. Wenn ihm ein anderer älterer Mensch von seinem Urlaub und den Schnäppchen erzählt, die er dort erstanden habe, dann antwortet Peter gern, dass er alles immer nur zu regulären Preisen bekomme, je nach Saison gestaffelt, aber eben so, dass die Kalkulation des Hoteliers oder der Fluggesellschaft stimmt. Das verärgert die Menschen, denn sie waren doch besser, hatten den besseren Internetbrowser oder die bessere Restplatzbörse oder den günstigeren Reiseanbieter gefunden. Sie sind dort Stammkunden, haben Vorteile, von denen andere nur träumen können, und sie sind, obwohl wohlhabend, immer auf der Suche nach Gelegenheiten und, da sie eben erfahrene Geschäftsleute sind, auch erfolgreich. „Wie soll die Wirtschaft bei diesen geizigen Alten überleben?", seufzt da mein Freund Peter. „Warum hält sich jeder immer für schlauer als die anderen? Und warum erzählen sie mir das?" Sie wissen es jetzt: weil sie auf seine Anerkennung und besonders auf seinen Neid hoffen.

In einem TV-Spot von Expedia sieht man zwei ältere Mittelklassefrauen in einem schönen italienischen Hotel stehen. „So schön!", ruft die eine aus. „Und billig!", antwortet die andere. „Was?", fragt die eine. „Achtzig Euro", antwortet die Zweite. Die Erste geht bleich ab. Oje, drückt die Körpersprache der Zweiten aus, und aus dem Off kommt eine Stimme: „Wahrscheinlich nicht bei Expedia gebucht!" Tolle Werbung. Alles drin. Es geht nicht um den schönen Urlaub, um das gute Hotel, die wundervolle Liebesnacht, nein, es geht um das Schnäppchen, um die Überlegenheit, um das Spiel und – wie immer – um das Gewinnen.

Der Urlaub wird erst in der Erzählung zu Hause konkret. Erst wenn Bilder gezeigt und Geschichten erzählt werden können, wird es ein gelungener Urlaub gewesen sein, denn Fotos wollen etwas festhalten, sind dazu da, die Wichtigkeit der eigenen Person zu bestätigen und das Gesehene zu „vergemeinschaften", was nichts anderes heißt, als dass der Urlaub seinen Zweck in der Erzählung findet. In der Erzählung wird er, und somit der Erzählende, wichtig und bedeutsam. Anders sind weder Fotosafaris noch Bustouren mit Fotooptionen erklärbar.

Das ist es, was wir wollen: Besser, schneller, weiter[17] – gewinnen. Schnäppchen scheinen eine Möglichkeit dazu, aber leider sind sie es meist nicht. Meiden Sie sie daher. Sie kosten Sie wahrscheinlich sogar mehr Geld, weil Sie den Gegenstand oder die Reise gar nicht gebraucht haben. So wie ich. Besser, Sie machen es wie Peter: Kaufen Sie Gutes, Solides und zu einem angemessenen Preis. Wenn Sie das dann erzählen, werden Sie sich einsam fühlen.

Machen Sie sich mit Großzügigkeit beliebt

Meine Frau gibt und gibt und gibt. Ich beneide sie darum. Ob es sich dabei um das Pflegekind oder dessen Kinder, die eigenen Kinder oder ihre Stiefkinder oder die bei uns wohnende Studentin handelt – sie gibt und gibt und gibt. Sie will nichts dafür. Bargeld kann sie kaum halten, es brennt ihr geradezu in den Fingern. Die Folgen ihres Verhaltens stören sie nicht, sie bekommt viel zurück, menschlich und materiell. Wie sie das macht, weiß ich nicht, sie hat nie Geld, aber immer noch genug, um zu geben. Sie findet, wir sind alle so reich und glücklich, woraus sie die Verpflichtung ableitet zu geben. Ich finde sie toll! Sie gibt eindeutig mehr als jene zwanzig Prozent ihres Vermögens, die durchschnittlich gegeben werden, um sich gut zu fühlen. Sie fühlt sich auch dann noch nicht ganz wohl, weil sie noch mehr geben will. Die Kinder schützen sie schon vor sich selbst. Sie wollen fast nie mehr Geld von ihrer Mutter.

Die Vorteile ihres Verhaltens, an dem es mir mangelt, sind einfach zu nennen: Sie braucht sich nicht um Zinsen oder Wertpapiere kümmern, weil sie kein Geld auf der Bank hat. Sie hat keine Angst, Geld zu verlieren, weil sie keines angespart hat. Sie fürchtet sich vor dem anonymen Verfall des Geldes auf der Bank. Deshalb gibt sie es lieber aus, bevor es dort landet und irgendwo versandet. Später einmal werden sich, so hoffe ich, ihre Kinder und Enkel um sie kümmern, wenn sie es einmal braucht, und sie wird es sicher einmal brauchen.

Das Gegenmodell, das eher ich lebe, ist vergleichsweise fad. Ich schaue auf Aktien, auf das Sparbuch – und mein Blick wird trüb. Die Angst, im Alter Hilfe zu brauchen und sie sich nicht leisten zu können,

---

[17] Das Motto der Olympischen Spiele.

wird bei meinem kleinen „Vermögen" nicht kleiner, sondern eher größer. Um mich zu beruhigen, ist es zu klein. Die Kinder nehmen mich
als knausrig wahr, ich will es aber nicht sein, falle aber neben der müt-
terlichen Großzügigkeit ab und bleibe so der Dumme. Das Spiel mit den
Kindern wird dann zu einem „Ziehen", weil sie mehr haben wollen, als
ich geben will und – wenn ich Nein sage, bin ich wieder der Knaus-
rige.

Daher: Geben, geben, geben. Gerade dann, wenn's schwerfällt. Es macht
das Leben leichter und bringt mehr Freude, als das Geld auf der Bank
und dabei Angst zu haben, dass man verhungert. Vor allem nicht auf
Dankbarkeit hoffen, die kommt nie. Sondern stets freudig geben. Das
könnte helfen. Haftung kann ich dafür aber keine übernehmen.

**Verströmen Sie sich – wenn Sie nur mehr aus Runzeln bestehen,
ist es zu spät**
Doris Lessing (1919 – 2013) schreibt in „Shikasta" (1979), dem ersten
Band der fünfbändigen Serie „Canopus in Argos", über die Summe
des unendlichen Wir-Gefühls. Die Hypothese, die sie dort aufstellt, ist,
dass es in der Welt eine gewisse Menge an Wir-Gefühl gibt: an Anteil-
nahme und Interesse am anderen. Dieses Wir-Gefühl verteilt sich auf
alle Individuen. Lessing schließt daraus, dass, wenn es mehr Menschen
gibt, das Wir-Gefühl „dünner" ist, dass dann alle Menschen mehr auf
sich als auf andere schauen. Wie kommt sie zu dieser überraschenden
Hypothese? Die Grausamkeit der Menschen des Mittelalters, die Folter
der hochnotpeinlichen Befragung der Blutgerichtsbarkeit, die Lands-
knechte, die Vernichtung ganzer Völker oder von eroberten Städten
(wie zum Beispiel Palma di Mallorca durch Jaime I.) – das alles, denkt
der fortschrittsgläubige Mensch, sollte doch der Vergangenheit angehören. Lessings Hypothese widerspricht dem.
    Und sie scheint recht zu haben. Denn heute gibt es hunderte Kon-
flikte in der Welt. Die Kriegsführung in vielen Ländern ist genauso
brutal wie im Mittelalter, wenn nicht brutaler. Die Art und Weise, wie
Menschen miteinander umgehen, hat sich verschlechtert: Glaubens-
kriege überall, Folter, Mord und öffentliche Hinrichtungen. Landstriche

und Städte werden bombardiert, ja sogar Krankenhäusern. All das ist so alltäglich geworden, dass oft gar nicht mehr darüber berichtet wird. Also: Die Welt ist nicht besser geworden. Gewiss, das kultivierte Europa und einige andere Länder bemühen sich, Konflikte gewaltlos beizulegen, wobei sie sich aber eingestehen müssen, dass sie an den Konflikten nicht ganz schuldlos sind, verdanken sie ihren Wohlstand doch zum Teil den ehemaligen Kolonien, und dort sieht es großteils ziemlich trist aus. Also: Sie können sich bemühen, besser zu werden, dass es die Welt wird, ist ziemlich unwahrscheinlich.

Geben Sie daher, was Sie haben: Wissen, Erfahrung und Kenntnisse. Geben Sie es auf angemessene Weise. Erkundigen Sie sich vorsichtig, ob man es haben will. Schauen Sie, ob irgendjemand an Ihrer Erfahrung teilhaben will. Ob es interessiert. Denken Sie daran: Nichts ist lächerlicher als ein alter Mensch, der ungefragt seine Erfahrungen weitergibt.

Vermehren Sie das Wir-Gefühl.

Reduzieren Sie die Fixkosten. Lassen Sie weg, was Sie nicht brauchen
Fixkosten zehren an uns allen. Sie haben Versicherungen, Miete, Strom (und allenfalls Gas), Ausgaben für Enkelkinder und vielleicht noch andere monatliche Zahlungen. Schauen Sie sich das genau an. Es lohnt sich. Nichts ist fix. Es kann sein, dass Ihr Stromanbieter teuer ist. Ein Wechsel ist heute keine Hexerei mehr und könnte sich lohnen. Ebenso ist es bei allen anderen Fixkosten: Versicherungen versichern nur manches. Wie im Kapitel „Lebensführung" (siehe S. 56) gesagt, sind Zusatzversicherungen zwar angenehm, wenn man sie braucht, aber sie verführen Ärzte auch zu Eingriffen und Handlungen, die sie bei einem normal Krankenversicherten vielleicht nicht durchführen würden. Daher: Wenn die Zusatzversicherung von Ihnen eine neue, höhere Prämie will – denken Sie an Kündigung. Überlegen Sie auch Ihre Mitgliedschaft in einer Sterbeversicherung. Vielleicht halten es Ihre Kinder für angemessen, wenn sie das Begräbnis zahlen. Vielleicht sollten Sie ihnen nicht auch noch hier alle Steine aus dem Weg räumen. Vielleicht ist es sogar egal, wie Sie bestattet werden.

In einem jüdischen Witz versammeln sich drei Kinder am Sterbebett des Vaters. Als dieser eingeschlafen ist, gehen sie ins Nebenzimmer und reden. Der Sohn sagt: „Wir werden zum Begräbnis einen Bus nehmen müssen, um all die Menschen zum Friedhof zu bringen." Die Tochter meint: „Heute haben ohnehin alle Autos. Vielleicht für die paar Alten, die kein Auto mehr haben." Da meint der Kleine: „Wozu. Wer kommen will, soll kommen." Der Vater ist erwacht und erscheint schlurfend im Wohnzimmer. „Wieso stehst du auf?", rufen alle drei entsetzt. „Ich hab mir gedacht, ich geh selbst zum Friedhof, das spart am meisten Kosten", sagt der Vater.

Denken Sie aber auch an andere Zahlungen, die Sie vielleicht seit Jahren gewohnt sind. Das kann das Zeitungsabonnement sein, die Mitgliedschaften in verschiedenen Vereinen und nicht zuletzt Abonnements bei Opern- oder Konzertzyklen. Wenn Sie diese häufig besuchen, dann behalten Sie sie. Wenn Sie aber nur selten hingehen, sollten Sie lieber Einzelkarten kaufen. Denken Sie an die Altersarmut, die schon von daher kommt, dass sie so viele gebundene Beträge haben und kein frei verfügbares Geld.

Zuletzt: Überlegen Sie, wie Sie sich fortbewegen. Brauchen Sie ein Auto? Wie oft benützen Sie es? Sie wissen, wenn Sie alt genug werden, werden Sie das Auto ohnchin nicht mehr benutzen können. Denken Sie daran, dass viele Ältere das Auto als ein Symbol der Freiheit und Beweglichkeit ansehen. Der Verlust des Autos ist dann vor allem psychisch eine große Belastung, weil die geistige Beweglichkeit verlorengeht. Überlegen Sie, ob sie das Auto aus praktischen Gründen brauchen oder aus psychologischen. Denn da Sie es ohnehin verlieren werden, wäre es doch möglich (vor allem, wenn Sie in der Stadt wohnen), es schon jetzt freiwillig aufzugeben und sich daran zu gewöhnen, zu Fuß zu gehen, die Straßenbahn zu benützen oder mit dem Taxi zu fahren. Denken Sie daran, dass jeder Schritt, den Sie gehen, Sie frischer hält. Sie brauchen nicht unbedingt eine Mitgliedschaft in einem Fitnessstudio, wenn Sie regelmäßig zu Fuß gehen. Probieren Sie öffentliche Verkehrsmittel. Sollten Sie bemerken, dass Sie von Ihrem Wohnort nur schwer wegkommen, dann denken Sie daran, dass Sie dieser Wohnort in die Einsamkeit verbannen wird. Schauen Sie, ob Sie den Wohnort nicht wechseln können. Suchen Sie sich einen, der leicht und mit öffentlichen Verkehrsmitteln erreichbar ist.

Meiden Sie die Idylle. In der Idylle hat man Kosten und wenig soziales Leben. Denken Sie daran, dass ein sogenannter Zweithaushalt mit großen Kosten verbunden ist. Es war zum Beispiel sicher schön, ein Häuschen im Grünen zu haben, solange Sie im Berufsleben standen und am Wochenende mit der Familie ausspannen wollten. Sie haben mit den Kindern gespielt, haben den Garten gepflegt und mit den Nachbarn gegrillt. Nun sitzen Sie mit Ihrem Partner allein im Grünen. Die Kinder kommen selten, wenn überhaupt. Die Stadtwohnung behalten Sie, weil Sie im Winter nicht in Ihrem „Landhaus" sitzen wollen. Da gibt's nur zwei Lösungen: Entweder Sie bauen Ihr „Landhaus" um und werden dort zum ständigen Bewohner (was leider meist mit Einsamkeit und unpraktischen Transportwegen einhergeht) oder Sie geben es auf. Es gibt andere Familien, die jetzt Kinder haben, mit denen sie auf dem Land sein wollen, die grillen und spielen wollen, und Sie brauchen das alles nicht mehr. Ein einziger Schritt trennt Sie von einer solch befreienden Entscheidung: Sie hängen an dem Haus, Sie verbinden mit ihm wertvolle Erinnerungen und haben dort viel Zeit verbracht. Es wird Ihnen wie ein Vorgriff aufs Sterben vorkommen, wenn Sie das Haus verkaufen. Genau das soll es sein. Denn nur wenn wir uns vom Irdischen lösen, werden wir lernen, uns zu lösen. Sonst haften wir am Dasein, manche wollen sich sogar einreden, dass es sofort auf eine andere Weise weitergeht, können nichts verkaufen und nichts wegwerfen. Zuletzt kann es dann noch kommen, dass wir an allem hängen und nur schwer das Leben verlassen. Also üben sie zu sterben.

Jeder Fixkostenposten ist ein Stück Verbindung zu einem „Sein". Da das Sein enden wollend ist, ist es angebracht, sich rechtzeitig von diesen Kosten zu trennen. Es erleichtert und der Schmerz der Lösung ist hilfreich und übt das Richtige, das Unausweichliche.

MEIDEN SIE MANCHE MENSCHEN, TREFFEN SIE ANDERE

Es ist allgemein bekannt, dass einem manche Menschen guttun und manche nicht. Auf Wienerisch nennt man dieses Nicht-gut-Tun „obizahn", dies erkennt man daran, dass einen eine Begegnung traurig oder verdrossen macht. Oft kann man das am Anfang einer Beziehung nicht gleich feststellen. Man trifft einen alten Freund oder eine Bekannte und der oder die jammert oder erzählt nur von den Krankheiten und Sorgen oder spricht über Politik, aber aus der Sicht eines Bürgers, der es angeblich besser und klüger machen würde. Älter geworden soll man die bisherigen Beziehungen neuerlich prüfen. Immer eine gute Idee. Da wird manche – zum Beispiel beruflich begründete Beziehung – sinnlos geworden sein. Dient eine Beziehung nur dazu, um nicht zu vereinsamen? Soll ich Einladungen und Gegeneinladungen machen, essen gehen oder zumindest ein Treffen im Kaffeehaus vereinbaren? Wozu brauche ich diese Beziehung?

Dies sind keine leichten Fragen, denn das Alter geht mit Einsamkeit einher. Johann Wolfgang von Goethe (1749 – 1832) sagte dazu: „Um die Einsamkeit ist's eine schöne Sache, wenn man mit sich selbst in Frieden lebt und was Bestimmtes zu tun hat"[18]. Er erkannte aber auch: „Wer sich der Einsamkeit ergibt, ach, der ist bald allein!"[19] In der Tat führt die Beendigung der Arbeit zwangsläufig zu einer Verringerung der täglichen Kontakte. Sah man früher alte Menschen aus dem Fenster gelehnt die Gasse beobachten oder in Auslagenscheiben schauen, so sitzen sie heute oft mit Smartphones in Kaffeehäusern. Damals konnten sie die Kinder ausschimpfen, wenn diese laut waren, oder die ausgestellten Dinge kommentieren. Heute geben sie ihre Kommentare zu Zeitungsartikeln, Blogs oder Facebook-Einträgen ab und erwarten eine Antwort. Durch die Digitalisierung der Zeitungen ist es heute möglich, zu jedem Artikel online seinen Senf dazuzugeben. So werden kritische, beleidigende, ekelerre-

---

[18] www.aphorismen.de/zitat/192 (abgerufen am 12.11.15, 18:00).

[19] www.aphorismen.de/zitat/295 (abgerufen am 12.11.15, 18:00).

gende, aber auch freundliche Kommentare fast unbegrenzt gepostet. Die Alten betrachten das als eine Art Spielwiese. Dies trifft zunehmend auch auf Facebook und Twitter zu, wo sich inzwischen angeblich mehr alte als junge Menschen tummeln. Allerdings sind diese „Kontakte" dürftig, wenngleich sie das Bedürfnis nach einer „Bühne" ein wenig befriedigen. Mit welchen Menschen also wollen Sie sich noch umgeben, welche haben einen positiven Einfluss auf Sie und mit welchen wollen Sie und welche wollen mit Ihnen verkehren? Und dann: Was bedeutet das Wort „verkehren"? Geschlechtliches meint es immer weniger, Reisen werden seltener – was ist der Zweck und die Freude an Freunden?

Ich meine, dass es um die gegenseitige Bereicherung geht. Nicht, dass man Preise, Reisen und Erlebnisse vergleicht, sondern dass man im besten Fall auseinandergeht und Neues erfahren, Interessantes gelernt hat. Geistige Anregung, die Erotik des Lernens, die Freude am Zusammensein – um das geht es. Dazu gibt es einen Test: Wenn der Abend mit und ohne Alkohol gleich gut verläuft, dann war es richtig. Wenn Alkohol als Schmiermittel benötigt wird, dann war es falsch.

Dazu eine Geschichte: Ich war lange Zeit Oberarzt in einem Krankenhaus. Mit meiner damaligen Stationsschwester verbanden mich die Geschichte des gemeinsamen Aufbaus einer neuen Einrichtung und viele kleine Schritte, die wir gemeinsam gegangen waren. Ich erinnere mich an ihre persönlichen Probleme, ihre Begeisterung für neue Ideen wie die Einführung von Elterngruppen oder die Anschaffung von Kleinkindergeschirr. Ich erinnere mich an gute Auseinandersetzungen, die fair und offen geführt wurden, wie sie zwischen Ärzten und Pflegepersonal nicht immer möglich sind. Heute treffen wir einander bisweilen, meist sie mit ihrem Mann und ich mit meiner Frau, bei Konzerten, Opern- oder Theateraufführungen. Sie will mich zu Kaffee und Kuchen einladen.

Allerdings ist die Termingestaltung schwierig: Sie hat Verpflichtungen gegenüber ihrer Tochter und deren Kinder, bei denen sie aushilft. Ich habe kleine Jobs, bin bisweilen auch im Ausland. Schließlich finden wir aber doch einen gemeinsamen Termin. Und dann passiert Folgendes: Ich erfahre, dass sie auch eine Ärztin, die gleichzeitig mit mir in Pension gegangen ist und die ich an sich sehr schätze, mit deren

Mann eingeladen hat. Es entwickelt sich in mir folgendes Horrorszenario. Da das einzig Gemeinsame dieser drei Paare die ehemalige Klinik ist, wird sie zum Thema werden. Vielleicht auch das, was man seit der Pensionierung so macht. Der Mann der Ärztin war Kaufmann und erzählt gern davon. Beim letzten zufälligen Treffen hab ich erfahren, dass er schwer erkrankt ist. Inzwischen ist er wieder gesund. Sicher also würde er auch gern von seiner wundersamen Errettung sprechen. Die Ärztin ist oft traurig. Sie klagt gern, auch wenn sie jede Klage optimistisch enden lässt. Die Stationsschwester spricht gern über ihre inzwischen erwachsene Tochter und ihr Mann über Sport. Meine Frau ist als Einzige noch aktive Ärztin, die das Neueste aus der Klinik berichten könnte. Es ist mir schon jetzt klar, dass das Treffen bei Oberflächlichkeiten landen würde, weil jedes tiefergehende Gespräch, sogar die Erinnerungen an die gemeinsame Zeit, kaum möglich sein wird. Dazu würde sicher wunderbarer Kuchen auf perfektem Geschirr gereicht werden, das man bewundern kann und muss, Blumen und Wein werden als Mitbringsel geschenkt. Dafür will ich keine Zeit hergeben. Ich habe Angst davor, dass es mir während des Besuchs und danach schlecht gehen könnte, dass ich durchgehend verzweifelt sein würde. Stunden leerer, oberflächlicher Gespräche, Kalorienzufuhr ohne Freude. Ich habe daher abgesagt. Alles andere wäre ein „Erledigen" eines Termins, einer Verpflichtung gewesen. Sie verstand mich, und mir ging es besser.

Kein Platz den Besserwissern

Ich finde, dieses Kapitel muss mit einer ironischen Bemerkung beginnen, nämlich damit, dass dieses Buch meine Besserwisserei für die Pension ist. Hier ist sie also: Ich bin in dem Buch Besserwisser, weil ich denke, dass ich es besser weiß.

In der Zeit ihres Berufslebens hatten viele Menschen die Möglichkeit, die Welt besser oder zumindest anders zu machen. Es ist fein, wenn man diese Möglichkeit nutzen konnte. Manche haben das unterlassen. Aus den verschiedensten Gründen: Sie haben ihre Position als zu gering eingeschätzt; oder sie waren zu feig (was nicht immer schlecht ist, aber einem nachher häufig leidtut); oder sie waren einfach keine guten Menschen, haben vor allem den eigenen Vorteil im Auge gehabt und vielleicht noch den der Familie (was sehr menschlich ist). Auf jeden Fall: Sie hatten ihre Chance. Nun ist sie im Wesentlichen vorbei. Sicher, man kann noch für Hilfsorganisationen spenden, man kann sich um die noch ältere Nachbarin kümmern oder eben um die Familie. Aber das öffentliche Wirken ist bei den meisten vorbei, von Ausnahmen wie dem Papst oder dem Bundespräsidenten oder dem Pensionistenvereinsobmann einmal abgesehen. Das ist schwer zu verkraften. Die eigene Meinung, die Lebenserfahrung – sie gilt nicht mehr, keiner braucht sie, keinen interessiert sie. Komischerweise ist das gut so. Wir werden alle als Idioten geboren, lernen dann viel, vor allem in den ersten fünf Lebensjahren, müssen uns vieles merken, machen Erfahrungen, unsere Kinder und Kindeskinder werden geboren, wie wir als Idioten, bis wir schließlich selbst wieder als Idioten enden. Das ist der Lauf der Welt. Kinder benötigen unsere Zuneigung, manchmal auch unsere Hilfe und Stütze, unsere Weisheiten benötigen sie nur in kleinster Dosierung und das möglichst früh. Man könnte fast sagen: in homöopathischen Dosen – genau wie dort sollten wir unsere Auffassungen sehr, sehr verdünnen, wieder und wieder überlegen und nur dann weitergeben, wenn wir es für unabdingbar halten oder uns ein Witz dazu einfällt.

Stattdessen beobachte ich, dass Alte sich gern einmischen. Sie nehmen Probleme so wahr, wie sie ihnen von den Tages- und Wochenzeitungen dargebracht werden, und wenden deren Lösungen an. Sie scheinen sich plötzlich im Bereich der Migration auszukennen, wissen angeblich, wie die Steuerlast der Bürger verringert und die Sicherheitslage des eigenen Staates und der Welt verbessert werden könnte. Im schlimmsten Fall beginnen sie über die Fehlkonstruktion des Bildungssystems zu sprechen, es mit den Ausbildungserfahrungen, die sie selbst gemacht haben und die sie bei ihren Kindern beobachteten, zu vergleichen. Von dort ist es nur mehr ein kleiner Schritt zur Bitterkeit, eventuell sogar zur Verdrossenheit gegenüber der Spezies Mensch (sie selbst natürlich ausgenommen), die dann zu einem „Da kann man halt nichts machen ..." und allenfalls zu einem „Weil's so sein muss ..." oder, wie der Steirer sagt, „Weil's muass is!" gerinnen. Der Mensch, natürlich mit Ausnahme der aktuell gerade Anwesenden, kommt dann in der Betrachtung ziemlich schlecht weg, mag sein, dass auch die Anwesenden, wenn sie dann gegangen sind, dem Verdikt zum Opfer fallen. Es ist erschütternd. Wie konnte man nur so werden? Hatte man nicht die Gelegenheit, sich rechtzeitig zu äußern? Wurde nie auf einen gehört? In dem Gedichtband „Wien wörtlich" (1935) von Josef Weinheber (1892 – 1945) findet sich dazu folgendes Gedicht:

„Waasst net? Verstehst?
(Selbstgespräche eines Biertipplers)

Wann i, verstehst, was z'reden hätt,
i schaffert alles a.
Was brauch ma denn des alles, net?
Is eh gnua da.

Zum Beispiel die Gehälter, waaßt,
i streichert s' glatt.
Net einz'segn net, daß aner praßt
Und aner gar nix hät.

Und dann die Auto: Harmlos gehst
du bist do Publikum –
da kummt a so a Gfraßt, verstehst,
und scheibt di um.

Die Fremden, waast, de schmeißert i
- a Schupfer, net? –
beim Tempel außi. Schert des mi,
wo so a Denkmal steht?

Die Pflästerer, verstehst, de stiern
mirs heulig aa.
I lasserts alle arretieren,
daß 's nur a G'hörtsi war.

Die ewige Aufgraberei,
verstehst, des Röhrlwerch,
da leb i, waaßt, do lieber glei
am Bisamberg.

Und d' Wächter, net, i bin do g'wiß
a rare Söl,
aber de müaßten weg, sunst is
n i e Schluß mit den Bahöl.

Wo unseraner do nix wül,
waaßt, als sei Ruah.
Sogar die Tschecherln, in mein Schwül,
verstehst, i sperrerts zua."[20]

Der österreichische Volksdichter Johann N. Nestroy[21] (1801 – 1862) setzt dieser Art Betrachtung in seinem Theaterstück „Der böse Geist des Lumpazivagabundus" (1833) ein Denkmal. In seinem Komentenlied heißt es:

„1.
Es is kein' Ordnung mehr jetzt in die Stern',
D' Kometen müßten sonst verboten wer'n;
Ein Komet reist ohne Unterlaß
Um am Firmament und hat kein' Paß;
Und jetzt richt' a so a Vagabund
Und die Welt bei Butz und Stingel z'grund;
Aber lass'n ma das, wie's oben steht,
Auch unt' sieht man, dass 's auf 'n Ruin losgeht.

---

20 Josef Weinhebers Mitgliedschaft bei der in Österreich illegalen NSDAP ab 1931 wurde vielfach kommentiert. Das Gedicht drückt allerdings, wenn auch in echtem Wienerisch, ein Lebensgefühl aus, das weit über Wien hinaus aktuell und zeitlos ist. So ist es manchmal mit der Kunst: sie ist besser als der Künstler.

21 Im Gegensatz zu Weinheber war Nestroy ein fortschrittlicher Vertreter der neuen Zeit und engagierter Kämpfer in der 1848er-Revolution, der er in seinem Stück „Freiheit in Krähwinkel" ein Denkmal setzte.

Abends traut man ins G'wölb sich nicht hinein
Vor Glanz, denn sie richten s' wie d' Feentempel ein;
Der Zauberer Luxus schaut blendend hervur,
Die böse Fee Krida sperrt nacher 's G'wölb' zur.
Da wird einem halt angst und bang,
Die Welt steht auf kein' Fall mehr lang, lang, lang, lang, lang, lang.

2.

Am Himmel is die Sonn' jetzt voll Capriz,
Mitten in die Hundstag' gibt s' kein' Hitz';
Und der Mond geht auf so rot, auf Ehr',
Nicht anderster, als wann er b'soffen wär'.
Die Millichstraßen, die verliert ihr'n Glanz,
Die Milliweiber ob'n verpantschen s' ganz;
Aber lass'n ma das, herunt' geht's z' bunt,
Herunt' schon sieht man's klar, die Welt geht z'grund.

Welche hätt' so ein' g'scheckten Wickler einst mög'n,
A Harlekin is ja grad nur a Spitzbub dageg'n;
Im Sommer trag'n s' Stiefel, à jour-Strümpf' im Schnee,
Und statt Haub'n hab'n s' gar Backenbärt' von tull anglais.
Da wird einem halt angst und bang,
Ich sag': D'Welt steht auf kein' Fall mehr lang.

3.

Der Mondschein, da mög'n s' einmal sag'n, was s' woll'n,
Ich find', er is auf einer Seiten g'schwoll'n,
Die Stern' wer'n sich verkühl'n, ich sag's voraus,
sie setzen sich zu stark der Nachtluft aus.
Der Sonn' ihr G'sundheit ist jetzt a schon weg,
Durch'n Tubus sieht man's klar, sie hat die Fleck';
Aber lass'n ma das, was oben g'schieht,
Herunt' schon sieht man, 's tut's in d'Länge nicht.

Sie hab'n Zeitungen jetzt, da das Pfennig-Magazin,
Da is um ein' Pfennig all's Mögliche drin;
Jetzt kommt g'wiß bald a Zeitschrift heraus, i parier',
Da krieg'n d'Pränumeranten umsonst Kost und Quartier.
Da wird einem halt angst und bang,
Die Welt steht auf kein' Fall mehr lang.

4.

Die Fixstern', sag'n s', sein alleweil auf ein' Fleck',
's is erlog'n, beim Tag sein s' alle weg;
's bringt jetzt der allerbeste Astronom
Kein' saub're Sonnenfinsternis mehr z'amm'.
Die Venus kriegt auch ganz ein' andere G'stalt,
Wer kann davor, sie wird halt a schon alt;
Aber wenn auch ob'n schon alles kracht,
Herunt' is was, was mir noch Hoffnung macht.

Wenn auch 's meiste verkehrt wird, bald drent und bald drüb'n,
Ihre Güte ist stets unverändert geblieb'n;
Drum sag' i, aus sein' Gleis' wird erst dann alles flieg'n,
Wenn Sie Ihre Nachsicht und Huld uns entzieh'n.
Da wurd' ein' erst recht angst und bang,
denn dann stund' d' Welt g'wiß nicht mehr lang."[22]

Genau das muss man vermeiden. Sie zünden nichts mehr an, Sie haben nichts angezündet und der Groll, den Sie verspüren, hat möglicherweise zwei Quelle: die Zeitung, die nach dem Grundsatz „Only bad news are good news" ausgerichtet ist, und Ihr eigenes ungelebtes Leben. Wenn es wirklich „ungelebt" gewesen wäre, wird es jetzt nicht mehr besser. Sie hatten Ihre Chance, Sie haben noch immer ein wenig davon, aber die versäumten Chancen kommen nicht wieder. Sie können sich für andere engagieren, Sie können helfen und unterstützen. All das ist besser, als auf dem Erworbenen zu sitzen und „es" besser zu wissen.

[22] http://de.wikipedia.org/wiki/Kometenlied (abgerufen am 27.01.15, 1:34).

Seien Sie aber nicht allzu streng mit sich selbst. Manchmal macht es Spaß, ein Besserwisser zu sein. Im Gespräch mit Freunden kann das verbindend sein (oder Ihnen so vorkommen) und eine Kommunikationsbrücke darstellen. Aber bleiben Sie nicht dort stehen. Dort ist das Verderben. Sie treffen dann Menschen, die ebenso empfinden und sich ebenso darstellen, und mit denen drehen Sie sich dann buchstäblich im Kreis. Alle wissen es besser und keiner macht was. Das ist das Ergebnis. Meiden Sie die Besserwisser und werden Sie nicht einer von ihnen. Es macht Sie unsympathisch, macht Sie älter und behäbiger. Die Jungen werden sich von Ihnen abwenden und mit Recht den „Alten" zu verachten beginnen.

Verfolgen Sie stattdessen aufmerksam und interessiert die Entwicklung der Welt, solange Sie ihr noch angehören. Lesen Sie gute Zeitungen, verstehen Sie deren Standpunkt, schauen Sie verschiedene Sendungen im TV an und lesen Sie im Internet, wenn Sie Spaß daran haben. Entwickeln Sie alles, nur keinen Tunnelblick. Legen Sie Ihre Scheuklappen schleunigst ab. Aus allen Informationen können Sie Ihr Weltbild immer wieder infrage stellen. Lassen Sie sich von den Jungen belehren, sie leben in dieser Welt, lösen Probleme, mit denen sie jetzt konfrontiert sind, und bringen die Welt voran, so gut sie können. Das wird den Jungen Spaß machen, Sie jung halten und echtes Gehirntraining für Sie sein. Sätze wie „Das haben wir schon damals gewusst" oder „Wie ich zu sagen pflege" oder „Das höre ich jetzt schon zehn Jahre" sind Alarmzeichen. Noch schlimmer wird's, wenn Sie Sätze sagen wie „Das brauch ich mir gar nicht anhören, das ist doch blöd" oder „Mir muss man das gar nicht erzählen" oder, der Gipfel der Borniertheit, „Das will ich gar nicht hören!". Wenn Sie so weit sind, ist echte Umkehr der einzige Rat. Wenn Sie feststellen, dass sich Ihre eigenen Kinder oder Kindeskinder von ihnen zurückziehen, machen Sie es so: Denken Sie darüber nach, was Sie falsch gemacht haben, und grübeln Sie nicht über die Fehler der anderen. Es ist nämlich egal, wer sich ändert, Hauptsache, es ändert sich was, so dass man einander wieder treffen kann und will.

Besserwisserei sollte eigentlich die erste der Todsünden sein, weil sie den Kontakt zwischen den Menschen vergiftet und die Alten zu Greisen macht.

ES IST WIE EINE ZWEITE JUGEND

„Wenn ich aufstehe", sagte meine Mama einmal, „fühle ich mich manchmal wie siebzehn. Wenn ich in den Spiegel schaue, dann sehe ich, dass ich achtzig bin." So wunderbar kann das sein: Die Entwicklung, das Alter und die damit einhergehenden Veränderungen betreffen den Gefühlsapparat nicht. Die Last des Erwerbslebens, die Pflichten wegen der und die Sorgen für die Kinder sind verschwunden, das Leben ist weitgehend geordnet, nun könnte man träumen, rasten, nachdenken. Man ist niemandem verpflichtet, ja es könnte so sein, dass die Situation, dass man nicht mehr im Erwerbsleben steht, Entlastung bedeutet. Oft ist dem aber nicht so. Aus unendlicher Zeit, aus dem Gefühl, für alles ausreichend Zeit zu haben und keine Rechenschaft ablegen zu müssen, entwickelt sich Hektik und Unruhe. Das Eingeständnis, dass man „unnötig" ist, wird vermieden. Die große Freiheit wird zur Enge und Getriebenheit. Ganz anders war das als Jugendlicher. Wie schön waren die Tage der Jugend, wo man das Leben vor sich hatte, lange im Bett liegen, schlafen, träumen und fantasieren konnte. Man dachte über das Leben und sein Ende nach, stellte Fragen wie „Wozu, woher und warum?", ohne Antworten zu finden. So muss Philosophie entstanden sein. Die Philosophen haben nicht aufgehört nachzudenken, aber ihre Erkenntnisse leider in eine so komplizierte Sprache gepackt, dass man sie kaum versteht. Das deshalb, damit man nicht sieht, dass es noch immer das Kind ist, das sich – im Bett liegend – Fragen stellt. Vielleicht muss man Immanuel Kant (1724 – 1804) davon ausnehmen, der ernst und nüchtern die Grundlagen der Aufklärung geschaffen hat. Aber andere, wie etwa Johann Gottlieb Fichte (1762 – 1814) und Ludwig Feuerbach (1804 – 1872), sprechen in einer unverständlichen Sprache und sagen uns dann auch noch, dass sie die wichtigen Fragen nicht beantworten können. Auch moderne Philosophen wie zum Beispiel Michel Foucault (1926 – 1984) tragen viel zur Erkenntnis bei, letzte Fragen lehnen sie mit Recht ab. In ihrer Begrenztheit kommen sie dann auf die menschliche Gesellschaft und werden Kritiker des Zusammenlebens oder des Gottesbegriffs. In „Candide oder der Optimismus" (1759) versucht Voltaire (1694 – 1778) das Ende der Scholastik und den Beginn der Aufklärung anhand einer Novelle verständlich zu machen. Dabei zeigt er die Lächerlichkeit des kirchlichen Gottesbeweis auf, die Überlegenheit der Aufklärung zeigt sich in der wissenschaftlichen Durchleuchtung der Welt, die wissenschaftliche Methode kann allerdings die sogenannten Grundfragen nicht beantworten. Mit ekelhafter (nämlich absolutistischer, nicht demokratischer und ohne die Sicherheit des sich in Gott aufgehoben fühlen könnender) Klarheit durchbricht er den scholastischen Gottesbeweis und lässt den Menschen „mit den Hemdsärmeln in der Freiheit" dastehen, wie es Nestroy im „Talisman" (1843) ausdrückt.

Wie schön, dass die Erfindung der Pension und der Rente es ermöglicht hat, diese Fragen wieder zu stellen, wobei trotz des sich mit dem Alter ergebenden höheren Wissensstands keine Antworten gefunden werden. Irvin D. Yalom (* 1931) hat diesen Umstand in seinem Buch „In die Sonne schauen" (2008) bedauert. Er hätte die Antworten, so scheint es, gern gewusst. Ein einfaches Verhältnis zu seinem jüdischen Gott hatte auch er nicht. Die Zeugnisse, die dieser Gott Moses und den Propheten gegeben hat, die Interpretationen, welche die Rabbiner seither aus den Texten gezogen haben, sie alle gaben Yalom keine Antworten auf seine letzten Fragen. Der Knecht Gottes selbst, Moses, bekam keine Antworten. Weder durfte er Gottes Antlitz schauen noch wurde er für all seine Mühe bei der Vermittlung zwischen Gott und seinem Volk entlohnt. Wegen eines Moments der Ungläubigkeit, des Zweifels wurde ihm sogar das Betreten des Gelobten Landes verwehrt. Was soll da ein einfacher Pensionist ausrichten? Wie soll gerade er Antworten auf die letzten Fragen finden?

Wunderbar ist das. Keine Antwort, aber die völlige Freiheit zu träumen und zu denken. Zu spintisieren, wie der Österreicher sagt. Abzuheben, sich abzulösen von den Antworten. In meinem Buch „Taubenfüttern ist nicht genug" (2011) habe ich darauf hingewiesen, dass es verboten ist, schwach zu werden. Die Natur zwingt uns an sich, jeden Schwachen zu entsorgen. Daher darf dieses Spintisieren nicht dazu führen, dass man den ganzen Tag schwach oder verträumt ist. Man muss immer wach sein und sich den Gefahren stellen. Ingmar Bergmann (1918 – 2007) hat in dem Film „Herbstsonate" (1978) den

Zustand der Altersschwachheit gezeigt. In großer Klarheit zeigt er den Hauptdarsteller so, dass der Zuseher dessen Einsamkeit und Rückzug versteht, die zu einer Lebensunfähigkeit führen, die ihn schwach und verletzlich macht. Als seine alte Liebe ihn besucht, kann er weder die Konflikte auflösen, die damals zur Trennung geführt haben, noch eine Zukunft für sich oder gar mit ihr finden. Zu schwach und zu starr geworden, bleibt nur mehr das einsame Sterben.

Daher ist es verboten, dem Wunsch nachzugeben sich zurückzuziehen. Die Einsamkeit ist ein Charakteristikum des Alters, der Lebensunfähigkeit ebenso, und sosehr man vielleicht am sogenannten Trubel der Welt müde geworden ist, muss man sich zwingen, in und mit der Welt zu leben. Der Rückzug ist ein Eingeständnis des Alters. Das Landhaus, die Klause[23] sind wunderbare Fantasien. Sie aufzusuchen ist falsch. So einfach ist das. Gegen sich selbst arbeiten, gegen die Sehnsucht nach Ruhe, die man dann doch nicht konsumiert, sondern sich stattdessen die Zeit vertreibt, ist nötig. Was für eine beängstigende Idee – die wenige Zeit, die man noch hat, sich zu vertreiben! Träumen, denken, im Bett liegen – das darf man. Vor dem Fernseher zu verkommen, viele Zeitungen zu lesen, im Internet Pseudowichtigkeit mit Decknamen anzustreben oder gar von Hass und Zwietracht erfüllte Postings abzusondern – das ist Zeitvertreib der übelsten Sorte. Sich in Kommentaren zu Zeitungsartikeln online auszuspeien oder mieselsüchtig zu werden, das darf man nicht. Alte Briefe lesen, sich über Verhaltensweisen definieren, die man nicht mehr ändern kann, oder einfach Angst haben, das sind häufig Zustände, die die Einsamkeit begleiten. So hat es Ingmar Bergmann hellsichtig gezeigt.

Frauen haben es oft leichter. Sie finden Freude und Zweck in der Betreuung der Nachkommen, helfen den Kindern und freuen sich über die Kindeskinder. Das ist wunderbar, bringt Anerkennung und erspart Bitterkeit und Rückzug. Anders ist es, wenn sie sich zu viel einmischen. Meiner Mama geschah das immer wieder. Sie selbst meinte, dass es Rivalität um mich sei, die sie mit der Schwiegertochter böse sein

---

[23] Klause = einsamer Rückzugsort eines Eremiten (= Einsiedlers). Erklärung auf Wunsch meines lektorierenden Sohns, der das Wort nicht kannte.

ließ. Sie war nicht offen böse, eher versteckt, und versuchte zu ertragen, wie die Schwiegertochter die Wäsche wusch, die Pullover in der Waschmaschine eingehen ließ, nie bügelte und wie sie mit den Kindern umging. Es fiel ihr schwer. Am meisten half ihr, dass sie selbst böse Schwiegermütter immer abgelehnt hatte und nie so werden wollte. Mama konnte meine Frau erst in den von ihr nachgelassenen Blättern akzeptieren.

Die Rolle der Großmutter scheint dann leicht, wenn man nichts bestimmen will, sondern unterstützend, freundlich und hilfreich ist. Keine Meinungen äußern, keinen Vergleich mit früher anstellen, nicht sagen, wie man es selbst machen würde. Keine Kritik an der Erziehung, den Wegen der Mutter, keine Einmischung, außer man wird gefragt. Und selbst dann: Vorsicht! Nur einen Versuchsballon steigen lassen, eine Anmerkung machen, aber seine Nichteinmischung deutlich zum Ausdruck bringen. Keine Ratschläge zur Beziehung der „Jungen", keine Erziehungsziele als Leitlinien diskutieren. Der Ratschlag, um den man gefragt wurde, kann sofort zur Falle werden und das gute Verhältnis trüben.

Männer haben da eine ganz andere Aufgabe. Jeder Schwiegersohn sollte einem recht sein. Es steht einem kein Urteil zu. Wie immer er sein Leben und das Leben seiner Familie gestaltet, es ist in Ordnung. Jeder Partner ist der richtige, solange der Sohn oder die Tochter ihn erwählt haben. So ist es auch mit den Kindeskindern: Es steht den Alten nicht zu, sich in deren Aus- und Weiterbildung, Kindergarten, Schule, weiterführende Schule einzumischen. Freude an den Fortschritten ist erlaubt. Allerdings finde ich, dass der fröhliche Pensionist nicht alles gutheißen muss. Wenn der Enkel Drogen nimmt und man dann in der Zeitung liest, dass er seine Großmutter erschlagen hat, weil sie ihm kein Geld mehr geben wollte, frage ich mich: Wieso hat sie ihm jemals Geld gegeben? Wie kann der Enkel annehmen, dass ihn die Oma bei seiner eigenen Vernichtung unterstützt? Das ist doch das Wunderbare dieses Lebensabschnitts, dass man nur geben muss, wenn man will. Wenn mir eine Großmutter erzählt, dass sie das Kind jeden Tag vom Kindergarten abholt und es ohne sie nicht gehen würde, dann weiß ich schon, dass sie sich sehr wichtig nimmt und für unverzichtbar hält. Das ist toll, aber Selbstbetrug. So ist es auch mit dem Geld: Man kann manche der Kinder davon abhängig machen und so eine gewisse Wichtigkeit bekommen. Der Preis ist sowohl real als auch emotional hoch. Man ist unverzichtbar geworden, kann sich das auch einreden und sich an etwas klammern, das schon verschwunden ist. Wichtigkeit auf Kosten anderer, das ist es letztlich, was dahintersteckt.

Lachen, Freude ist wichtig

Ich glaube mich zu erinnern, kürzlich gelesen zu haben, dass Kinder etwa dreißigmal so viel lachen wie Erwachsene. Im Alter dürfte die Ratio noch schlechter sein. Das ist nicht nur traurig, sondern auch bedauernswert. Lachen ist nicht nur gesund, wie das Sprichwort sagt, sondern auch ein Zeichen, dass das Leben Freude macht. Gerade in der Zeit, in der sie nur mehr wenig Sorgen haben, wo sie ihren Beitrag geleistet haben, begannen sich meine Alterskollegen Sorgen zu machen. Sie denken an die Kinder und Kindeskinder, sie haben Angst vor Krankheit, Demenz und Tod, sie beobachten die politische Entwicklung mit Sorge und sie machen sich all jene Sorgen, von denen ich Ihnen abgeraten habe.

In Hugo von Hofmannsthals „Jedermann" schleicht sich die Sorge durch jede Türritze, sie dringt ins Haus ein und geht so schnell nicht wieder. Ein ungebetener Gast, plötzlich ist er da. Sollte man meinen. Stimmt aber nicht. Die Sorge kommt langsam und ihre Eintrittspforten sind nicht Türen, sondern Zukunftsangst, Todesangst, Wichtigmacherei, Festhalten der Kinder und mangelnde Auseinandersetzung mit dem Tod.

Das jüdische Volk hat immer, vor allem aber nach der Vertreibung aus dem Heiligen Land, Witze über sich selbst gemacht. Das ist leicht zu erklären. Ohne Witze war das, was ER uns auferlegt hat, nicht zu ertragen. Weder die Verfolgungen im antiken Rom, die heute Christenverfolgungen genannt werden, noch das Herumwandern und die Pogrome, schon gar nicht die Kreuzzüge und die Vertreibungen aus deutschen Landen und aus Spanien und schon gar nicht die Shoah. So soll der im KZ Auschwitz ermordete Vater des „Spielmachers" George Tabori (1914 – 2007) seinem Weggefährten an der Tür in die Gaskammer mit einem „Nach Ihnen!" den Vortritt gelassen haben, wie der Sohn gerne erzählte. Welch gute Erziehung und menschliche Größe angesichts des Todes. Das ist nicht jedem gegeben. Niemand wird jemanden verurteilen, der sich in der Gaskammer so angstvoll an den Nächsten geklammert hat, dass die Leichen dann auseinandergehackt werden mussten.

Etwas verbindet uns alle mit diesen Toten. Nämlich dass wir auch sterben müssen, wenn auch nicht unter solchen Umständen und in so einer Zeit. Daher sind alle Witze über uns selbst und unser Leben angebracht.

Witzesammlungen benötigen wir dazu nicht. Das Leben selbst ist witzig genug. Jeder Moment, vor allem nach dem Erwerbsleben, gibt uns die Möglichkeit, heiter und freudig zu sein. Wir haben weder etwas zu gewinnen noch zu verlieren. Beides ist vorbei. Wir sind in der Wohlfühlzone. Außer wir lassen das nicht zu und machen es uns selbst schwer. Ich weiß, dass Depressionen und Ängste dem Wohlfühlen entgegenstehen. Manchmal frage ich mich, ob wir ihnen Raum geben sollen. Ich vermute, dass diese aus der Enge kommen, in die wir uns selbst einsperren. Enge, weil wir wenig Neues mehr zulassen können oder wollen; Enge, weil sich unsere Kindheit fast nochmals ereignet, sich nochmals über uns ergießt und wir im Kontakt mit Kindern und Enkeln oder einfach jungen Menschen unsere Kindheit reinszenieren, zu Benjamin Button[24] werden. Enge, weil wir in die Einsamkeit gegangen sind und vermuten, dass wir nur mehr schwer Neues lernen können. Und zuletzt eine ganz selbstgemachte Enge: die Enge jenes, der nicht mehr lernen will.

Da traf ich einen Mann, der jeden Tag vier Mal auf den Grazer Hausberg geht. Ich treffe ihn seit Jahren. Er ist in bester Kondition. Komischerweise geht er mit einer Ausrüstung, wie ich sie aus meiner Kindheit kenne. Frischgewaschenes Hemd, Stoffhose, Wollmütze und Schal. Zum ersten Mal reden wir. „Ich schwitze so viel", sagt er. „Ich muss meine Kleidung jedes Mal wechseln und gehe eigentlich nach dem ersten Mal dauernd nass herum." Ich empfehle Funktionskleidung, wie ich

---

[24] „Der seltsame Fall des Benjamin Button" (2009), Film von David Fincher mit Brad Pitt und Cate Blanchett, in dem ein Mensch sich vom Alter in die Jugend entwickelt.

sie trage. Er wendet ein, dass er wegen seiner Neurodermitis angeblich nur Baumwolle tragen darf. Ich setze nach. Er beendet den Dialog mit mir, dem ungebetenen Fremden, mit den Worten: „Wissen S' eh, einen alten Menschen kann man nicht mehr ummodeln." Als ich und mein Laufpartner weitergehen und wir im Morgenlicht unsere Dehnungsübungen machen, sage ich ihm, er möge mich auf der Stelle erschießen, sollte mir je so ein Satz über die Lippen kommen. Wie kann man nur so witzlos sein, so stolz darauf, nichts mehr lernen zu können? Wie kann man sich nur so in das Korsett des Alters fallen lassen, so unheiter werden, so wenig freudig, was das eigene Leben betrifft?

Gehen Sie nicht in die Einsamkeit
Wohnpläne fürs Alter beinhalten bisweilen die Sehnsucht nach Natur und Ruhe. Das Häuschen am Lande, das man nie hatte, weil man in der Stadt arbeitete, die Ruhe und der Friede, den man sich erhofft. Auspuffgase werden ebenso als Begründung angeführt wie der zunehmende Ekel vor der Stadt, den vielen Menschen und dem Lärm. Man braucht die Oper nicht mehr, im Kino war man schon Jahre nicht und die Kaffeehäuser sind angeblich nur mit Müßiggängern gefüllt. Die leeren Gespräche, die langweiligen Einladungen bei Bekannten, das Einkaufen in Kaufhäusern – all dem ist man entwachsen. Man hat alles und braucht eigentlich nichts mehr. Man muss keinen Anzug, kein schönes Kleid der neuesten Mode mehr tragen, stattdessen kann man endlich leger bleiben und mit offenem Kragen leben.

Falsch, alles falsch. Alter macht an sich schon einsam. Freunde sterben, Bekannte werden krank und unbeweglich. Sich nicht mehr gut zu kleiden macht traurig und die Freuden des offenen Hemdkragens hässlich. „Ab fünfzig ist an einem Mann die Uniform das Kleidsamste!", soll der Schauspieler Curd Jürgens (1915 – 1982) gesagt haben. Er spielte dann gerne Uniformrollen wie den Oberst in „Jakubowsky und der Oberst" (1958) oder den General in „Des Teufels General" (1955).

Die Demenz beginnt ihr unheilvolles Wirken, sie verdüstert Gehirne von Freunden, erst langsam, so dass diese es noch merken und darüber verzweifeln, dann schneller, so dass die Umgebung zunehmend belastet wird. Die eigene hilft beim Ertragen der Demenz der anderen kaum.

Diese Freunde verliert man. Dann werden es immer weniger Freunde, die Aufgaben verlieren sich ebenso. Wenn man dann noch in die Einsamkeit, in den Naturtraum, den man sich nie gegönnt hat, geht, dann ist man auf einmal mit sich selbst in einer Weise konfrontiert, die kaum auszuhalten ist. Was machen die Menschen dort? Den Garten pflegen, den Partner quälen, sich fremd fühlen, nach rückwärts schauen und das Leben reflektieren oder sich einfach in Alkohol ertränken. Ich treffe auch Menschen, die nachholen wollen, was sie während der Berufstätigkeit nicht machen konnten. Falsch, völlig falsch. Wollen Sie jetzt Zeit für die Kinder haben? Die sind inzwischen groß. Also können Sie sich nur auf die Enkel stürzen, und da müssen Sie vorsichtig sein. Das kann sehr leicht schiefgehen. Konflikte mit Kindern sind fast unausweichlich, die Frage, wer die bessere Mutter, der bessere Vater ist, stellt sich schnell. Sie wollten immer eine Sprache lernen? Da kann man nur fragen: Wie viele Sprachen haben sie bisher gelernt? Wenn die Antwort eher bescheiden ausfällt, sollten Sie sich fragen, warum es jetzt besser gehen sollte. Sie wollen eine neue Sportart erlernen oder einfach nur Jäger werden? Bei neuen Sportarten ist das Wichtigste die körperliche und geistige Bereitschaft, Bewegungen neu zu lernen und auszuführen. Die Prognose, dass Ihnen das leicht fallen wird, ist eher schlecht.

Der steirische Dichter Gerhard Roth (* 1942) hat in seinem Romanzyklus „Die Archive des Schweigens" (1980 – 1991) eine Jagd beschrieben, an der der aus der Stadt kommende Fremde teilnimmt. Der Fremde versteht nichts. Obwohl er wie Roth aus der Gegend stammt und die Sprache spricht und versteht, weiß er nicht, was die Menschen antreibt und was sie wollen. Sie lassen ihn nicht in ihre Kommunikationsnetze, in ihre Verständigung hinein, er bleibt nicht nur draußen, nein, während der Jagd gerät er in Lebensgefahr, weil sie ihn nicht informieren und er plötzlich unversehens vom Treiber zum Getriebenen wird.

Machen Sie sich nichts vor. Es ist fast zu spät, Neues zu lernen und auszuüben. Wenn Sie immer Klavierspielen wollten, ist es schade, Sie hätten beizeiten damit beginnen sollen. Wenn Sie etwas anderes als Ihren Beruf hätten machen wollen, ist es schade; warum haben Sie es nicht getan? Wenn Sie einen Garten mit Obstbäumen bewirtschaften wollen, ist es schade; warum haben Sie es nicht getan? Wenn Sie

Abonnent der Festspiele in ich weiß nicht wo hätten werden wollen, ist es schade; warum sind sie es nicht geworden? Jetzt, da sie schlechter hören, da sie der Obertöne nicht mehr mächtig sind, jetzt wollen sie dorthin gehen? Zum ersten Mal?

Trauern Sie diesen Versäumnissen aber ja nicht nach, das wird Sie auch nicht glücklicher machen. Meiden Sie den Gedanken, dass jetzt das Neue kommt. Stattdessen arbeiten Sie an ihrer Flexibilität und Beweglichkeit. Kaufen Sie sich Funktionskleidung, wenn Sie nun Ausdauersport machen. Gehen Sie ruhig in die Oper, aber denken Sie nicht, dass Sie jetzt zum Experten werden. Vor allem aber: wenn Sie sich an das Land als Urlaubsort erinnern, glauben Sie ja nicht, dass es als Wohnort auch nur ähnlich sein wird. Sie werden mit der Alltagsschlechtigkeit der sogenannten einfachen Menschen konfrontiert sein, die an Ihnen und Ihrem heiteren Wunsch, jetzt akzeptiert, wenigstens geduldet zu sein, nicht interessiert sind. Sicher, man sagt sich, dass man in fünfunddreißig Minuten in der Stadt ist. Aber auch nur so lange, wie man mobil ist. Dann wird die kleinste Strecke zum Hindernis, denn plötzlich ist alles weit weg und Sie sitzen in der Prächtigkeit eines selbstgebauten Gefängnisses.

Ein Ehepaar hatte sich entschlossen, aus Tirol in die Steiermark zu übersiedeln. Sie kauften ein Kellerstöckl[25] im Süden des Bundeslandes. Ihr Deutsch war den Ansässigen fremd. Der Mann hatte eine akute schwere Krankheit wie durch ein Wunder überlebt. Ein Kardiologe hatte ihm auf der Autobahn erste Hilfe nach einem Kollaps geleistet, den Riss der großen Schlagader sofort richtig diagnostiziert, die entsprechenden Maßnahmen eingeleitet, der Mann kam mit dem Hubschrauber ins Krankenhaus. Gerettet. Also: das Haus in Tirol verkauft, den Kindern viel Geld im Sinne eines Erbvorschusses gegeben und dann auf in die schöne Steiermark. Nette Menschen die beiden. Sie wurde Kurärztin in der Nähe, er blieb zu Hause. Das Haus war in Grau und Grün gehalten. Als wir zum Tee kamen, sahen wir, dass die Far-

---

[25] Ein Kellerstöckl ist ein Ausgedingehaus, das zumeist vorher ein Schuppen oder Lagerraum war. Traditionell wird es dem Altbauern als Wohnort zugewiesen, wenn er den Hof übergeben hat.

ben der Teller, des Teegeschirrs, der Sets und der Böden und Vorhänge aufeinander abgestimmt waren. Alles in Grau und Grün. Um diesen Eindruck zu verstärken, waren die Sets aus zwei Lagen Filz – Sie haben es erraten: in Grau und Grün. Man war sehr erfreut, zeigte den Blick auf den gegenüberliegenden Hang, auf dem morgens Rehe wechselten, berichtete von Kindern und Enkeln, die selten, aber doch auf Besuch kommen würden, von neuen Berufsideen der Frau, von der Freude, den Riss der Aorta überlebt zu haben. Wir waren mit einer Bekannten gekommen, die aus Paris stammte. Drei Stadtkinder hörten sich das späte Glück eines Tiroler Ehepaars in der Steiermark an. Wir hatten unsere Zweifel. Zu Recht. Die neue Anstellung der Frau befand sich kurz darauf in der Obersteiermark, nahe Salzburg. Sie verließ von da an die Idylle am Sonntagabend und kehrte Freitagabend zurück. Die Woche verbrachte der Mann allein in der Pracht des grau-grünen Hauses. Er sagte, dass es ihm guttäte. Ich konnte das nicht glauben. Bei allem Respekt für die Verschiedenheiten zwischen ihm und mir.

Er wurde nicht Mitglied im örtlichen Jagdverein, weil er die Rehe, die er in der Früh sah, nicht schießen wollte. Obwohl er aus dem katholischen Tirol kam, konnte er sich mit der lokalen Kirche nicht anfreunden und war daher weder im Kirchenchor noch im Pfarrgemeinderat. Die Kinder kamen selten, weil ihnen der Weg zu weit war. Nun war also auch noch die Frau weg und er hütete das Haus.

Eines ist dann klar: Hier gibt's kein Lachen! Mit wem auch? Leider ist das Haus wahrscheinlich schwer verkäuflich, aber selbst wenn, müsste sich das Ehepaar vorher eingestehen, dass es ein Fehler war, sich hier anzusiedeln. Das ist der größte Schritt, der erste und wichtigste: sich einzugestehen, dass eine Entscheidung falsch war. Dazu will ich Ihnen Mut machen. Es wird Ihre „Lachmöglichkeiten" erweitern.

Spenden Sie auffällig und stellen Sie sicher, dass sich der Beschenkte bedankt

Man sagt, dass wir zum Helfen geboren sind. Nicht zu viel natürlich. Nur zirka zehn bis zwanzig Prozent unserer Habe wollen wir zum Helfen verwenden. Die meisten Menschen unterdrücken diesen Wunsch, weswegen Gutmeinende sie in Zeitungen und Journalen auffordern zu geben. Das mache glücklich, sagen sie. Das angeblich so kapitalistische Amerika, die USA, hat gut eingespielte Systeme. die das Geben unterstützen. Die Wissenschaft lebt weitgehend von Spenden. Schulen, Museen, Orchester haben Spender, die betreut und verwöhnt werden, wodurch das Leben erst lebenswert wird. In Europa kassiert der Staat so viel Steuern, dass sich alle wegen der Förderungen an ihn wenden. Das ist so gewollt, der Staat soll im Zentrum stehen und alle Wünsche sollen sich an ihn richten. Das hat seinen Ursprung in der absolutistischen Monarchie, gegen die die USA gegründet wurden. Daher sind Spenden in Europa der Katastrophenhilfe vorbehalten.

Wir geben aus einer genetischen Programmierung heraus: Arten, die einander geben, sind in der Vermehrung erfolgreicher. Fledermausarten, die einer kranken oder flugunfähigen anderen Maus aus ihrem Mageninhalt an vorverdauten Insekten geben, haben mehr Chancen, als Gruppe zu überleben, als solche, die die jagduntaugliche Maus ihrem Schicksal überlassen. Dieses Phänomen der Überlegenheit der Gebenden ist im Tierreich überall zu beobachten. In menschlichen Gemeinschaften ebenso. Gemeinschaften, in denen Menschen aufeinander schauen, sind dauernd miteinander kämpfenden langfristig überlegen. Der Gründer der zweiten Wiener psychoanalytischen Schule, Alfred Adler (1870 – 1937), nannte das das Gemeinschaftsgefühl und räumte ihm einen höheren Stellenwert ein als den Trieben, vor allem dem Sexualtrieb, den Sigmund Freud an die erste Stelle der Motivatoren gesetzt hatte.

Wir geben, weil wir uns danach gut fühlen wollen. Das ist gut und richtig. Wir sollen auffällig geben, wir brauchen das. Das Ehepaar Gates kommt gerne zu den Veranstaltungen ihrer Stiftung, selbst der ehemalige amerikanische Präsident Bill Clinton (* 1946), von dem man denken könnte, dass er seinen Hals schon voll bekommen hat, dass er genügend beachtet worden ist, kam gern zum Life Ball nach Wien, ging mit Gery Keszler essen und machte im Burgtheater eine Vorveranstaltung, die im TV gezeigt wurde. Denn diesen Hals kann man nicht voll bekommen.

Geben macht also nur glücklich, wenn man dabei beobachtet wird. In der Bibel gibt es im Buch Ruth dazu einen Beleg. Boaz, der später Naomi heiraten wird, lässt die armen Frauen (Naomi und ihre Schwiegermutter Ruth) die Ähren an den Rändern seines Feldes abernten, nachdem man ihm von ihrer Armut erzählt hat. Zugleich findet er Gefallen an Naomi. Vor allem aber weiß er, dass alle Bauern sehen werden, dass er ein gottesfürchtiger Mann ist: Er hält sich an das Gebot, die Ränder seiner Felder den Armen zu überlassen. Er gab gut, richtig und auffällig. Der Lohn war eine gute und gottesfürchtige Frau. Derlei finden wir allenthalben. Der ORF hat das in seiner Aktion „Licht ins Dunkel" gut erkannt. Jeder, auch der kleinste Spender, wird in einem Laufband am Schirm gezeigt, jeder kann sich im ORF lesen und damit die Fantasie verbinden, dass ganz Österreich seinen Namen als Benefaktor wahrgenommen hat.

Geben Sie daher auffällig oder – noch besser – geben sie heimlich und versteckt, aber lassen sie sich dabei erwischen. Die, die das können, sind die großen Künstler des Gebens und ziehen den meisten Gewinn daraus.

Hängen Sie an nichts – es wird Ihnen schwerfallen

Je älter man wird, desto mehr neigt man dazu, Dinge und sogar Erinnerungen als wichtig anzusehen. Mein Schwiegervater sagt, dass er nicht mehr umziehen kann, weil er über neuntausend Bücher hat. Die kann er nirgendshin mitnehmen. Sie verstehen, dass das eine Schutzbehauptung ist. Er wohnt sehr schön und er denkt nicht daran wegzugehen. Trotzdem hat die Bemerkung etwas Erschreckendes. Die Bücher und nicht er selbst bestimmen seinen Lebensort.

In der Tat wird man weniger mobil und ängstlicher. Es ist unverständlich. Es gibt fast keinen Grund mehr zu bleiben, wo man ist. Der Beruf, der die meisten an einen Ort fesselte, liegt hinter einem. Die Kinder wohnen nicht mehr zu Hause und benötigen kein stabiles Elternhaus mehr. Die sogenannten Freunde und Bekannten – man vergisst sie, bevor man noch einmal darüber nachgedacht hat, und mit etwas Glück sogar noch, bevor sie einen vergessen. Es mag irgendwie angenehm sein, wenn mein alter Freund und ich in der Sonne am Markt sitzen und ihn etwa ein Drittel der Vorbeigehenden grüßen. Unklar bleibt, ob es ihm dadurch besser geht. Ich denke nicht. Seine Sorgen mit der abnehmenden Gesundheit und der schwieriger werdenden Beziehung bleiben die gleichen.

Nun zu den Dingen: Sie haben Verschiedenes gesammelt. Meine Kollegin, die zehn Jahre jünger ist, hat vor zwei Jahren ihren Vater verloren. Seither versucht sie die gesammelten Dinge loszuwerden. Zuerst waren es die liebevoll restaurierten Möbel und Holzkästchen. Dann die Bilder, die an den Wänden der großen Wohnung hingen. Jetzt geht sie die Fotos an. Viele der Menschen, die darauf zu sehen sind, sind ihr unbekannt, manche Gesichter rufen Kindheitserinnerungen wach – bei jedem fragt sie sich, wer nach ihr daran Interesse haben könnte. Wohl kaum jemand. Und so wirft sie mehr weg als sie behält. Kisten um Kisten. Es ist schön zu denken, dass der Vater beim Sammeln und Aufheben Freude hatte. Wäre es anders gewesen, wäre es schade um jeden Moment, den er mit den Dingen und den Fotos verbracht hat.

Im „Labyrinth der Wörter"[26] (2010) spielt Gérard Depardieu einen funktionellen Analphabeten, der im Park eine Beziehung zu einer belesenen alten Dame knüpft. Sie gibt ihm das intellektuelle Selbstbewusstsein, das er sein Leben lang nicht hatte. Spannend ist, dass die alte Dame zu einer neuen Beziehung bereit ist und dass sie an ihren Büchern inhaltlich, aber nicht stofflich hängt. Das ist wunderbar. Die Bücher sind ihres Inhalts wegen bedeutend, und als Depardieu sie zu lesen lernt, wird er ein besserer Mensch, vor allem, weil er die Traumen seiner Kindheit überwinden kann.

Man sitzt und schaut die Souvenirs seines Lebens an. Sie sind schön. Man hat sie gekauft, geerbt, geschenkt bekommen. Jetzt stehen sie da. In Glasschränken wohlverwahrt, des Abstaubens bedürftig, manch kostbares Stück neben Dutzendware, Silber neben Versilbertem, darüber Stilgläser aus böhmischem Glas, handgeblasene Weingläser, Likörgläschen, aus denen niemand trinkt, und wenn, dann mit der Angst, das Gläschen könnte kaputtgehen. Wunderbar. Es könnte schöner, aufgeräumter, klarer und einfacher sein. Niedergesetzter. Aber dennoch wäre es bindend. Aber selbst das ist schon zu viel. Kaum jemand hat

[26] Film von Jean Becker.

das besser ausgedrückt als Hermann Hesse (1877 – 1962), der in seinem Gedicht „Stufen" (1941) meinem kleinen Gedanken überragenden Ausdruck verliehen hat.

Stufen

Wie jede Blüte welkt und jede Jugend
Dem Alter weicht, blüht jede Lebensstufe,
Blüht jede Weisheit auch und jede Tugend
Zu ihrer Zeit und darf nicht ewig dauern.
Es muß das Herz bei jedem Lebensrufe
Bereit zum Abschied sein und Neubeginne,
Um sich in Tapferkeit und ohne Trauern
In andre, neue Bindungen zu geben.
Und jedem Anfang wohnt ein Zauber inne,
Der uns beschützt und der uns hilft, zu leben.
Wir sollen heiter Raum um Raum durchschreiten,
An keinem wie an einer Heimat hängen,
Der Weltgeist will nicht fesseln uns und engen,
Er will uns Stuf' um Stufe heben, weiten.
Kaum sind wir heimisch einem Lebenskreise
Und traulich eingewohnt, so droht Erschlaffen,
Nur wer bereit zu Aufbruch ist und Reise,
Mag lähmender Gewöhnung sich entraffen.

Es wird vielleicht auch noch die Todesstunde
Uns neuen Räumen jung entgegen senden,
Des Lebens Ruf an uns wird niemals enden ...
Wohlan denn, Herz, nimm Abschied und gesunde!

Ist das denn so leicht zu befolgen, was der buddhistisch getönte Nobelpreisträger von uns verlangt? Keineswegs. Es ist das Schwerste, was man verlangen kann. Denn die Dinge, sie geben einem eine trügerische Sicherheit, so als würden sie einen mit der Welt, die man vor ihnen verlassen muss, verbinden. Denn die Aufforderung Hesses befolgen hieße, sich mit dem Tod versöhnt zu haben. Anzunehmen, dass des „Lebens

Ruf niemals enden" werde, hieße, dass man an eine Art der Wandlung glaubt, eventuell auch an ein Jenseits, das man sich auch netter vorstellen kann als den griechischen Hades oder die Hölle. Woher die Sicherheit nehmen, was spricht dafür? Nichts. Selbst Jesus vergleicht sich laut dem Evangelisten Johannes mit dem Weizenkorn, das nur dann Frucht tragen kann, wenn es stirbt. Stirb und werde – erkannt wirst du an deinen Früchten, heißt es. Aber: stirb und nicht mehr sein ist das, was wir beobachten. Da erscheint es hilfreich, wenn man Besitz hat und Eigentum, schöne Gegenstände oder auch einfach Erinnerungen. Sie alle binden an eine Welt, deren Zerfall man sicher nicht erleben will. Weder am Tag, an dem man ins Heim geführt wird, noch in der Stunde des Todes.

Wie klug ist da der Rat des großen Dichters: Nur wenn die Seele leicht ist und die Last klein, bleibt Bewegung möglich. So haben wir den Punkt erreicht, an dem wir erkennen: Unbeweglichkeit im Alter ist nicht nur ein körperliches Symptom mangelnder Bewegung, sondern fast stärker noch ein geistiges. Ein Versuch, die schwankende Bodenhaftung nicht zu verlieren, sich zu orientieren, zu erinnern, seine Persönlichkeit und allenfalls Bedeutung zu erhalten und letzten Endes sein Ende erst dann zu erleben, wenn das Ende da ist. Die Trauer über jeden Verlust eines Dinges, über jedes kaputte Glas und jede gestohlene Wertsache wird bisweilen von einem Gefühl der Erleichterung überlagert, so, als würde man leichter für den nächsten Raum. Wie schwer das ist, weiß jeder, und so wundert es auch mich nicht, dass es mir schwerfällt, mich mit Altersgenossen zu freuen, wenn sie sich „ein schönes Platzl" hergerichtet haben. Irgendwie habe ich immer das Gefühl, sie hätten ihren eigenen Sarg gebaut, vor allem, wenn man nur schwer hin- und wegkommt.

TEIL 2

BETREUUNG UND STERBEN

MEIN GROSSVATER

Der dicke Bauch hinter einer maßgefertigten Hose, die mit Hosenträgern gehalten wurde. Wir Kinder verachteten solche Hosen, die bis zu den weichen Brüsten hinaufreichten. Im großen Sakko, darin die Krokolederbrieftasche mit riesigen Geldscheinen, die sogar für die Bezahlung von Galamenüs reichten. Er rauchte immer. Kleine, filterlose Zigaretten, wie sie von Humphrey Bogart (1899 – 1975) und Ava Gardner (1922 – 1990) in den Filmen geraucht wurden, aber die österreichische Variante, filterlose C. Alle rauchten. Mich schickte er nachmittags, wenn die Schachtel leer war, um Einzelzigaretten in die Trafik. Ich versuchte mich an meiner Oma vorbeizustehlen, was fast immer misslang. Sie hasste sein Rauchen und hatte recht damit. Diabetes und Fettstoffwechselstörung hätten schon für ein frühes Ende gereicht, rauchen war zu viel.

Komisch, wie viele Jahre später Opa in meinen Träumen erscheint. Er ist einer meiner Berater. Da ich glaube, dass die Toten immer bei uns sind, jetzt und überall, wundere ich mich nicht darüber. Er war so wichtig für seine Töchter. Beide waren voller Sehnsucht nach ihm. Er lernte mit ihnen Latein und ging am Sonntagnachmittag zum Piowati, bei dem es die Flügerln der am Vortag verkauften Gänse nebst den berühmten koscheren Würsten gab. Später verließ er meine Oma, um mit seiner Geliebten zu leben. Das änderte weder etwas an seinen Lateinstunden noch am Gang zum Piowati.

Mein Opa gibt mir also Ratschläge. Kürzlich fragte ich ihn im Traum: „Was soll ich jetzt machen?" „Was hast du bisher gemacht?" „Ich war Kinderarzt." „Warst du gut?" „Ja, ich glaube schon." „Warum nicht weitermachen?" Als ich erwachte, war ich gelöst. Warum nicht wirklich weitermachen? Warum etwas Neues suchen? Etwas, in dem man schlechter ist, wie etwa Hebräisch lernen oder ein Handwerk wie das Schreiben?

Mein Leben ist durch meinen Opa leichter geworden. Ich kann heute gut an Menschen vorbeikommen, ohne dass sie mich erkennen. Meine Tarnkappe besteht darin, dass ich mich zeige. So sieht mich niemand. Wenn einer herumschleicht oder sich verstecken will, wird jeder auf ihn aufmerksam. Das habe ich beim Zigarettenholen gelernt. Wenn ich einen Rat benötige, brauche ich nur zu schlafen, dann kommt Opa manchmal – nicht immer kenntlich, so dass ich manchmal glaube, es ist sein Vater oder der meiner Oma – und stellt die richtige Frage. Oder rät das Richtige.

Mein Großvater kam an den Gardasee[27] und bot sich mir an. Bot sich als neue Person, über die ich schreiben kann, an, damit ich ins Fabulieren komme.

Es ist schade, fast traurig, Opa zu relativieren. Ich erinnere dann seine angepischten Unterhosen, seinen Geruch nach Tabak und Diabetes, seine bekleckerten Krawatten. Das alles kommt jetzt langsam auch bei mir. Gerne sage ich den Satz: Ein alter Mann ist immer betrenzt, und das gibt mir zu denken.

Ich war, anscheinend wie bei allen Sterbenden meiner Familie, auch bei Opa unmittelbar dabei. So war es schon, lange bevor ich Arzt wurde, lange bevor ich Arzt werden wollte.

Opa wollte meine Bar Mitzwa erleben. Ich sollte, so meinte er, bis dahin die fünf Bücher Mose auswendig können, wie ein gelehrter Jude. Wenn ich das schaffte, bekäme ich eine goldene Uhr. Ich habe sie nie von ihm bekommen, erst meine Mutter hat sie mir geschenkt, da war ich schon einundsechzig, weil die Uhr, die musste sein. Opa starb wie fast alle in meiner Familie an der Verkalkung der Arterien. Er war nicht mehr jung, schon fünfundsiebzig, ich gerade mal zwölf. Damals durfte ich mit dem Fahrrad vom dritten in den ersten Bezirk fahren. Ich war immer schneller als meine Mama mit dem Auto. Der Tod meines Großvaters war für meine Familie vernichtend. Opa starb zu Hause, wie bei uns an sich gestorben wird, nur meine Schwester machte da eine Ausnahme, sie hatte im letzten Abdruck noch einen Goj geheiratet, und der brachte sie zum Sterben ins Spital. So sterben wir nicht. Opa erlitt einen Herzinfarkt und kam zuerst ins Spital. Von dort zur Rehabilitation ins Kurhotel Esplanade in Baden bei Wien. Baden bei Wien, da hatten wir Kinder viele Tage im Strandbad verbracht, mit bis zu dreißig Familienmitgliedern in einer kleinen Kabane. Wir haben unsere Sachen auf die

---

[27] Wo ich 2014 einen Kurs bei Bodo Kirchhoff (* 1948) in seiner Villa in Torri del Benaco besuchte.

Bänke geworfen und sind den ganzen Tag geschwommen, haben Fru Fru und dann Schnittlauchbrot gegessen und kalte Buttermilch getrunken, bis uns schlecht wurde. Baden, das war der Dobbelhofpark mit seinen Rosen und den Booten auf dem kleinen Teich, der damals ein Meer war. Baden war auch der Ort des Rückfalls. Opa erlitt einen zweiten Infarkt, der nicht seiner Verkalkung, sondern dem Badener Klima zugeschrieben wurde. Also kam er nach Hause in die Wipplingerstraße, in das zu tiefe Bett aus Kirschholz neben dem Bad. Ein in Wien studierender israelischer Medizinstudent kam täglich und spritzte ihm die damals bekannten Substanzen zur Herzstärkung. Unter die Haut versteht sich, was, wie man heute weiß, wirkungslos, wenn nicht sogar schädlich war. Die Therapie des wiederkehrenden Herzinfarkts war Bettruhe. So einfach verordnet wie schädlich. Da sie aber unüberprüft war und einleuchtend, war sie unbestritten. Lebensverkürzung im Auftrag der Medizin. Man hielt sich streng daran, Opa ging manchmal allein aufs Klo. Wurde er erwischt, gab es Schimpfer von Oma oder Mama. „Schon dich!", hieß es da. Und: „Wir machen doch alles für dich!"

Opa starb an einem Vormittag. Kurz nach der Injektion, die vielleicht das ihre dazu beigetragen hat, blieb das Herz stehen. In den Erzählungen meiner Oma war der Student schuld. Anstatt Wiederbelebung zu betreiben, lief er auf die Straße, um auf die Rettung zu warten und sie einzuweisen. Oma musste aufs Klo, sonst war niemand zu Hause. Als Oma ebenfalls auf die Straße rannte, um den Arzt zu Opa zu führen, war Opa schon kalt.

So wie der Medizinstudent wollte ich nie werden. So kopflos, so erschrocken und fehlerhaft. Nie wollte ich auf die Straße laufen, statt als Arzt zu helfen oder zumindest beim Sterben anwesend zu sein. Das ist mir fast immer gelungen. Was ich damals nicht wissen konnte, war, wie schwer das Dabeisein ist. Fast unerträglich, wenn es auch immer gelobt wird. Die, die nicht dabei sind, finden das gut, wollen, dass der Sterbende nicht allein ist, und fühlen sich besser, wenn zwar nicht sie, so doch die Schwester oder der Bruder des Sterbenden anwesend sind.

Heute, da ich der Nächste an der Reihe bin (Oma sagte oft: „Man rückt sich" und meinte damit – zum Grab) und alle Tode in der Familie miterlebt habe, weiß ich: Es ist wirklich schwer. Nach Opa war es auch bei Oma schwer. Sie starb zu Hause, aber ihr Zuhause war eine kleine Dachwohnung in der Ausstellungsstraße neben dem Prater, am Rand des zweiten Bezirks. In einem Haus, dessen Bauherr Opa gewesen war. Dorthin war sie gezogen, nachdem sie mir wegen meiner Freundin das Ultimatum – *die* oder *ich* – gestellt hatte. Sie starb nach einem Herzinfarkt, der durch das Putzen der im ersten Stock gelegenen vermieteten Wohnung ausgelöst worden war. Ein Mieter hatte Teerflecken am Parkettboden hinterlassen, die sie als Fünfundachtzigjährige mit Terpentin reinigte. Nach dem Infarkt war ich der Medizinstudent, der sie behandelte. Im Auftrag von Oberarzt Dr. Schuhmann, dem Internisten, der schon Opa behandelt hatte, fuhr ich jeden Tag mit dem Moped zu ihr und spritzte ihr 0,2 Milliliter Cedilanid, ein Digitalispräparat, unter die Haut. Oma begann ihre Lebenserinnerungen in der großen Schrift niederzuschreiben, die sie sich selbst beigebracht hatte, nachdem Kurrent, das ich nur von Kuchenrezepten kannte, die Schrift der Nazis geworden war. Da sie nicht weiterkam, erzählte sie mir ihr Leben lieber. Sie wollte noch meine Promotion erleben und schaffte es, auch wenn sie weder die Anwesenheit meines ihr verhassten Vaters bemerkte noch die anschließende Feier im Sacher mitmachen konnte. Als sie starb, war meine Mama bei ihr und wand sich vor Schuldgefühlen, dass sie Oma in dieser Dachwohnung wohnen lassen hatte. Alle waren damals allein: ich mit einer teuflischen Lebenspartnerin und deren Kind in einem kaputten ehemaligen Weinstöckl am Rande Wiens, Mama in der Familienwohnung und Oma in der Dachwohnung, die eigentlich meiner Tante gehörte. Mama fuhr täglich mit dem Auto zu Oma, und die seltenen Male, die wir telefonierten, berichtete sie mir, dass es ihr immer schlechter ging. Oma hatte nach ihrem Krankenhausaufenthalt Bettruhe verordnet bekommen. Im Bett starb sie auch. Neu war, dass niemand auf die Straße lief und dass Mama dabei war und bei ihr blieb.

TRÄUME

Man sagt, dass ein Mensch nicht ganz tot ist, solange jemand an ihn denkt. Das ist zu kurz gegriffen. Denn nicht *jemand* denkt an ihn, sondern *es* denkt an ihn. Ich träume meine Mutter; sie ist in den Träumen so lebendig, als wäre sie noch da. Es dauert am Tag oft lange, bis „ich" weiß, dass „es" nur ein Traum war.

Las ich gestern noch einen Roman, in dem die Mutter des Helden eine sehr große Rolle spielte[28], schon kommt meine Mama im Traum zu mir. Sicher, so einfach ist das nicht. Manchmal kommt sie auch ohne solche Lockmittel. Sie ist, wie sie war oder ist. Sie empfahl mir heute statt des von mir gekauften Bestecks doch das Silberbesteck, das sie gekauft hat, zu verwenden. Mein Einwand, dass das meine Tochter hat und gerne benutzt, kam nicht an. Die Tatsache, dass in meinem Haushalt das Silber von Marguerites Großmutter in Bündeln an vielen Orten liegt und selten bis nie benutzt wird, auch nicht. Der Traum endete aber nicht im Streit, sondern, was immer schlimmer war, mit einem typischen Achselzucken meiner Mama, die diese Einwände zwar verstand, sie aber nicht goutierte.

Die Tatsache – aber was heißt hier Tatsache? –, dass Verstorbene im Traum lebendig sind, sollte schon bei der Betreuung eine Rolle spielen. Denn es ist fein, wenn man nicht so in Schuldgefühlen bratet, dass man Träume wie Hamlet oder Macbeth hat. Zur Erinnerung: Bei Hamlet verlangt der ermordete Vater vom Sohn im Traum, dass er ihn räche, indem er dessen Mörder, Mutter und Onkel, töte. Bei Macbeth träumt der ehrgeizige Königsmörder, dass der König seinem Vater so ähnelt, dass er ihn nicht ermorden kann, und überlässt es seiner Frau, was die eheliche Verbindung in eine Sado-Maso-Beziehung kippen lässt.

Meine Eltern sind in meinen Träumen wichtige Protagonisten: Seit dem Erscheinen meines Vaters weiß ich, dass es das ewige Leben gibt. Er kam, um mir davon zu berichten. Wir hatten zu seinen Lebzeiten immer wieder darüber gesprochen; er zweifelte daran, ich glaubte und

---

[28] Thomas Meyer: Wolkenbruchs wunderliche Reise in die Arme einer Schickse. Salis, 2012.

glaube es noch heute. Jedenfalls kam er und erzählte, dass die Seelen im Weltenall frei herumschweben können, Zeit und Raum sind dann überwindbare Kategorien. Sofort hat er sich ans Ende aller Welten begeben, das Ende des Weltenalls wollte er sehen, und er sah es. Es war fad. Keine Grenze, wie ich sie mir vorstelle, kein Hinweis auf kosmische Eruptionen oder sonst etwas Aufregendes, einfach ein Weltenall, das sich ausdehnt. Dahinter war nichts, und das konnte mir die Seele meines Vaters ebenso wenig erklären wie die Physik, vielleicht auch, weil ich noch lebe und mein Verstand unfähig ist, es zu begreifen. Dann – so berichtete er – hat er mit anderen Seelen am Mond Kegeln gespielt. Die geringere Schwerkraft des Mondes erlaubt den schwachen Seelen das Spiel. Er fand es jedoch bald langweilig, und nun folgt er mir und meinen Kindern und natürlich seinen Kindern aus zweiter Ehe. Er ist überrascht, dass ihn das, wo er doch nie ein Familienmensch war, noch am meisten interessiert. Sein Rat an mich war wenig überraschend: Freude haben am Leben und die Fähigkeit, essen, trinken und lieben zu können, genießen, denn das fehle im ewigen Leben am meisten[29].

Es ist ohne Belang, ob ich diesen Traum erzeugt habe, ob er aus meinem Unbewussten kommt oder ob es ein Wahrtraum ist, wie es Religionen und Fabeln, Legenden und Sagen annehmen. Für mich ist er real. Ich weiß seither, dass es ein ewiges Leben gibt und dass es vielleicht fad und nur wenig Neues zu erhoffen ist. Sei's drum. Meine Todesangst, die ich als gering einstufe, ist dadurch noch kleiner geworden und ich muss zugeben, dass ich an eine unsterbliche Seele glaube, etwas, von dem ich nie gedacht hätte, dass ich es tun würde. Ebenso habe ich mich nie für so wichtig gehalten, dass ich an meine Seele glaubte. Das Konzept einer Ursuppe, aus der man kommt und in die man geht, erschien mir ebenso gut und wahrscheinlich. Mich, mich selbst fand ich nicht so erhaltenswert.

---

[29] In Jean-Paul Sartres (1905 – 1980) Stück „Das Spiel ist aus" (1947) sieht man die Verstorbenen rund um die Lebenden stehen und deren Leben kommentieren. So sehr die Hauptaussage des Stücks, dass die Verhältnisse über die Liebe triumphieren, der Vergangenheit angehört, so wunderbar ist die Darstellung der Toten, die im Tode bleiben, wo sie im Leben waren. Der Film (1947) zeigt diese Situation fast noch eindrücklicher als das Buch.

In der Betreuung der Alten, die nach meiner Auffassung zwischen Schuldgefühl und Aggression fast zwingend hin und her pendelt, geht es auch darum, seine zukünftigen Träume hygienisch zu behandeln. Traumhygiene hieße hier, dass man sich um seine zukünftigen Träume kümmert, um die Träume, die kommen werden. Sicher, man kann das nicht ganz bestimmen. Man kann sich nicht befehlen, wie man zu träumen hat. Man kann Träume nur vorbereiten. Denn wenn man zu böse war, dann mag das Schuldgefühl hochkommen, und wenn man sich über die Maßen aufgeopfert hat, dann mag die Aggression siegen.

Ich habe weder meiner Mutter noch meinem Vater zu einem Leben verholfen, das sie so nicht leben wollten. Das ist mein entscheidender Satz, den ich meist gut finde, oft brutal. Ich umgebe ihn immer mit einer leichten Schuldgefühltingierung. Denn die Kreatur[30] wollte bei beiden noch leben. Bei beiden wäre eine Verlängerung des Lebens möglich gewesen. Mein Vater hätte in ein anständiges Spital verlegt werden können, wo man seine Herzrhythmusstörungen nach dem zweiten Infarkt besser behandelt hätte. Als er mich aber bei meinem Besuch fragte: „Wenn ich das überlebe, bin ich dann ein Boberl?" antwortete ich: „Ich glaube schon." Er beendete den Dialog mit: „Dann sterbe ich!" Ich küsste ihn und ward's zufrieden. Nicht so seine Frau, seine Kinder, seine Geliebte – sie alle wollten ihn noch lebend haben. Ich hingegen rief meinen Freund Peter an und wir gingen aus, tranken etwas, hatten Spaß und sprachen über meinen Vater, bis ich um zwei Uhr in der Früh sagte: „Jetzt ist er gestorben!" Wir hielten kurz inne und verabschiedeten uns. Ich hatte meinem Vater vorher sogar noch den Vorschlag gemacht, ihn in ein besseres Spital zu verlegen. Er lag in einem Sechsbettzimmer mit einem antiquierten Überwachungsgerät und mir war klar, dass man im Notfall das Falsche machen würde. Er wollte nicht mit den Einschränkungen leben, die zwei Herzinfarkte nach sich ziehen, insbesondere, wo er diese mit Unvernunft und

---

[30] Unter Kreatur verstehe ich den Anteil des Menschen, der angesichts der Todesangst und des nahenden Todes plötzlich leben will, obwohl er/sie sich das vorher ganz anders vorgenommen hat. Als ich zwei Überlebende einer Massenerschießung kennen lernte, verstand ich, dass die Kreatur recht hat, wenn sie bis zum letzten Atemzug ums Leben kämpft. Weniger kann ich es bei den Alten und Müden verstehen, aber das wird sicher noch kommen.

schlechtem Benehmen, mit übermäßigem Essen, Saufen und Rauchen selbst herbeigeführt hat, wohl in einer Art Lebensüberdruss und Auto-aggression.

Bei meiner Mama war das anders: Sie hätte nach dem Schlaganfall noch ein längeres Leben mit den entsprechenden Einschränkungen haben können. Sie hätte in die neurologische Rehabilitation gehen, dort wieder einiges lernen, manches wieder lernen und dann vor allem mit dem, was geblieben war, bescheiden leben können. Sie hatte aber schon beim Herzklappenersatz und noch mehr beim Herzschrittmacher das Spital und seine Dienste gehasst. Sie hatte sich beiden Eingriffen nur widerwillig unterzogen und wusste, dass diese Entscheidungen eher durch die Todesangst bestimmt waren als durch ihren Wunsch, ein Leben zu haben, wie sie es sich vorstellte. Sie wusste auch, dass ich das wusste. Sie wollte mich nicht mit Sterbehilfe belasten, aber dann wollte sie das doch. Sie wollte nicht zu Hause sitzen, angebunden, wie sie fand, das Lesen erschwert, weil sie sich kaum noch etwas merkte, mit dem von ihr als blöd bezeichneten Fernsehen („die bringen doch nur Blödsinn!"), und warten, dass man sie besuchte, mit ihr redete und sie Aufmerksamkeit bekäme, die sie so nicht wollte und die sie so nicht zurückgeben konnte. Also beschloss sie zu gehen, und das bewerkstelligte sie durch selbsterzeugtes Verhungern und Verdursten. Ich hielt sie davon nicht ab, unterstützte sie dabei aber auch nicht. Medizinisch hätte man viel machen können. Man hätte ihr zuletzt Infusionen geben können, wenigstens, um die mangelnde Flüssigkeit zu ersetzen, man hätte sie ins Spital bringen können, wo dasselbe geschehen wäre. In allen Fällen hätte man die Verantwortung für das Sterben abgeben können. Denn die Grenze zwischen aktiver Sterbehilfe und Gewährenlassen, zwischen einem Sich-nicht-Einmischen und Ich-mache-gar-Nichts ist dünn. Noch dünner ist die Grenze, wenn Medikamente verwendet werden, die den Tod als Nebenwirkung in Kauf nehmen. Denn dieser Grat ist sehr schmal. Die Übergänge sind unsichtbar, manche bezeichnen sie als fließend. Ich nicht. Ich finde, man spürt es ganz deutlich, wenn man nicht zum Leben hilft, ebenso wie man weiß, dass es eine kriminelle Handlung ist, am Sonntag die Zeitung zu stehlen, wenn das auch praktisch nie bestraft wird. Als sich die *Kronen Zeitung* vor Jahrzehnten entschloss, Täter in der Montagszeitung abzubilden, sank der Verkauf. Seither schaue ich immer, ob mich jemand beobachtet oder fotografiert, wenn ich mir eine Zeitung aus dem Ständer nehme und einmal gerade kein Kleingeld zur Hand habe.

So war es auch mit der sterbenden Mutter: Ich habe sie nicht aufgehalten, nicht abgehalten und nicht geschubst. Das war meine Lösung, und ich finde sie bis heute in Ordnung. So scheint es jedenfalls – auch meine Träume finden das gut. Ich habe keine Albträume mit meinen Eltern, ich bin mit ihnen versöhnt, wenn ich auch das Silberbesteck meiner Mama nicht habe, wissend, dass sie es sich im Dorotheum mit einem fremden Monogramm gekauft hat, um die Vorkriegsverhältnisse wiederherzustellen, was misslang, weil das Vorkriegsbesteck Teil der Aussteuer meiner Großmutter war, die sie sich selbst gekauft hatte und das daher das richtige Monogramm hatte: O. und S. Blumenfeld und nicht ein verschlungenes „K" und noch einen unleserlichen Buchstaben. Ich konnte die Situationen nicht ändern, weder meine Mama zur Rehabilitation zwingen noch meinen Vater überreden, sich in ein besseres Spital mit einer Intensivstation verlegen zu lassen. Beide sind tot, ich habe sie begleitet und sie nicht zu einem Leben verleitet, das sie so nicht wollten. Stattdessen muss ich mir überlegen, ob ich einen Kontrakt mit der Kreatur hätte eingehen sollen, diese als Partner hätte gewinnen sollen im Kampf um jede Minute, um jeden Atemzug. Dann hätte ich sie so, wie es oft bei Klassepatienten in Spitälern geschieht, wo Ärzte diese Koalition gern eingehen, behandelt, hätte Hoffnungen gemacht, Untersuchungen angeordnet, Infusionen gegeben und Überwachungsgeräte angehängt, die die letzten Stunden und Tage begleiten und oft zur Hölle machen. Das habe ich nicht getan, weder bei der Mama noch beim Papa. Ich kann mich damit herausreden, dass sie das selbst auch sicher nicht wollten. Ich weiß aber, dass die Koalition mit der Kreatur mögliche gewesen wäre, ich hätte dort anknüpfen und einen Persönlichkeitsanteil verstärken können, der eben nicht sterben, sondern leben will, wie es das Gesetz des Lebens ist. Nein, das wollte ich nicht und meine Träume sind so gütig zu mir, dass sie mir recht geben.

DAS FOTO

Am Toaster war jahrelang ein Foto angebracht, mit Magnet. Es zeigt meine Mutter und mich in New York beim Einstieg in die Circuit Line. Wir sind warm eingepackt, es war Herbst und die Schiffe, die Manhattan umkreisten, benötigten dafür fast vier Stunden. Wir lachen in die Kamera, meine Mama ihr Lachen, das sie vor allem hatte, wenn sie mit mir war. Ich schaue, wie immer, etwas verzwickt.

Es war die Zeit, in der wir ihre noch offenen Wünsche erfüllen konnten. In New York war sie nie wirklich gewesen, nur auf der Durchreise, und da vor allem in einem Taxi, da sie die Tante, bei der sie wohnen wollte, nicht einließ. Sie kam Stunden später, als angekündigt, und die Tante war ängstlich. So fuhr sie mit dem Taxi spazieren. Im Alter wollte sie dann New York richtig erleben, mit allen Vorurteilen, die man mit New York verbindet.

Sie war noch gut zu Fuß, war sechsundsiebzig Jahre alt und wir machten vieles zusammen. Wir gingen die Häuserschluchten ab, aßen bei Katz ein Pastrami-Sandwich, waren in Little Italy und Chinatown, suchten in der Lower East Side vergeblich die Juden, die Isaac Bashevis Singer (1902 – 1991) beschrieben hatte. Die waren vor langer Zeit nach Whitechapel gezogen, und dorthin wollten wir nicht fahren.

Wie auf jeder unserer Reisen stürzte meine Mutter. Meist nach einem Ratschlag von mir, wie sie gehen solle. Diesmal bei einer Kreuzung, die wir noch rasch in der Nähe des Rockefeller Centers überqueren wollten. Sie verletzte sich nur leicht, am Foto sieht man die kleinen Blutreste des Cuts über dem linken Auge. Wir machten einen Halbtag Pause, dann ging's schon wieder weiter.

Es war kein „Betreuungstrip". Wir hatten Spaß, schauten wie Audrey Hepburn (1929 – 1993) im Film[31] in die Auslagen von Tiffany, wohnten im Hilton nahe dem Central Park, gingen in ein Steakhaus, das in dunklem Teakholz eingerichtet war, und sie kaufte mir an der Rezeption des Hotels zwei Manschettenknöpfe, die einen roten Apfel darstellten. Wir hatten Spaß daran, dass nette Menschen uns als Ehepaar ansahen, was

---

[31] „Frühstück bei Tiffany" (1961) von Blake Edwards (1922 – 2010).

vor allem meine Mama immer empört zurückwies. Ich nahm das eher heiter, gelassen und lachte oder grinste zumindest.

Ich war schon einige Male in New York gewesen, hatte das Empire State Building schon bestiegen, kannte das Spielzeuggeschäft Schwarz und war für sie der Fremdenführer, wie einige Jahre später für meine Söhne, die ich alle dorthin ausführte.

Vielleicht doch Betreuung? Komisch, dass man sich das nicht fragt, auch wenn man merkt, dass man der Führer geworden ist, dass man zwar alles bezahlt bekommt, aber doch bestimmt, wie und wo man wohnt, dass man zwar als Gigolo einer reichen, älteren Dame angesehen wird, aber der Begleiter der Mutter ist. Viele Menschen waren überrascht über unsere Reise. Was war ihr Sinn, was ihr Zweck? Ich war verheiratet, hatte fünf Kinder und einen Beruf. Damals dachte ich noch, dass ich Karriere machen würde, hatte Pläne und Absichten im Beruf, wollte etwas werden, die Welt zu einer besseren machen und zugleich meine Sohnespflichten erfüllen. Sie waren mir angenehm. Es war schön, ein gottgefälliges Werk zu tun, dem vierten Gebot zu gehorchen und gleichzeitig von meiner Mama ausgeführt zu werden, Kind sein zu dürfen.

Alles, was ein Kind erfreut, wurde gemacht. Wir fuhren mit einer Kutsche durch den Central Park. Wessen Wunsch war das? Der des Kindes, das wieder einmal in einem Fiaker fahren wollte, wie man ihn nach der Straße in Paris, in der die Mietdroschken standen, nennt? Der der Mama, die Kind sein wollte und dies in New York, von wo man sie nicht vertrieben hatte und wo nicht an jeder Ecke eine Erinnerung an die Shoah lauerte, besser ausleben konnte als in Wien, der Stadt der Sehnsucht und der Verzweiflung? Oder wurden plötzlich beide zu Kindern? Ich, weil ich in der Kutsche ausgeführt wurde, und sie, weil sie in der Kutsche ausgeführt wurde. Nach der Kutschenfahrt trafen wir eine Schulkollegin der Mama, die in Riverdale, NY, wohnte. Sie war immer arm gewesen. Ihr Mann war Polizist im New York City Police Department (NYPD), zwar Hauptmann, aber bei zwei Kindern musste man in Queens wohnen. Dann starben die beiden ebenfalls aus Wien stammenden Tanten und hinterließen ihr ein Vermögen, das sie sich buchstäblich vom Mund abgespart hatten. Nun konnte Medi bei ihren

Wien-Besuchen im ersten Bezirk wohnen. Sie lud uns nach der Vorstellung in der Metropolitan Opera zum Essen ein. Die beiden über siebzig Jahre alten Mädchen kicherten, wie sie es zuletzt vor 1938 getan hatten. Lehrerinnen ebenso wie Klassenkolleginnen wurden ausgerichtet. Plötzlich war das Wien der Vorkriegszeit wieder lebendig und die Sprache passte sich dem an: Es wurde Vorkriegswienerisch gesprochen, das ist eine Sprache, die heute fast niemand mehr spricht. Leicht nasal, mit Worten, die vergessen wurden: hienieden, aber auch: *attendez les enfants* oder Herr Ober. Einen Piccolo gab es in New York nicht und der Student, der uns im Lokal am Rande des Central Parks bediente, hätte sich eine solche Anrede wohl auch verbeten.

Der selbsternannte „Betreuer" war wieder Kind. Zwei ältere Damen nahmen ihn in die Oper mit, in der er schon manchmal mit seinem Freund gewesen war, Lincoln Plaza, Metropolitan Opera – das wunderbare Haus mit den Chagall-Fenstern und James Levine als Dirigenten. Man gab, besser geht es doch nicht, Verdis „Maskenball". Großes Musiktheater, große Roben, auch ein Wort, das verschwunden ist und durch Outfit oder Haute Couture ersetzt wurde. Medi trug Trottoirs, flache Ballerinas, weil sie groß war. Meine Mama litt in schönen Schuhen, die sie an sich nicht mehr trug. Sie weigerte sich, in Turnschuhen zu gehen, aber nach der Oper, am Weg zum Abendessen, wechselten beide Frauen ihre Schuhe, weil Hakenzehe und Hühnerauge die anderen zu einem Folterinstrument gemacht hatten.

Wieder Kind sein. Was für ein Spaß!

Der wiederholte Wechsel vom Kindsein zum Betreuer gehört zu den schönen und spannenden Momenten in der „Betreuung". Denn leider beobachte ich viele Menschen, die sich auf eine der beiden Rollen festlegen. Entweder sie beginnen, alles besser zu wissen als ihre Eltern – beginnen etwa aus der einfachen Tatsache, dass sie zum Beispiel Netbanking beherrschen, ihre Eltern zu belehren, zeigen den Alten, wie die neue Zeit funktioniert, wissen alles besser; sie induzieren aus einer Nebensächlichkeit eine Generalisierung, die da heißt: „Ich kenne mich mit einem oder mehreren technischen Geräten aus. Daher kenne ich mich mit der heutigen Zeit besser aus als ihr. Daher weiß ich alles besser." Oder sie wollen immer noch Kind sein und kommen zum Essen, bringen die Wäsche, erbitten Geld oder Geldeswert und Rat. Sie wollen nicht erwachsen werden, was immer das auch heißt, und sind vom Verfall ihrer Eltern überrascht, enttäuscht und nach deren Hinscheiden verloren.

Beides ist falsch. Man ist weder Kind noch wird man zum Lehrer. Man ist nicht plötzlich besser, gescheiter oder klüger, als es die Eltern sind. So schön es ist, wenn Kinder alte Menschen überflügeln, so haben die doch manches schon gesehen, gelesen, probiert und angewandt. Lebenserfahrung ist kein Gut. Das weiß ich wohl. Wer sagt, dass er aus seiner Erfahrung schöpft, sagt damit nur, dass er nichts liest, also das Menschheitswissen beiseitelässt. Der „alte Wolf" kennt manche Wege im Wald, die der junge nicht kennt und erst kennen lernen muss.

Jetzt geht es mir schon genau so, wie es meiner Mama gegangen sein muss. Mein Sohn hatte auf dem Weg zur Singularity University in Silicon Valley auf Einladung von Google Worte verwendet, die ich nicht kenne: Backpage, Content Management, Inbound Marketing, Recall Marketing und vieles mehr. Ich verstehe Bahnhof und bin glücklich. Denn er lässt mich leben; wenn ich etwas nicht verstehe, dann ist er öfter gütig als streng. Er lehrt mich und lernt nur mehr ausnahmsweise von mir. Am liebsten hätte er, dass er mein Wissen in eine Box, oder noch besser in eine Cloud, bekommen und von dort abrufen könnte. Bücher, die Ratschläge anders als in Punktationen geben, hält er für unleserlich. Liest er eines meiner Bücher, hilft er mir durch Feedback und vernichtende Kritik. Also keine Generalisierung, nur weil er ein „Auserwählter" der Firma Google geworden ist. In Zeiten wie diesen fast ein Apostel der neuen Zeit. Es reicht, dass wir aufeinander stolz sind und uns lieben, jede Umdrehung des Autoritätsverhältnisses ist erlaubt, solange es schwingt und hin und her geht, darf das sein.

Daher gibt es kein Richtig oder Falsch. So, wie es an vielen Stellen dieses Buchs „Laviermaximen" gibt, also ein Hin und Her zwischen den Grenzen, die man zu sehen glaubt oder fühlt, so ist es auch hier. Wenn man seine Vorfahren betreut: Bei Vater, Mutter oder Großeltern, vielleicht sogar Urgroßeltern, gibt es kein „Ich bin jetzt der Obere!". Für beide Seiten nicht. Weder für den Betreuer noch für den Betreuten. Obwohl der Ältere erfahrener und in der Altershierarchie der „Höhere" ist, ist er nun bedürftig – betreuungsbedürftig. Obwohl der Jüngere die lebenspraktischen Aufgaben zu erfüllen hat, ist und bleibt er der Jüngere. Der, der Rat anzunehmen und die Bedürfnisse, vor allem aber den Widerstand, zu akzeptieren hat.

Als wir das Foto machten, war keiner von uns betreuungsbedürftig. Ich genoss es, ausgeführt zu werden, eingeladen wie ein Kind. Meine Mama genoss meine Lokalkenntnisse. Lediglich ihr kleiner Sturz auf der Kreuzung vorm Rockefeller Center machte mich kurz zum Betreuer. Kleine Szenen, wie der Rat, dass man sich für die Fahrt auf der Circle Line warm anziehen muss, zählen nicht als Betreuung.

Die Grenze findet die Betreuung, wenn der alte Mensch wirklich Betreuung benötigt, aber es nicht wahrhaben will. Dann kann der Wunsch, selbstständig bleiben zu wollen, für die Kinder oder andere Familienmitglieder zum Terror werden. Alte Menschen wollen oft keine fremden Leute im Haus. Sie wollen weder wen Fremden um sich haben noch sich als bedürftig outen, und die Vorstellung, dass einem ein Fremder Hilfsdienste bei intimsten Verrichtungen leisten müsste, ängstigt und beschämt sie, wird als eklig empfunden. Allerdings führt diese Einstellung dazu, dass Kinder, Kindeskinder in Anspruch genommen werden. Sie sorgen sich um den alten Menschen. Er könnte stürzen, nicht mehr aus der Badewanne kommen oder einfach zu Mittag hungrig bleiben. In der Tat geschieht so etwas immer wieder.

Die Mutter einer Freundin stürzte, als sie aus der Badewanne steigen wollte, vielleicht, weil der Boden feucht war, vielleicht, weil sie einen Schlaganfall erlitt. Als man nach Stunden verzweifelten Telefonierens zum Haus fuhr, fand man sie im Badezimmer, in der ungefüllten Badewanne liegend, halbseitig gelähmt und schwer beeinträchtigt. Eine Summe, die den Anschaffungskosten eines Hauses entsprach, wurde von da an in die Pflege investiert. Die alte Dame benötigte noch fast vier weitere Jahre zum Sterben in einem äußerst hilfsbedürftigen Zustand. Sie hatte die Notrufuhr abgelegt, weil das Uhrband nach dem Duschen unangenehm feucht blieb.

Das ist asozial, verwerflich und abzulehnen. Mit der Haltung „Ich brauch das nicht" überschreitet man, wenn es nicht stimmt, eine Grenze, welche die Jungen in ständigem Schuldgefühl zurücklässt. Dabei ist es ja nicht deren Schuld, dass der oder die Alte keine Betreuung will. Sie würden die Notrufuhr kaufen, anbringen und erklären. Sie würden auch ein Handy mit Notruftaste anschaffen und sie würden sich auch angemessen kümmern. Wenn jedoch die Einsicht in die Gebrechlichkeit und akute Gefährdung fehlt, dann ist der alte Mensch wie ein Bergsteiger, der nicht am Seil geht – weil er das nicht braucht, er kennt sich aus und überhaupt. Auf diese Rücksichtslosigkeit muss entschieden geantwortet werden. Wie der Bergführer dem Bergsteiger das Seil anlegen muss, weil niemand wissen kann, wo die nächste Gletscherspalte ist, so muss das Notfalltelefon gekauft, die Uhr erklärt und dann getragen werden. Andernfalls ist die Überstellung in ein Heim nicht zu verhindern.

Als ich nach Hause kam und die Notfalluhr meiner Mama, wie bei der Mutter der Bekannten, am Nachtkästchen fand, meine Mutter aber im Bad, da wusste ich, dass alles Reden und alle Anschaffungen zwecklos gewesen waren.

Da meine Mutter keine Pflegerin im Haus haben wollte, bot ich ihr an, sie in einem Heim unterzubringen. Als sie sich bei einer Freundin beschwerte, vor allem über meine Frau, von der sie sich zu intensiv betreut fühlte, zuckte ich aus und ersuchte meine Frau, etwas in ihren Bemühungen nachzulassen. So blieb meine Mama morgens hungrig, mittags ebenfalls und als abends auch nichts kam, verstand sie den Wink. Ich lud die Freundin ein, für meine Mama zu kochen, da sie ihr in allem zugestimmt hatte. Einmal verbrachte sie einen Vormittag in unserem Haus. Ich sehe noch, wie sie, die Schürze umgebunden, stöhnend im Garten sitzt – sie hatte für meine Mama und nur für sie gekocht. Sie könne nicht wiederkommen, sagte sie, schon der Weg zum Supermarkt und das Kochen am selben Tag sei ihr zu viel. Meine Mama entschuldigte sich. Ich fühlte mich schuldig, ihr so eine strenge Lektion erteilt zu haben. Ich verstand, dass sie gern manchmal über ihre Kinder klagte. Über wen auch hätte sie klagen sollen, wenn nicht über mich und meine Frau? Und doch: So geht es nicht! Pflege, wenn man sie sich leisten kann, ist ein Geschenk. Die Alternativen sind Heime, die an sich toll ausgestattet, aber wesentlich unpersönlicher sind, weil eben doch Heime.

DIE APFELBLÜTE

Der Frühling ist da. Alles blüht und sprießt. Das klingt banal und ist es auch. Die Apfelblüte verbrachte ich mit meiner Mama jahrelang auf der steirischen Apfelstraße im Saab-Cabrio, das selbst nach zwanzig Jahren noch das Dach öffnen ließ, so dass der Duft der Blüten hereinströmen konnte.

In der Betreuung der Alten erinnert man sich vor allem an die Belastungen, die mit ihr verbunden sind und die zu Aggressionen führen. Die Freuden hingegen vergisst man schnell.

Dabei gibt es deren viele. Gemeinsame Reisen, die Spaß machen und hoffentlich das Erbe weitgehend aufzehren und es in ein geistiges Erbe verwandeln. Erlebnisse wie die Freude an den Apfelblüten oder einfach ein Kaffeehausbesuch. Es mutet komisch an, wenn Kinder sich mehr Zeit für die Eltern nehmen, wenn diese krank sind und Hilfe brauchen. Denn dann sind die schweren Zeiten angesagt, dann stehen Belastungen im Vordergrund und Zorn und Schuldgefühle wechseln einander ab.

Vorher, da kann man gut lustig sein. Viele Vergnügungen haben Eltern und Kinder gemeinsam, einfach deshalb, weil die Kinder sie von den Eltern übernommen haben und sie auch zu ihren Gewohnheiten geworden sind. Schön sind die Erinnerungen: die Fahrt mit dem Cabrio und die beständigen Diskussionen darüber, ob es für das Öffnen des Daches nicht doch noch zu kalt sei; das Aufsetzen der warmen ledernen Vorkriegskappe, wie in einem Oldtimer, um Kopf und Ohren vor dem Wind zu schützen; die Freude, wenn wir beim Apfelwirt in Puch/Kulm eintrafen; später dann der erste Apfel aus der Gegend; die Kreuzfahrten, die ein Teil des jährlichen Programms wurden: Karibik, Mittelmeer; alles Erinnerungen, die weit wichtiger sind als jene, die die Schwäche und Hinfälligkeit zum Inhalt haben.

In der Phase drei also, wenn die Ahnen noch nicht hilfsbedürftig sind, sollte man möglichst viel Zeit mit ihnen verbringen. Denn die kann man noch miteinander genießen. Danach ist es zu spät. In der Phase drei sind sie noch fähig zu lernen, wir können uns mit ihnen austauschen, sie fragen, wie sie die Welt sehen und welche Schlüsse sie aus ihren Erfahrungen ziehen. Das ist aber oft schwierig, weil man mit dem Aufbau des eigenen Lebens und der Familie zu tun hat. Andererseits ist es aber auch leicht, weil es Spaß macht. Wenn man es aufschiebt, ist's oft zu spät. Ich habe mich oft gewundert, dass Kinder ständig zu ihren Eltern kommen, wenn diese alt und krank sind, siech und bettlägerig. Heute glaube ich zu wissen, warum sie das tun: Sie übernehmen Pflegeverantwortung. Wenn man gebraucht wird, sei es von einem Kind, einem Hund oder eben von den Eltern, ist man nicht zuletzt aus Pflichtgefühl da und erfüllt seine Aufgabe. Komisch ist es trotzdem, so wie es komisch ist, dass eine Mutter, wenn die Suppe auf den Tisch kommt, zuerst die Suppe auf den Löffel nimmt, durch intensives Blasen zu kühlen versucht und sie dann dem Kind gibt. Das Kind ist oft noch gar nicht interessiert. Aber es bekommt die immer noch zu heiße Suppe trotzdem und brüllt dann. Die Mutter beruhigt das Kind umgehend und füttert es dann weiter. Das Ergebnis ist: Beide haben die Suppe zum falschen Zeitpunkt bekommen. Für das Kind ist sie zu heiß, für die Mutter zu kalt. Das scheint aber ein instinktives Verhalten zu sein, denn man kann es im Wiener Stadtpark ebenso beobachten wie auf einer Straße in Bangkok. Nur durch die Vernunft ist es möglich, das zu ändern, nur durch diese würde die Mutter zuerst essen und dann das Kind; der Instinkt aber, der zur Aufzucht der Brut in uns steckt, scheint stärker zu sein.

Ebenso scheint es mit der Betreuung der Eltern und Großeltern zu sein. Wir besuchen sie eigentlich erst dann, wenn es sinnlos geworden ist. Wir wissen, so behaupte ich, nichts von den Pflegeleistungen. Vor allem, wenn wir nur als Urlaubsgast kommen, für einige Tage da sind und den Ablauf der organisierten Pflege eigentlich eher stören.

Als ich meinen fast hundertjährigen Onkel im Altersheim besuchte, sah ich, dass man völlig ausgeliefert ist. Als ich ihn fragte, wie es gehe, sagte er: „Es ist sehr langweilig und ich warte aufs Sterben." „Ist das schwer?", wollte ich wissen. „Ich wusste nicht wie sehr", war seine Antwort. In der Tat sind das natürlich Begegnungen, die spannend sind. Vor allem helfen sie, die Lächerlichkeit des Daseins wahrzunehmen. Für die Beziehung zu den Alten in der Phase vier, der Phase der Hilfsbedürftigkeit, sind Sie kaum noch von Bedeutung. Denn der Austausch ist dürftig, der Aufwand oft groß und die Freude klein.

Als mein Onkel und ich noch wandern waren, lachten wir viel. Wir sprachen über das Wien in der Zeit vor dem Zweiten Weltkrieg, in dem er ein junger, jüdischer Bursch gewesen war, ähnlich wie es Yael Ronen (* 1976) in dem Stück „Hakoah Wien" (2012) zeigt, über die Wandervogelbewegung, die meinen Onkel in die Natur gebracht hatte, über das strenge, orthodox-jüdische Elternhaus, die Begeisterung für den Zionismus, die ihn lange vor der Okkupation Österreichs nach Israel geführt hatte, und vieles mehr. Dabei wanderten wir im Wienerwald, er furzte laut und freudig, begründete das damit, dass man das immer schon im Wald tun durfte, und überlegten sogar, nach Jahren wieder eine Milch zu trinken. Wir hatten es einfach nett. Als ich ihn dann im Altersheim besuchte, war es nie nett. Damals im Wald, da war es nett. Da wechselten sich Geschichten aus dem Vorkriegswien mit Vogelgezwitscher ab, und so kam es, dass er erzählte, wie der Rebbe seiner Kindheit den Sabbat vorbereitete: Er sperrte sich in der Kammer, in der sich die handgeschriebene Thora befand, ein und die Gemeindemitglieder warteten, bis der Rebbe, der sich schon für den Sabbat gereinigt und umgezogen hatte, mit dem Nachmittagsgebet fertig war. Vorher durften sie den Sabbat nicht beginnen lassen. Das Kind, das dann mein Onkel wurde, wurde von seinem Großvater zur verschlossenen Türe geführt und Opa sagte: „Hörst du die Engeln singen?", weil der alte Rabbiner eine schwache, helle Stimme hatte, mit der er das Achzehnergebet[32] und die darin enthaltenen Fürbitten sprach, das letzte Mal, bevor der Friede und die Ruhe des Sabbat nur mehr wenige Bitten an den Allerhöchsten zulassen[33]. So hörten wir die Vögel des Waldes, die meinen Onkel an die helle Stimme des alten Rabbiners gemahnten, und wurden traurig über die Ermordung meiner Urgroßeltern, des Onkels

---

[32] Das Gebet, das das Zentrum jeder Gebetsstunde in der synagogalen Gemeinschaft darstellt. Den Namen hat es von der Anzahl der Fürbitten, die in ihm enthalten sind.

[33] Am Sabbat enthält das Gebet nur wenige Fürbitten, vielleicht auch, weil Gott an diesem Tag ebenso ruht wie sein Volk.

Großeltern in Theresienstadt und froh, dass wir beide nun im Wienerwald waren.

Wenn wir das Bisherige resümieren, so kann man sagen:

1. Die Betreuung der Alten ist geprägt von der Ambivalenz zwischen
   Aggression und Schuldgefühlen.
2. Das Pflichtgefühl führt die Kinder und Kindeskinder ans Krankenbett.
3. Vieles wird, solange noch Zeit ist, nicht gemacht – bis es dann zu spät
   ist.
4. Die Liebe zueinander ist es, die in den Zeiten der Pflegebedürftigkeit die Hauptrolle spielen sollte. Sie kann sich erst zeigen, wenn die
   Ambivalenz besiegt ist, kommt also nicht sehr häufig hervor.

WAS HEISST ES SICH ZU KÜMMERN?

Jeden Tag und jede Stunde denke ich an ihn. Jetzt, wo meine Mutter tot ist, hat ein anderer ihren Platz eingenommen. Er ist sterbenskrank. Also müsste man sich nicht mehr kümmern. Seine Familie, ja, eventuell seine Freunde. Aber sicher nicht ich. Ich bin doch nur der Freund seines Sohnes. Der selbst kaum einen Zugang zu Krankheit und Sterben hat. So wie schon sein Vater, der jetzt krank ist. Aber dann kümmere ich mich doch. Man hat ihn falsch eingeschätzt. Man wusste nicht, dass er noch nicht bereit zum Sterben war. Man wusste nicht, dass er sich schon vor Jahren umbringen wollte und sich dann doch für das Leben entschied. Man kannte ihn nicht. Man war zu scheu oder man war zu ängstlich oder man war einfach ein normaler Arzt. Man konnte die entscheidende Frage nicht stellen: „Willst du noch leben oder willst du sterben?" und dann die entsprechenden Konsequenzen ziehen. Entweder operieren oder Opium. Man entschied sich für ein Dazwischen.

In der Tat entscheiden sich Ärzte und Ärztinnen gern für ein Dazwischen: Man macht etwas, aber nicht alles. Man will helfen, aber nicht schaden.[34] Schaden würde man, indem man den Patienten durch die Behandlung mehr belastet, als es die Krankheit selbst tun würde. Also überlegt man: Alter, Schwere der Erkrankung, mögliche Behandlung und die Reaktion der Angehörigen. Dann wird unter Umständen noch berücksichtigt, ob es ein Kassenpatient ist. Wenn diese „Rechnung" gemacht ist, wird die Therapie vorgeschrieben. Allerdings: Der Kranke wird selten gefragt. Dabei wäre es ein Leichtes. Man müsste nur wissen wollen, was er oder sie will. In Zeiten, in denen „Pflegeverfügungen" eine Einladung zum Selbstmord[35] sind, in Zeiten, in denen niemand

---

34 „Primum nil nocere", zunächst einmal nicht schaden, ist ein Grundsatz der Medizin.

35 Das ist schwer zu verstehen und leicht erklärt: Die Patientenverfügung bestimmt, nach dem Gespräch mit einem Arzt und einem Anwalt, dass der Betreffende keine Hilfe in einer aussichtslosen Situation haben will. Da er noch nie in einer solchen war, kann er es nicht einschätzen. Überdies: Wer bestimmt, was aussichtslos ist? Denn das Leben ist immer aussichtslos. Daher meinen Kritiker, dass es eine zeitgeistige Strömung ist, auf ärztliche Hilfe im Grenzfall zu verzichten, und so eine Form des Selbstmords im Sinne der Nichtbehandlung darstellt. An sich ist das Gesetz dazu da, um Menschen die Möglichkeit zu geben, einen Zustand wie etwa das Locked-in-Syndrom oder ein Dahinsiechen wie beim apallischen Syndrom nicht bis zum bitteren Ende erleben zu müssen.

schwach sein will und schon gar nicht pflegebedürftig – in solchen Zeiten ist der Mut zur Schwäche, zum auffälligen Sterben verloren gegangen. Rainer Maria Rilke (1875 – 1926) beschreibt in den „Aufzeichnungen des Malte Laurids Brigge" (1910) den Tod seines Großvaters. Was für ein Sterben. Tagelanges Brüllen, das weit hörbar war. Wie ein Stier im Schlachthof – so beschreibt der Dichter diesen Tod. Man kann ihn fast sehen, hören, riechen. Schon im Fin de Siècle des vorigen Jahrhunderts sah Rilke diesen Tod als ausgestorben an. Man starb schon damals im Krankenhaus einen kollektiven Tod, einen einsamen und industriellen. Daran hat sich bis heute, mehr als hundert Jahre später, nichts geändert, im Gegenteil. Fast niemand stirbt mehr seinen eigenen Tod, fast alle sterben den vorgeschriebenen. Da hilft es wenig, dass es immer mehr Menschen gibt, die einen assistierten Suizid wollen und zum Beispiel in die Schweiz fahren, um sich töten zu lassen. Es wird aber mehr darüber geredet, als dass er in Anspruch genommen wird. Insgesamt wählen nur etwa fünf- bis sechshundert Menschen pro Jahr diesen Weg. Der Tod ist auch in der Schweiz und im assistierten Selbstmord industriell und die Mitbestimmung gering.

Soll der Arzt den Patienten fragen, ob er eine solche Entscheidung in Erwägung ziehe? Soll er fragen: „Wollen Sie sterben?" oder „Wie wollen Sie sterben?" Das wäre dann eine wunderbare Entscheidungshilfe. Aber solche Fragen werden meist nicht gestellt. In dem Film „Die Invasion der Barbaren"[36] sehen wir, wie sich alte Freunde und ehemalige Politiker treffen, die in der Studentenbewegung eine gewisse Rolle gespielt haben. Sie alle waren fortschrittlich, haben das demokratische Regime bekämpft und die freie Liebe gelebt. Nun ist einer von ihnen sterbenskrank. Sein Sohn ist überzeugter Kapitalist, ein Umstand, der zu vielen Auseinandersetzungen zwischen Vater und Sohn geführt hat. Die Tochter eines anderen ist drogensüchtig. Die vom Sohn eingeflogenen alten Freunde und Freundinnen des Vaters sind hilflos. Der Sterbende verfolgt wach und aufmerksam die Niederlage der Medizin, die auch seine eigene ist. Der Sohn organisiert alles: Eine aufgelassene

---

[36] Unter der Regie von Denys Arcand, Kanada, 2003. Im Jahr 2004 erhielt er den Oscar in der Kategorie Bester fremdsprachiger Film.

Spitalsabteilung wird zur Krankenstation für seinen Vater. Dort wird auch eine kleine Küche eingerichtet, in der italienisches Essen zubereitet wird. Das Geld des Sohnes ermöglicht die teuersten Untersuchungen. Die Drogenkranke besorgt am Schwarzmarkt Heroin, das sie dem Kranken spritzt. Zum Schluss verabreicht sie ihm in dem Ferienhaus am See, wo er so gern war, wo er seine Liebschaften mit Studentinnen hatte und seine Freunde bekochte und bewirtete, eine letzte, tödliche Dosis. Wie schön, wie romantisch – und wie unrealistisch. Wer hat so einen Sohn, so eine Tochter, wem begegnet ein Kommissar, der den Drogenkauf deckt, wer kann sich seinen Tod am See aussuchen? Studenten werden vom Sohn bezahlt, damit sie dem Vater sagen, dass er ihnen als Universitätslehrer fehlt, einfach, weil er das gern hört, bis er lächelnd die Lüge aufdeckt.

Komisch, dass der Sohn trotzdem zwischen Schuldgefühlen und Aggression hin und her schwankt. Er macht alles für seinen Vater: Sogar eine als Krankenschwester verkleidete Prostituierte wird engagiert. All das kann aber nicht darüber hinwegtäuschen, dass der Sohn viel versäumt hat. Es gab Jahre, da konnte er die Ablehnung seines Lebens als Investmentbanker aus der linkssozialistischen Sicht des Vaters nicht ertragen. Jahre, da ihn die Trennung der Eltern davon abgehalten hat, sich dem Vater zu nähern. Auch der Vater hat vieles versäumt. Weder wurde er eine Leuchte der Wissenschaft, noch hat er sich um seine Familie gekümmert. Gut essen, trinken und Frauen – das hat sein Leben ausgemacht. Nun begegnen sich die beiden. Die alten Aggressionen sind noch da, die Vorwürfe und der große Abstand. Der Sohn telefoniert ständig, wickelt am Handy Geschäfte ab. Der Vater versucht die Fassade des Lebensklugen aufrechtzuerhalten.

Eigentlich haben beide Schuldgefühle, jeder dem anderen gegenüber. Anfangs haben sie auch Aggressionen, der Sohn, weil er sich plötzlich um den Vater kümmern muss, der ihn abgelehnt hat; der Vater, weil er angesichts des überfüllten Krankenzimmers und der Behandlung auf Krankenschein zugeben muss, dass die Segnungen des Kapitals ihm das Sterben erleichtern könnten. Erfreulich, dass sie diese Widersprüche überwinden können. Der Sohn lernt in den Freunden des Vaters gescheiterte Menschen kennen, die sich einmal viel vorgenommen hatten. Es sind die Tanten und Onkel seiner Kindheit, die einmal geglaubt haben, die Welt verbessern zu können und darüber ihre Karriere vergaßen. Der Vater lernt in seinem Sohn die Freuden des Erfolgs kennen und sieht, dass der Sohn durch den Kontakt mit Geld nicht hart und unnahbar geworden ist, wie er immer befürchtet hat.

Aggressionen ergeben sich auch aus dem Umstand, dass der Sohn in Gegenwart seines schwerkranken Vaters seinen Geschäften nur schwer nachgehen kann und Spott ertragen muss, wenn er ständig sein Handy in der Hand hat, um etwa Platzierungen an der Börse zu tätigen. Aggressionen, wenn er sehen muss, wie viele Freunde sein Vater hat und er keine; Freunde, an deren Erinnerungen an die Revolution und den freien Sex er keinen Anteil hat, so dass er sich ausgeschlossen fühlt, die aber, lebensuntüchtig, wie sie sind, alle Last des Kümmerns auf seine Schultern laden. Aggressionen auf den Vater und den Krebs, weil der Sohn sich schwach und hilflos fühlt gegenüber der Majestät Krankheit. Weil all sein Geld und die Art, wie er sich die Welt dienstbar zu machen versucht, keinen Einfluss auf die Dauer des väterlichen Lebens haben. Aggressionen, wenn der Vater einfach nicht mehr will – keine Untersuchungen und keine Behandlungen mehr, und auch das Essen aus dem besten Restaurant ihm keine Freude mehr macht. Ein klassischer Fall von versäumten Gelegenheiten. Wie unverständlich ist mir, wenn Kinder ihre Eltern erst entdecken, wenn die schon fast verglimmt sind. Wie komisch, dass man die Mutter oder den Vater erst besucht, wenn sie schon fast nicht mehr da sind, Zeit erst dann miteinander verbringt, wenn man nicht mehr miteinander reisen, nicht mehr miteinander in den Wald gehen, ja fast überhaupt nichts mehr miteinander machen kann, einfach deshalb, weil der Vater oder die Mutter zu schwach dafür ist, sich nicht mehr für die Welt interessiert oder der Blick schon „hinüber"gerichtet ist. Fast nichts kann da mehr nachgeholt werden, alles ist schon vergangen, die Gespräche, die man hätte führen wollen, sie finden nicht mehr statt. Denn der alte Mensch ist nicht mehr interessiert. Will nicht mehr an der Steuerung des Lebens des noch jungen Menschen teilnehmen. Die Anwesenheit des Kindes, das so lange nicht da war, ist auch irgendwie beunruhigend. Sie zeigt dem Kranken, dass das Kind an dessen Abtreten denkt. Irgendwie hat der Alte das Gefühl, das Kind begrabe einen schon. Und so gut man auch weiß, dass es nun einmal so ist, so hart und unangenehm ist es. Dass man sich freut, dass das Kind zu Besuch kommt, kann dann oft nicht so erlebt werden, wie sich das Kind das wünscht. Vor allem, wenn vorher viele Verletzungen geschahen, noch schlimmer, wenn der Alte den Verdacht hat, das Kind besuche ihn vor allem wegen der Erbschaft. Da kommt dann Zorn hoch, manchmal Hass und die ersehnte Versöhnung bleibt aus.

Eine Szene mag das illustrieren:

Am letzten Chanukka (jüdisches Lichterfest), das meine Mama mit uns feierte, trug ich den schwarzen Anzug, den ich für ihr Begräbnis schon gekauft hatte. Es war furchtbar. Meine Mutter wusste genau, wozu ich den Anzug gekauft hatte, und sie hasste es. Sie saß in einem Lehnstuhl, umgeben von ihren Kindern und Kindeskindern, und sah mich an, in ihrem Blick die Frage, warum ich das tat. Ich wusste es nicht. Wollte ich jetzt auch noch, ihr Begräbnis voraussehend, vorwegnehmend, ihre Anerkennung für das neue, schöne Gewand? Wollte ich ihr zeigen, dass ich mir den teuersten Anzug gekauft hatte, ihr zu Ehren? Sie hasste diese Art von Show, dieses Protzen und sie hasste Begräbnisse, Friedhöfe, einfach das Sterben, das sie wie Elias Canetti[37] als Frechheit empfand. Nie verstand sie, warum ich mich so viel und gern mit Sterben und Tod beschäftigte. Nie verstand sie, wie ich Menschen direkt und ohne Umschweife sagen konnte, wenn sie mich fragten und wenn es zutraf, dass ihre Erkrankung schwer, ja sogar todbringend sei. Sie vermied das gütig. Sicher, sie sah aus wie alle, die sterbenskrank sind. Und sie hatte mir mitgeteilt, dass sie zum Sterben entschlossen sei und dass es ihr nicht leichtfiele. Aber wozu ihr das so zeigen? Die Tatsache, dass es niemandem erspart bleibt, dass alle sterben müssen, war ihr so klar wie allen Menschen. Aber sie wollte nicht den Schleier des Verdrängens lüften, auf die Annehmlichkeiten des Vergessens verzichten. Meine fast zärtliche Beziehung gegenüber dem Tod, meine fast dauernde Beschäftigung mit ihm blieb ihr unerklärlich. Die Geschmacklosigkeit, an ihrem letzten Familienfest als mein

---

37 Elias Canetti (1905 – 1994), österreichischer Schriftsteller, Nobelpreis 1981, soll gesagt haben: „Der Tod ist eine Frechheit. Dass sogar ein Nobelpreisträger sterben muss, noch mehr."

Geschenk an mich den schwarzen Anzug für ihr Begräbnis, den ich dann auch wirklich trug, anzuziehen, muss sie geschmerzt haben. So brutal kann man sein. So, als ob ich es nicht hätte erwarten können, bis sie unter der Erde liegt, als ob man zornig wäre, dass sie so lange zum Sterben brauchte (worauf sie mehr zornig war als ich und ich nur ihren Zorn auf das Leben teilte, das ihr anhaftete). Doch dann wollte sie wieder nicht sterben und kein Krankenhaus und keine Medizin. Jeden Tag ein Hin und Her, nachvollziehbar und quälend. Alles, was ich tat, war falsch. Half ich beim Sterben, war ich ein Mörder. Half ich beim Leben, war ich ein Quäler. Ich konnte es ebenso wenig richtig machen wie sie. So gerne hätte sie sich still und bescheiden aus dem Leben geschlichen, aber es haftete an ihr und ihre Wünsche und Begierden waren stark. „Mir ginge es doch gut, wenn das blöde Herz nicht wäre!", sagte sie einmal. Doch dann: „Ich will keine Behandlung mehr!" Was also?! Jetzt bin ich auch schon so. Graham Green (1904 – 1991) hat in seinem Buch „Der stille Amerikaner" (1955) nicht nur ein Porträt Vietnams am Ende des französischen Kolonialismus gezeichnet, sondern auch den Konflikt des zynischen Journalisten zwischen abgeklärter Todessehnsucht und kreatürlichem Lebenswillen wunderbar dargestellt. In einer Szene, wo er in einem Ausguck beschossen wird und stürzt, wird er von seinem Rivalen um die Gunst seiner vietnamesischen Geliebten gerettet. Um zu leben und nicht allein zu sein, lässt er jedoch seinen Retter später von der französischen, antikommunistischen Polizei ermorden, obwohl er glaubte, dass das junge Leben seines Lebensretters wertvoller wäre. Lieber behält er seine Geliebte, als dass er sie seinem Konkurrenten überlässt. Dafür ist er bereit zum Verräter und indirekt zum Mörder an seinem Lebensretter zu werden. So widersprüchlich ist der Mensch.

So, als wollte man den Alten etwas zeigen, wenn man sie begleitete, als wollte man sie irgendwie belehren, ihnen sagen, dass sie jetzt gehen müssen und den auch nicht mehr ganz Jungen Platz machen sollen. Heute, wo die Menschen immer älter werden, bleiben ihre Kinder nicht mehr als junge Menschen zurück. Es wird ihnen nicht Staat, Haus und Hof zu einer Zeit übergeben, wo sie sich eine Existenz aufbauen. Vielmehr begleiten die Eltern ihre Kinder bei der Schaffung von deren

Lebensgrundlagen, lernen Kindeskinder und deren Kinder kennen und genießen ihre Stellung in der Familie. Wenn sie dann an der Spitze der Alterspyramide ankommen, sind ihre Kinder oft auch schon alt und fürchten bereits um ihr eigenes Leben.

Diese Veränderungen haben dem Generationenkonflikt eine neue Ausprägung gegeben. Haben in der griechischen Mythologie Kinder ihre Eltern getötet, um die Macht zu übernehmen, und Eltern ihre Kinder ermordet, um zu verhindern, dass sie selbst ermordet werden – so ist der Generationenkonflikt heute ein ganz anderer. Die geachteten Eltern begleiten ihre Kinder bis zu deren Senium und erleben Jugendliebe, Elternschaft, Existenzgründung – bisweilen sogar mehrmals – mit, kommentieren diese und beeinflussen sie. Wenn sie abtreten, sind die „Kinder" bereits alt und sozial schwach geworden. Das gilt es nicht zu beklagen. Es ist ein Segen der Medizin und der Umweltbeherrschung, dass so viele Menschen in den Industrienationen älter als vor hundert Jahren werden. Jedoch verändert es die Beziehung zwischen Eltern und Kindern. War es früher so, dass Kinder Armut erleben mussten, weil die Eltern starben, ehe sie selbsterhaltungsfähig waren, so sind Kinder heute bisweilen schon zu Lebzeiten ihrer Eltern im Ruhestand. Diese Eltern sind dann nicht selten im vierten Lebensabschnitt und bedürfen der Hilfe und Fürsorge, die ebenso gern gegeben wie empfangen wird. Diese Fürsorge ist eine Art Dank für die Hingabe, Aufopferung und Investition, die Eltern ihren Kindern haben angedeihen lassen. Der Zeitraum, der zwischen der „Einnahme" und der „Ausgabe" verstrichen ist, ist allerdings sehr viel größer geworden. Man erinnert sich kaum noch. Überdies hatte man Zeit, seine Beziehung zu den Eltern auszuleben, da man nicht mehr so jung, nicht mehr durch Familie und Beruf so eingespannt war. Man konnte viele Geburtstage feiern, sogar viele runde, sowie unzählige Mutter- und Vatertage.

Als die Tuberkulose noch die Wiener Krankheit[38] war und Millionen Menschen einen frühen Tod bescherte, war alles klar: Die Erstinfektion erfolgte mit Eintritt in die öffentliche Schule. Bei Resistenzschwankungen, also meist in der Pubertät, kam es zu einem ersten Ausbruch der

Erkrankung, die je nach finanziellen Mitteln behandelt wurde. War man ein hamburgischer Kaufmannssohn, so ging's nach Davos, wie in Thomas Manns (1875 – 1955) „Zauberberg" (1924). War man arm, gab es ein Glas Milch auf Kosten der Stadt Wien nach der Reform des sozialistischen Stadtrats Hugo Breitner (1873 – 1946). Jedenfalls verlief die Erkrankung von beiden Maßnahmen unbeeinflusst. Der junge Mensch konnte noch heiraten, Kinder zeugen und sich eine Wohnung schaffen. Dann ging's schon dem Ende zu. Mit fünfundzwanzig bis fünfunddreißig Jahren wurde gestorben. Arthur Schnitzler (1862 – 1931) setzte mit seiner Novelle „Sterben" (1892) einem reichen jungen Mann, der weiß, dass er nur mehr ein Jahr zu leben hat, ein Denkmal. Das nur noch kurze Leben wird zu leben versucht. Doch der unausweichlich nahende Tod verhindert Liebe und die Freude an der Reise, und so kann der letzte Abschnitt nicht wirklich gelebt werden.

Im Wien der Jahrhundertwende unterschied sich das Schicksal der jungen Generation von dem der Eltern nicht sehr. Nur wenn eiserne Disziplin, gute Gene, eine Portion Glück und regelmäßiges Essen vorhanden waren, man also lebte und leben konnte wie der Kaiser, konnte man alt werden. Aber an sich starb man frühzeitig und überließ der nächsten Generation die Welt. Durch die Bindung an eine tröstende Religion war das Sterben vielleicht nicht so schwer wie heute. Das aber kann man nur erahnen. Wurde man alt, so kam es oft zu Zerwürfnissen, die etwa im Falle Kaiser Franz Josephs I. (1830 – 1916) und seines Sohnes Rudolf (1858 – 1889) mit dem Selbstmord des Kronprinzen endeten. Die späteren Stilisierungen Rudolfs sind unangebracht. Wenn er auch ein Anhänger Frankreichs war und den deutschen Wilhelm nicht leiden konnte, so war er seinem Vater doch sehr ähnlich. Wie

---

38 Die Tuberkulose wurde im 19. Jahrhundert auch als „Wiener Krankheit" bezeichnet, da die Seuche im europäischen Vergleich hierzulande Spitzenwerte erreichte. Die Tuberkulose galt als typische „Proletarierkrankheit" – und tatsächlich war sie die Volksseuche der Arbeiterschaft. Von 1900 bis 1909 kamen im ersten Bezirk, wo das Durchschnittseinkommen viertausend Kronen betrug, auf tausend Lebende 11,4 Todesfälle durch TBC. In Favoriten hingegen, einem reinen Arbeiterbezirk mit katastrophalen Wohnverhältnissen und einem Durchschnittseinkommen von nur zweihundertvierundsechzig Kronen, entfielen auf tausend Lebende 63,3 Todesfälle durch TBC.
www.dasrotewien.at/tuberkulose-tbc.html (abgefragt am 11.04.16, 8:39).

dieser schoss er bei der Jagd auf alles, was ihm vor die Flinte kam[39]; wie dieser empfand er sich als von Gott zur Macht ausersehen; wie dieser fühlte er sich allen anderen Menschen überlegen. Sogar seine Ehe war eines Habsburgers würdig. Er hasste seine Frau und hatte ununterbrochen Geliebte. Er war eben Kronprinz, für die absolutistische Herrschaft ausersehen. Sein Selbstmord verlieh ihm in den Augen mancher Nachkommen einen mythischen Touch. Bedeutsam für unsere Frage ist, dass es damals noch viel weniger Strategien gab, mit dem Altwerden der Alten umzugehen. Kaiser Franz Joseph I. muss die Ablehnung, den Hass seines Sohns gespürt haben. Sie waren in fast allen politischen Fragen uneins. Vor allem aber in der Frage, wer recht hat. Mit dem Recht der Jugend sah sich Rudolf in der Position, seinem Vater Ratschläge zu geben, ja sogar die Politik seines Vaters öffentlich zu kritisieren. Dieses Verhalten kann phylogenetisch erklärt werden.

Um das Wolfsrudel stark zu halten, um zu verhindern, dass das Rudel einen schwachen Leitwolf hat, der es nicht mehr führen kann, müssen die jungen Wölfe immer wieder gegen ihn antreten. Der Leitwolf seinerseits kann diesem Kampf nicht ausweichen. Er kann keine Güte zeigen, selbst und gerade dann, wenn es sein Sohn ist, der ihn angreift. Er muss sich dem Kampf stellen, den Angreifer töten oder zumindest aus dem Rudel verstoßen, sonst ist er selbst des Todes. Der Überlebenstrieb des Leitwolfs erlaubt ihm kein Ausweichen, so wie es auch für das Rudel schlecht wäre, von einem zahnlosen Alten geführt zu werden. Da der Leitwolf den Zugang zu den läufigen Wölfinnen hat, also die besten Chancen, sein Genom weiterzugeben, muss es der Beste sein, der durch Kampf ausgewählt wird. Alles andere würde die Art schwächen. Es ist die Physiologie des Überlebens, die diese Zwänge mit sich bringt. Wer dann den Rehbock oder den Hirsch als Gegenbeispiel anführen will, der hat noch nie die Kämpfe der Brunft gesehen, noch nie die Geweihe im Gras der Almen gefunden, die von den Alten verloren wurden und der „Lohn" für die Jungen sind. Allerdings ist es

---

39 Siehe dazu: Kronprinz Rudolf von Österreich: Eine Orientreise vom Jahre 1881. Residenz Verlag, Salzburg 1998. Hier beschreibt er, wie er in Luxor sogar den gezähmten Geier eines Adeligen, von dem er zum Abendessen eingeladen worden ist, erschießt.

so, dass die meisten Stangen einfach abgeworfen und nicht im Kampf verschlissen werden.

So einfach könnte man es sich machen. Die Alten sollen früher sterben, dann machen sie Platz für die Jungen und gleichzeitig ist auch das Pensionsproblem gelöst. So einfach ist es aber nicht. Medizin, Hygiene und Ernährung haben zu einem immer längeren Leben geführt, das sogenannte vierte Alter wird oft erreicht und die Anzahl der über Hundertjährigen wird stolz vom jeweiligen Land erwähnt.

Übersehen wurde in der Literatur bisher, was das mit den vergleichsweise Jungen macht. Sie sind hin und her gerissen. Aus alten Zeiten haben ethische Prinzipien überdauert. Damals hieß es zu Recht, dass es die Pflicht der Jungen ist, sich um die Alten zu kümmern. Zu Recht waren die Kinder die Altersversicherung und gaben den Alten das Gnadenbrot. Das stimmte bisweilen für die Zugtiere, die Esel, die einem ans Herz gewachsen waren, und die Ochsen. Es stimmte für die Alten, die ins Ausgedinge oder ins Kellerstöckerl ausquartiert wurden, wenn der junge Bauer den Hof übernahm. Ohne Unterlass gab es Witze, die die Ermordung der Alten zum Thema hatten, wenn diese aus Starrsinn oder Todesangst nicht übergeben wollten. Helmut Qualtinger (1928 – 1986), der berühmte österreichische Kabarettist („Der Herr Karl", 1961 zusammen mit Carl Merz), machte die unterschiedlichen Tötungsarten, die alle zum Ziel hatten, den Mörder unerkannt bleiben zu lassen, zum Thema eines Songs. Da wurde Arsen aus dem steirischen Erzberg, genannt Hüttrach, ebenso erwähnt wie der Zusatz von Methylalkohol zum Hausschnaps, die alle die gleiche Wirkung, nämlich eine Lebensverkürzung, haben sollten. Denn der „Altbauer" stand im Weg. Einerseits half er noch, wo er konnte, andererseits mischte er sich aber immer drein und verhinderte so, dass der neue Bauer den Hof nach seinen Regeln und Ansichten führte. Die Schuldgefühle, die der Junge haben musste, zwangen ihn zu Respekt und Achtung vor dem Alter. Die Aggression, sich nicht frei entfalten zu können, führte zu den Tötungswünschen. Oft nahmen an diesem Spiel auch die Hinzugezogenen teil. Die Auseinandersetzungen zwischen der Schwiegertochter und der Bäuerin sind ein Gemeinplatz, von dem heute noch viele Menschen, die sich an eine Tischecke setzen, sprechen. Einfach deshalb, weil in Österreich der Aberglaube herrscht, dass man eine böse Schwiegermutter bekommt, wenn man an der Tischecke sitzt. Dieser Aberglaube geht darauf zurück, dass die neue Tochter am Tisch einen schlechten Platz bekam. Der Bauer saß an der Stelle, wo man die Lade bedienen konnte, in der das Besteck aufgehoben wurde, die Bäuerin neben ihm, der Kronprinz gegenüber. Dazwischen eben die neue Frau, die keinen Platz finden sollte. Schon dadurch machte man sie sich zur Feindin. Diese Feindschaft äußerte sich natürlich dann, wenn die Alten pflegebedürftig geworden waren. Da gab es dann Missachtung, Schläge und im schlimmsten Fall Mord.

Nichts hat sich an diesen Umständen geändert. Prinz Charles (* 1948) wartet quasi schon sein ganzes Leben auf die Thronfolge in England. Robert Mugabe (1924 – 2019), wurde fünfundneunzig, er regierte Simbabwe dreißig Jahre lang. Andererseits hat sich Papst Benedikt XVI. (* 1927) ins Altenteil zurückgezogen, etwas, das neu in der Kirchengeschichte ist. Es ist fast so, wie es immer war. Manche Alten verstehen, dass sie den Jungen Platz machen müssen. Was sich geändert hat, ist, dass immer mehr Menschen älter werden und dass die alten Menschen Geld und Angst haben. Geld, weil sie es sich erspart haben. Angst, weil sie fürchten, dass die Jungen es ihnen wegnehmen wollen. Selbst wenn man die politische Diskussion über Einlagensicherung, Besteuerung von Vermögen, Geldtransfersteuer und Besteuerung von Aktiengewinnen verfolgt, kann man erkennen, dass es um das Geld der Alten geht. Dieses Geld fehlt dem Wirtschaftskreislauf. Verständlicherweise. Die Alten haben nämlich nicht nur Angst, dass ihnen das Geld weggenommen wird, sondern mit Recht auch Angst davor, dass sie bei zunehmender Hilfsbedürftigkeit kein Geld mehr haben werden, um den Doktor gnädig zu stimmen, Angst, nicht auf ein besseres Spitalsbett aufzahlen zu können, Angst, in ein schlechtes Altersheim gehen zu müssen, weil sie sich Hilfe für zu Hause nicht mehr leisten können. Man weiß, dass man nicht mehr mit Charme und guter Laune die Menschen dazu bringen kann, einem zu helfen. Man misstraut seinen Kindern, glaubt nicht, dass sie einen finanziell unterstützen werden, wenn es notwendig wird. Man will einen Notgroschen haben, der einen beruhigt. Die USA und Europa haben unter der Führung der Weltbank das Problem erkannt und für sich gelöst. Sie haben die Zinsen auf Spareinlagen praktisch gestrichen. Da die Inflation hurtig weitergeht, verlieren die Sparer genau diesen Prozentsatz pro Jahr. Dadurch wird ihre Spareinlage stetig kleiner. Der Staat, der viele Schulden machte, unter anderem, um die Altenversorgung zu gewährleisten, indem er Heime, Pflegegeld und -versicherung, Krankenhäuser und Hilfen bereitstellte, holt sich das Geld auf „kaltem" Weg zurück. Da das nicht ausreicht, werden in Krisenstaaten diese Maßnahmen ausgeweitet: In Zypern wurden Sparguthaben von über 20.000 Euro mit einer Abgabe belastet. Als Begründung wurde angegeben, dass sich die Zyprioten, vor allem aber ihre Banken, dadurch bereichert hätten, dass sie eine generelle Steuer von zehn Prozent einhoben und so de facto zur Geldwäscheagentur Europas wurden. Dass viele ältere Menschen, die für ihr Geld hart gearbeitet und immer ihre Steuern gezahlt hatten, nun staatlicher Beraubung ausgesetzt waren, wurde vorsichtshalber nicht erwähnt. Einen ähnlichen Weg ging Spanien; dort kürzte man den Beamten und Bediensteten öffentlicher Einrichtungen die bestehenden Pensionen. Wie man inzwischen weiß, kann man verschiedene Wege beschreiten: Reduktion der Zulagen, Verringerung von vierzehn auf zwölf Auszahlungen pro Jahr, Beendigung der Anpassung an den Inflationsindex und somit reale Reduktion der Kaufkraft oder, besonders fies, die Einhebung eines Solidarbeitrags, wobei nicht klar ist, an wen die Spende geht und ob der Spendende überhaupt spenden wollte. All das wird in Europa gemacht. In den USA, die in solchen Zusammenhängen eher dazu neigt, brutal zu sein und ihre Vormachtstellung in der Welt zu behaupten, konnte der Staat 2014 plötzlich keine Leistungen mehr erbringen. Zoos wurden ebenso gesperrt wie Bibliotheken, die Polizei konnte oft nur mehr Notdienste aufrechterhalten oder die Beamten machten Dienst, ohne dafür extra etwas bezahlt zu bekommen, und anderes mehr. Klar, dass die Straßen nicht mehr instand gehalten wurden und Spitäler nichtversicherten Patienten keine Leistungen mehr anbieten konnten.

Nachdem dieses „Schauspiel" einige Male gegeben wurde – natürlich mit anderen Begründungen, wie zum Beispiel der Uneinigkeit zwischen Republikanern und Demokraten und der sich daraus ergebenden

Unmöglichkeit, ein Budgetüberschreitungsgesetz zu beschließen –, ist allen klar: Der Staat ist in Not. Die Pensionen für ehemalige Militärangehörige zu reduzieren oder jedenfalls nicht an die Inflation anzupassen, die Gelddruckpresse anzuwerfen und die Inflation anzuheizen ist nur mehr der letzte Schritt. Mit einer gefügig gemachten Bevölkerung, die am Selbsverständlichsten zu zweifeln beginnt, ist das einfach zu bewerkstelligen. Ihre Enteignung ist ein Leichtes, wenn auf Nebenschauplätze wie die allgemeine Krankenversicherung ausgewichen wird. Dabei muss man sich bei aller Empörung und allem Verständnis für jene, die ihr Geld auf der Bank haben, fragen, ob es für den Staat, der so viele Aufgaben übernommen hat und weitere an sich zieht, überhaupt eine andere Möglichkeit zum Überleben gibt. Ist die Enteignung der Alten nicht das, was politisch gemacht werden muss, und zwar allein schon deshalb so still wie möglich, weil sonst die Alten, die gern zur Wahl gehen, der jeweiligen Partei, die sie enteignet, ihre Stimme entziehen.

Im Deutschland Angela Merkels gehen die Uhren anders. Zwar gibt es auch einen Solidarbeitrag und die Zinsen sind so niedrig, dass die Inflation das Geld der Sparer auffrisst, aber wirklich besteuert wird Arbeit und Lohn und schlecht geht es den Jungen, die arbeitslos sind. Hartz IV war zwar kein konservativer Einfall, sondern wurde unter einer sozialdemokratischen Regierung mit Bundeskanzler Gerhard Schröder eingeführt. Das Resultat ist, dass alleinerziehende Frauen mit kleinen Kindern an der Armutsgrenze leben. Diese Politik zwingt die Menschen in sehr schlecht bezahlte Jobs, weshalb sie so billig sind wie die Arbeitskräfte in den Schwellenländern. Die dadurch in Deutschland aufrechterhaltene Wertschöpfungskette führt dazu, dass das Land der Fleißigen die höchste Exportquote in der EU hat und fast das einzige Land ist, das sich nicht vor der Volksrepublik China fürchtet. Doch genug der Ökonomie, weder ist sie mein Spezialgebiet noch steht sie im Zentrum dieses Buches. Aber so klar es ist, dass viele Änderungen des Alters physiologisch begründbar sind, so klar ist es auch, dass die Auseinandersetzung zwischen Jung und Alt eine stark volkswirtschaftliche Komponente hat.

GESTORBEN MUSS WERDEN, SO ODER SO

Man hat einen Speisenröhrenkrebs diagnostiziert. Otto ist einundneunzig Jahre alt, frisch und im Vollbesitz seiner geistigen Kräfte. Er geht zwar schon etwas gebückt, aber das hindert ihn nicht am Autofahren, Essen, Schlafen und daran, Interesse an der Welt zu haben. Man hat „hineingeschaut" (im saloppen Ton der Mediziner steht das für eine Ösophagus-Gastro-Duodenoskopie, also eine Magenspiegelung) und einen Speiseröhrentumor entdeckt. Dann hat man mit Otto über die Behandlungsoptionen diskutiert. Man entschloss sich, den Tumor zu färben und das Gefärbte mittels Lasertherapie zu verkleinern. In gewisser Weise zu verkochen. Der Tumor wurde kleiner, aber er verschwand nicht. Leider blieben auch die Schluckbeschwerden Ottos, der die wenige Freude am Essen, die er noch hatte, nun vollständig verlor. Wahrscheinlich hat man nicht nur den Tumor verkocht, sondern leider auch die Speiseröhre an der Stelle, so dass sich eine Verengung ergab. Dann hat man Otto zur Bestrahlung überwiesen. Diese lokale Bestrahlung und die Krankheit und die damit einhergehende Reduzierung der Abwehrkräfte hat zu einer Gürtelrose im Gesicht geführt, die überaus schmerzhaft und entstellend war. Daher hat man unter dem Verdacht, dass die Bestrahlung die Immunität so weit gesenkt haben könnte, dass die Gürtelrose aufbrach, die Bestrahlung für vier Monate ausgesetzt.

Otto konnte mit zweiundneunzig Jahren immer weniger trinken und essen. In der Früh saß er bis zu fünfzehn Minuten vor seinem wässrigen Haferbrei, ehe er sich überwinden konnte, ihn zu kosten. Manchmal bekam er es bis in den Magen, manchmal erbrach er es aus der Speiseröhre, manchmal auch Stunden danach, übelriechend und eklig. Sein Sohn Dieter sagte: „Hoffentlich stirbt er, bevor ihn die Krankheit zum Krüppel macht!" So lebte man dahin.

Nach vier Monaten war an einem Montag die Reevaluation der Bestrahlung und die Neuplanung vorgesehen. Ich machte einen Hausbesuch, weil ich mit Dieter jeden Tag am Schlossberg laufe und er mich darum ersucht hatte. Die Situation erschien klar: Langsam fortschreitende Erkrankung und Begleitung zum Tode hin oder Operation, die mit einem hohen Risiko behaftet war und schon vor Monaten, gleich nach der Diagnose, erfolgen hätte sollen. Genau das fragte ich Otto: „Willst du eine Magensonde, die dir das Schlucken erspart, und dazu Opiate, die dir das Sterben erleichtern?" „Wird dann meine Demenz schlechter?", fragte Otto. „Ja, aber es wird dich nicht stören." „Weißt du, dass die Operation groß ist und deine Chancen, sie zu überleben, zirka fünfzig zu fünfzig stehen?" „Was ist die Alternative?" „Opium und Sonde – gar nicht so schlecht."

Otto entschied sich für die Operation. Diese musste im Operationssaal ausgeweitet werden. Nicht nur, dass die Speiseröhre entfernt werden musste, es musste auch noch der Magen rausgenommen werden, der Zwölffingerdarm wurde mit dem Schlund verbunden. Damit man das machen konnte, musste der Brustkorb seitlich eröffnet werden. Zudem wurden Eingriffe im Bauchraum nötig, so dass zu einem Zeitpunkt sechs Chirurgen an dem alten Mann arbeiteten. Als ich Otto am zweiten Tag nach der Operation im Spital besuchte, hatte er vierzehn Drainagen, eine davon im Brustkorb, und eine Sauerstoffbrille. „Wie geht's?", fragte ich. „Besser", war seine Antwort.

Als ich das schrieb, war es der neunte Tag nach der Operation. Otto durfte noch nichts trinken, aber er konnte schon am Gang vor seinem Zimmer sitzen und wieder Harn lassen. Nicht jeder kann so sterben, wie es seine Angehörigen ihm empfehlen. Wenn man einmal über sechzig Jahre alt geworden ist, dann stirbt man so, wie man kann. Otto brauchte noch eine Weile. Er war froh, wieder essen zu können, überstand zur Überraschung der behandelnden Ärzte alles. Man entschuldigte sich bei ihm. Hätten die sehr eingehenden Untersuchungen vorher gezeigt, dass das Bauchfell und die Leber ebenfalls vom Krebs befallen waren, hätte man die Operation abgelehnt. Ottos Humor war wunderbar: „Gut, dass sie es nicht gesehen haben!", war seine Antwort. Dann erlitt er einen Schlaganfall, wahrscheinlich im Bereich des unteren Rückenmarks. Er war nun gelähmt. Ich schämte mich, weil ich das alles als Folge der Operation, von der ich ihn nicht stark genug abgeraten hatte, sah. Otto war weiter guter Dinge. Die Traurigkeit, einen Tumor zu haben, der nicht behandelbar ist, und einfach auf den Tod zu warten, wich einer frohen Grundstimmung, alles Mögliche unternommen zu haben.

Meine Mama wollte im neunundachtzigsten Lebensjahr sterben. Ein Schlaganfall, der mit einer nur vorübergehenden Lähmung einherging, hatte sie beeinträchtigt. Ihre Bewegungen waren unsicher geworden, manches merkte sie sich nicht mehr, das Mobiltelefon war ihr unverständlich, Schreiben war problematisch und das Trinken besserte sich zwar, war aber schwierig. Vor allem war das Haus, in dem wir zusammenlebten, leer. Kinder waren keine mehr da, die Schwiegertochter in einem anderen Land, der Sohn mit der Aufrechterhaltung seines Postens und anderen Dingen befasst. Sie konnte nicht mehr überall mit mir hinfahren. Als ich nach Zell am See fuhr, um mein damals neues Buch zu präsentieren, blieb sie am Samstag zu Hause. Bis heute sehe ich die Szene vor mir, wie sie in ihrem Lehnstuhl sitzt und zu Recht fragt, ob das wirklich nötig sei, da sie so sehr darunter leide. Und so beschloss sie zu sterben. Ein zunehmendes Lungenödem bot sich an. Eines Freitagnachmittags sagte sie: „Jetzt sterbe ich!" So bestellte ich Sauerstoff, was an einem Freitagabend nicht leicht zu bewerkstelligen war (und in Österreich nur über das Rote Kreuz geht), und gab ihr eine Sauerstoffbrille. Mamas Zustand wurde stetig schlechter. Als ich schon schlafen gegangen war, es war nach 22.30 Uhr, klopfte sie an den hölzernen Teil ihres Bettes. „So kann man nicht sterben, so erstickt man", sagte sie. „Willst du ins Spital?" Die Frage war wichtig. (Sie hatte eine Patientenverfügung mit ihrem Arzt erstellt und beim Anwalt errichtet. Sie wolle nicht reanimiert und nicht operiert werden, wenn es einmal so weit sei.) „Du weißt, dass dann die Medizin über dich hereinbricht?"[40] Wir hatten das wenige Wochen zuvor gehabt. In einem israelischen Spital hatte die Mama mit liegender Infusion, eben nach dem Schlaganfall, aufs Nachhausegehen gedrängt und wir hatten sie mitgenommen. Es war zu verstehen: Die Aufnahmestation war voll,

---

[40] Ich vergleiche die Medizin mit einem Tiger, der im Schrank wartet. Wenn man ihn lockt, zum Beispiel, indem man in ein Spital oder auch nur in eine Ordination geht, wird er frei und stürzt sich auf sein Opfer. Das beginnt harmlos. Zuerst wird ein bisschen Blut abgenommen, dann eine Untersuchung gemacht, dann noch eine, die schon eingreifender ist. Dann kommen weitere Empfehlungen, Operationen, Spitalsaufenthalte, Kuren etc. Zuletzt hat man die Beschwerden vergessen, die einen zu diesem an sich harmlosen Besuch gedrängt haben. Anzumerken ist noch, dass praktisch jeder Arzt, den man aufsucht, ein bis zwei neue Medikamente verschreibt, bisweilen sogar ohne sich über die Interaktion mit anderen, bereits eingenommenen Medikamenten Gedanken zu machen.

eine Schwester putzte die Glasscherben eines Nachbarn meiner Mama mit einem Stück Küchenrolle aus seinen Gesichtswunden; nebenan lag ein Diabetiker, dem der Fuß abfaulte, und so weiter. Da man sie infundiert hatte, musste Mama auf die Toilette, konnte aber die Liege mit den hochgestellten Seitenteilen nicht verlassen. Da half ihr Marguerite aufs Klo und schob sie kurzerhand mit der Liege aus der Aufnahmestation raus. Ich hatte ein Taxi bestellt, wir warfen die Infusion in den Mistkübel vor dem Tor des Spitals und waren schon unterwegs. Mit dem Ergebnis, dass sie, zu Hause angekommen, plötzlich die rechte Seite nicht mehr bewegen konnte und wir sie mithilfe von vier Jugendlichen, die zufällig vorbeikamen und schon ziemlich betrunken waren, den einen Stock hinauftragen mussten. Sie atmete dann so schwer, dass ich mir sicher war, dass sie diese Nacht sterben würde. Aber dem war nicht so. Sie atmete, in meinem Schoß liegend, auf Kußmaul'sche Art (tiefe, periodische Atemzüge) und erholte sich so gut, dass wir zwei Tag später mit einem normalen Flugzeug nach Hause fliegen konnten. Man stirbt nicht, wenn es den Angehörigen in den Kram passt, und auch nicht so, wie es die anderen wollen. Denn ich hatte ihr buchstäblich in dieser Nacht den Tod gewünscht. Sie hatte so ein gutes Leben, ich war wach, vorhanden, fühlte mich ihr so verbunden, wie wir es immer waren. Marguerite saß mit uns am Sofa der gemieteten Wohnung, wir hörten das Meer rauschen, es war warm und dunkel – Herz, was willst du mehr! Wenn schon gestorben werden muss, warum dann nicht so? Aber es sollte nicht sein.

Dass der Tiger aus dem Schrank kam, sah man schon, nachdem ich die Rettung gerufen hatte: Zuerst die Rettung: drei Personen. Dann der Notarzt mit Sanitäter: zwei Personen. Dann der herbeigerufene zweite Notarzt: zwei Personen. Im Zimmer standen jedenfalls sieben Helfer, drei Angehörige und die kleine, schwer atmende Kranke. So fuhren wir wieder einmal in eine Aufnahmestation. Dort angekommen, sah man sofort, dass sie kaum Luft bekam. Also Sauerstoff. Ich berichtete von der Patientenverfügung. Nun wurde von dem diensthabenden Oberarzt mit dem schönen Namen Dr. Meister jeder Schritt mit meiner Mama besprochen. Ob sie Atemhilfe wolle, eine Entwässerung, ein Medikament zur Herzstärkung? Ob sie auf die Intensivstation aufgenommen werden wolle? Zu allem sagte sie ja und litt gleichzeitig darunter, sie wollte ja bewusst keine Medizin und keinen Eingriff mehr. Aber so konnte man nicht sterben, hatte sie festgestellt, als es zum Ersticken kam. Die „Kreatur"[41] tat ein Übriges. Denn die Kreatur will nicht sterben und die Angst, der Schmerz und bei Mama die Luftnot, das innere Ersticken führten zu einem kreatürlichen Überlebensdrang, der die vorher bewusst getroffene Entscheidung null und nichtig machte. Deshalb sind Pflegeverfügungen nur auf den Bewusstlosen anzuwenden. Am besten, ohne die Angehörigen zu fragen. Alles andere ist lächerlich. Die Kreatur verhindert jede Vernunft.

Am nächsten Tag wollte sie schon wieder nach Hause gehen. Der Harnkatheter machte ihr das Leben schwer, sie hasste das Spital und das Bett war hart. Der diensthabende Oberarzt, Prof. Dr. Fickert, hat meine Mama in bester Erinnerung. Sie sagte, bevor ich nach Hause ging: „Heute Nacht sterbe ich. Wir sehen uns dann morgen früh." Das mit solcher Bestimmtheit, soweit es ihr durch das CPAP-Gerät hindurch möglich war, dass er meinte, er wüsste nun, woher ich meinen absurden Humor hätte.

Ich nahm sie diesmal aber nicht nach Hause. Ich wollte nicht. Ich stellte mir vor, dass ich die nächste Nacht wieder in der Aufnahmestation verbringen würde. Oder – wie schon die Monate zuvor – einfach zu Hause jede Nacht Nachtdienst machen und im Nebenzimmer auf ihr Klopfen an der Holzverschalung ihres Betts warten würde. Ich hatte Schuldgefühle, weil ich ihrem Wunsch nach Entlassung nicht nachkam. Aber ich wollte nicht schon wieder mit ihr nach Hause gehen und die ganze Verantwortung tragen. Zugleich war ich sehr unzufrieden über die an sich gute Betreuung im Spital. Selbst am Tag danach, als sie bereits auf der Normalstation lag, nahm ich sie nicht nach Hause.

---

[41] Unter Kreatur wird hier das Animalische, das Tierische im Menschen verstanden. Jene Verhaltensweisen und Empfindungen, die lange vor der Vernunft entstanden sind und die unser Verhalten in Angst-, Bedrohungs- und Krisensituationen bestimmen, weil sie Reaktionen sind, die sich in der Entwicklung der Arten als die besten herausgestellt haben. Beispiele dafür sind der „Wille" der kranken Kinder, die sich nicht stechen lassen wollen, weil sie vor der Nadel mehr Angst haben als vor dem ihnen unbekannten Verdursten; oder Menschen, die auf ein Flugzeug warten, das zu spät kommt und, wenn es dann da ist, zum Boarding stürzen, so, als würden die, die zuerst einsteigen, auch früher ankommen.

Und das, obwohl ich sah, dass die Pflege nicht optimal funktionierte. Mama hatte zwar allein ein Zimmer, für das wir mehr zahlten, aber es war trotzdem niemand da, der sich um sie kümmerte oder kümmern konnte. Am dritten Tag kam ich sie um 4.30 Uhr in der Früh besuchen. Die diensthabenden Schwestern waren außer sich: „Was machen Sie hier?" Aber da ich in demselben Spital beschäftigt war, warfen sie mich nicht hinaus. Die Mama lag offenen Auges im Bett, die Sauerstoffbrille am Fußende um die Beine geschlungen, die Bettdecke verdreht, so dass sie fast rausgefallen wäre. In den drei Tagen hatte sie einerseits durch den Flüssigkeitsverlust aus der Lunge, andererseits durch mangelnde Ernährung Gewicht verloren, sie war schwach, auch weil sie das Bett praktisch nie verließ. Furchtbar.

Wäre man kräftiger, als ich es bin, würde man das Spital anschuldigen und die mangelnde Pflege, wie es in Constanze Kleis' Buch[42] geschieht. Es berichtet über das Sterben ihrer Mutter, die im Sommer, in der Urlaubszeit, schlechte Betreuung erfuhr. Ist man reflektiert, denkt man über sich nach und schwankt zwischen Schuldgefühl und Aggression. Was sollte ich da machen? Die Mama sofort nach Hause nehmen? Wie kann man so sein, dass man sie in so einer Pflege belässt? Wie kann man nur an die eigene Nachtruhe denken, besonders, wo diese nicht besser wird, weil man ohnehin daran denkt, wie es der Mama im Spital gehen mag, und daher spät einschläft und sehr früh wieder aufsteht und ins Spital läuft? Wie kann sie mir das antun? Sie will sterben und nicht mehr leben, aber sie will, dass das zu ihren Bedingungen und auf ihre Weise geschieht, ohne Rücksicht zu nehmen auf die Versorgungsangebote im Spital oder die Vierundzwanzigstundenpflege zu Hause, die von Osteuropäerinnen angeboten wird. Die, die wir beschäftigten, konnte kaum Deutsch. Mama lehnte alle Angebote ab und nahm mein Leben vollkommen in Anspruch. Nicht einmal eine Klingel neben dem Bett wollte sie benützen, stattdessen klopfte sie mit dem Ring an der rechten Hand an die hölzerne Bettverschalung, das musste ich hören. Sonst rief sie mit schwacher Stimme, die mir direkt ins Herz ging:

[42] Constanze Kleis: Sterben Sie bloß nicht im Sommer: Und andere Wahrheiten, die Sie über Ihr Ende wissen sollten. DuMont, Köln 2012.

„Warum hört mich denn keiner?" und ich verging vor Schuldgefühl. Was wollte ich von ihr? Dass sie an einem Freitag erstickt, auch wenn das unerträglich war? Was wollte ich? Dass sie sich mit ihren eingeschränkten Möglichkeiten abfand, in einem leergewordenen Haus mit einer stummen Dienerin, die schlecht kochte, wenn überhaupt, und nie einkaufen ging, weil sie die Sprache nicht beherrschte und kein Geld ausgeben wollte, obwohl sie es natürlich zurückbekommen hätte. Was wollte sie? Wollte sie mich zu ihrem exklusiven Nachtdienst machen? Hatte sie das nicht schon? Wollte sie nobel sterben, wollte sie der Natur vorschreiben, wie sie zu sterben hatte?

Genau so hat sie es letzten Endes gemacht. Sie ist nobel gestorben.

Dabei zu sein war nicht leicht. Ich musste von Marguerite gerufen werden. Bis heute habe ich Schuldgefühle, dass ich eine ihrer letzten Gesten zu ihrem Schritt, die sicher meinte, dass sie Harn lassen wollte, nicht verstanden habe. Ich habe die Geste verstanden. Ich erinnere mich, ihr gesagt zu haben, dass sie eine Vorlage hat und daher das bisschen Harn, das sie aufgrund der oralen Einflößungen eines Wasser-Honig-Gemischs durch meine Frau produzierte, ruhig ablassen könne. Ich vergaß nur ihre Natur, ihre Erziehung, die das verhinderte, oder wollte sie vergessen haben. Sie wollte und konnte nie in die Windel Harn oder Stuhl absetzen. Ihre letzte Gebärde, eigentlich eine normale Handbewegung, war dann der Griff zum Papiertaschentuch, mit dem sie sich einen Tropfen an der Spitze ihrer Nase abtupfte. Eine Geste, die sie seit Jahren vollführte und die mich alle Monate zu der Bemerkung gebracht hatten: „Lass es doch tropfen!", was sie in Zorn und Rage versetzte. Sie wollte als eine Dame sterben und nicht in einer nassen Windel und mit einer verschmierten Nase, was ihr auch gelang.

Denn das ist es doch, was die Pflege der Alten so erschwert: Jeder, der pflegt, weiß es, jeder, der sich fürchtet, pflegebedürftig zu werden, kennt es. Es ist der stete Wechsel von Schuldgefühl und Aggression. Man will seinen Vorfahren helfen, sie pflegen und ihnen Gutes tun. Man weiß aber, dass man selbst alt ist, wenn sie sterben, in Zeiten, in denen die Menschen über achtzig Jahre alt werden. Man will seine Eltern möglichst lange haben, mit ihnen sprechen können, ihre Anerkennung für die eigenen Leistungen hören und mit ihnen das Leben genießen. Man will aber auch selber leben, und das nicht erst seit der Pubertät, sondern vor allem, bevor man selbst alt ist und vieles nicht mehr tun kann.

„Es beruhigt meine Kinder, wenn sie wissen, dass wir eine Vierundzwanzigstundenpflege haben", sagte meine Tante Daisy vor Jahren. Wieso das, frage ich mich? Ersparen sie sich dadurch das Wechselspiel von Schuldgefühl und Aggression? Denkt nicht jeder der beiden Kinder jeden Tag: Eigentlich sollte ich zu meiner Mutter gehen, wer weiß, wie lange ich sie noch habe? Eigentlich sollte ich am Spaziergang in den Park teilnehmen. Ist es nicht unwürdig, dass eine fremde Frau nun mit meiner Mutter spricht statt mit mir, der ich noch so viele Fragen habe, so viel nicht Gesagtes noch besprechen könnte?

Geht man zum Beispiel in Tel Aviv durch die Straßen und es ist nicht zu heiß, dann sieht man allenthalben alte Menschen im Schatten in Rollstühlen oder mit Gehhilfen. Neben ihnen weibliche und männliche Pfleger aus Südostasien, die sie betreuen und meistens auf ihr Handy schauen. Da kann man schon beobachten, wie die Pfleglinge, wenn sie dessen noch mächtig sind, den Betreuern mit ernster Miene Weisheiten erzählen. Die Philippininnen können meist nur wenig Hebräisch, manche sprechen vielleicht ein paar Worte Englisch. Sie nicken zu den Auslassungen ihrer Pfleglinge. Sicher ist manch Weises darunter, sicher auch viele Meinungen und Erkenntnisse, die einer Überprüfung nicht standhalten würden. Aber jedenfalls richten sie sich an die falschen Adressaten. Sie sind an die Kinder und Kindeskinder gerichtet, denen der altgewordene Mensch noch etwas mitgeben will. Diese sollen aus den Erkenntnissen, die das lange Leben ermöglicht hat, schöpfen. Das genetische Programm will ihnen Weisheit mitgeben, um so ihre Chancen zu verbessern. Sie wollen sich mitteilen und eine Spur in deren Erinnerung ritzen. Vergebens. Die Nachkommen sind nicht vor Ort. Sie sind in ihrem eigenen Leben, in ihren eigenen Wirklichkeiten, und der geistige Same verdorrt in der unfruchtbaren Erde der südostasiatischen Freundlichkeit. Die nicken und schauen verstohlen aufs Smartphone, auf dem vielleicht Meldungen von in den Herkunftsstaaten verbliebenen Kinder zu lesen sind oder Verabredungen für das Wochenende nach dem Kirchgang getroffen werden. Stehenbleibend sinniere ich: Fühle ich mich auch für die Kinder dieser Menschen verantwortlich? Wissen sie, dass ihre Großeltern hier im Schatten sitzen und den letzten Atem dafür aufwandten, einem verschlossenen Ohr das mitzugeben, was sie ihnen sagen wollen. Das in der Luft hängen bleibt und verdorrt? Wissen sie, was sie sich entgehen lassen? Wieso spüre ich gleichzeitig Aggressionen gegenüber den Alten? Ich denke, dass sie vielleicht kein gutes Verhältnis zu ihren Kindern haben. Und dass diese deswegen auf deren Erkenntnisse und Erzählungen keine Lust haben. Dass die Alten die Zeit versäumt haben, in der die Kinder ihnen noch zugehört hätten. Dass sie nun zu Recht hier sitzen und wissen, dass sie ihre Erzählungen den Falschen präsentieren. Mein Schuldgefühl rügt mich. Wie kann ich diesen netten alten Menschen unterstellen, sie hätten nicht alles getan, um ein gutes Verhältnis zu ihren Kindern zu haben? Wie kann ich sie mit mir und meinen Eltern vergleichen, die ich mein ganzes Leben ständig getroffen habe, mit denen ich Urlaube verbrachte, als ich schon längst selbst Kinder hatte, und mit denen ich allein und auch mit der Familie wegfuhr? Wie kann ich annehmen, dass anderes als die Pflicht und die Sorge um ihre eigene Familie die Kinder davon abhält, mit ihren Eltern zu sein? Wie kann ich annehmen, dass diese Menschen Kinder haben, ohne sie gefragt zu haben? Warum ist es nicht genug zu sehen, dass sie gut betreut sind und dass es ihnen Freude macht, ihre Erzählungen weiterzugeben, so wie jemand Freude haben kann, seine Urlaubsbilder zu zeigen?

Hat man sich einmal eingelassen auf die Bedürfnisse der Alten und weiß man, dass man bald an derselben Stelle sitzen wird, dann kommen diese Gefühle auf. Schuldgefühl, weil man immer zu wenig macht, und Aggressionen, weil man spürt, dass man das eigene Leben versäumen könnte. Dass man etwas macht, das nicht im eigenen Lebensentwurf Platz hat. Dass das falsch ist, stimmt. Denn man hat keinen Lebensentwurf, nur Aufgaben, die einem das Leben stellt und die man schlechter oder besser erfüllt. Die Idee einer Selbstverwirklichung ist Täuschung. Das zu wissen hilft aber nicht. Denn die Begehrlichkeiten der Eltern, die Stärke ihrer Schwäche verbinden sich mit den eigenen und den gesellschaftlichen Erwartungen zu einer Melange, in der der „Junge" immer als der Schlechte übrigbleibt. Daher bleibt als Erkenntnis: Man kann es nur falsch machen, egal, wie man es macht.

ERNSTL STIRBT

Ernstl war mein Schwager. Wie das heute so ist. Ich habe mich scheiden lassen, eigentlich haben wir uns scheiden lassen. Da wir zwei entzückende Kinder haben, haben wir uns nicht ganz geschieden. Wir sind als Paar auseinandergegangen. Darum geht es aber hier nicht.

Er, also der Bruder meiner ersten Frau, erkrankte Anfang 2015 an Lungenkrebs. Er hatte sein Leben als wunderschöner Knabe eines Turners und Kämpfers begonnen. 1943 wurde er auf einem der Fronturlaube des verantwortlichen Parteigenossen des Bataillons Kärnten, ebenfalls Ernst, geboren. Trotz widriger Umstände nach dem Zweiten Weltkrieg, des Lageraufenthalts seines Vaters zur Entnazifizierung von Herbst 1945 bis 1947 in Glasenbach, entwickelte sich der Bub prächtig. Herrliches blondes Haar, sportlich, fesch in seinem Anorak – so sieht man ihn auf Jugendfotos, wie er bei Skirennen mit seiner jüngeren Schwester, meiner ersten Frau Ingeborg, unterwegs ist.

Irgendwas hat in seiner Beziehung zu seinem Vater nicht geklappt. Enttäuscht von der Niederlage des Herrenvolks, enttäuscht auch von den „Gerüchten", die man laut Ernst über seinen Führer streute, war die Erziehung durch die Eltern, die der Sache des Nationalsozialismus bis zum Tod treu blieben, nationalsozialistisch. Der Vater wurde vom Führer zum Werwolfführer Kärntens ernannt und blieb es subjektiv bis zuletzt. Er duldete weder bei sich noch bei seinem Sohn Schwächen. Keine Ermüdung, keine Krankheit war eine Entschuldigung für Versagen. Das kleine Mädchen hatte es zwar etwas leichter als der Bruder, aber auch Ingeborg wurde bei jedem Wetter aufs Reiseck im unteren Mölltal rausgetrieben, auch sie musste mit den schweren Holzskiern durch den noch nicht mit einer Bahn befahrenen Tunnel zur Abfahrt gehen, auch sie musste durch den Wald zwischen den Bäumen mit den langen und wenig wendigen Skiern abfahren, egal bei welcher Sicht – aber wenn sie krank war, wurde sie von ihrer Mutter gepflegt, die sich zwar derselben Ideologie verpflichtet fühlte, aber herzlich und mütterlich sein konnte. Volkstanzgruppen, Chorgesang im Sommer, wilde Spiele in und um die Möll waren Ingeborgs Jugend. Ernstl jedoch, wie er zur Unterscheidung von seinem Vater Ernst genannt wurde, musste mehr im Haus und Garten helfen, Ingeborg konnte sich manchmal in die Ruhe eines Buches oder einer Handarbeit zurückziehen.

So wurde aus dem feschen Knaben ein Mann, der einen entschiedenen Kampf gegen seine guten Gene und seine wunderbare körperliche Ausstattung focht. In der Schule versagte er, im Skisport machte er keine Karriere, als junger Mann heiratete er eine Frau, die ihm sein Leben von da an versüßte. Ein Geschäft nach dem anderen in den Sand setzend, immer rauchend, mal vierzig Zigaretten pro Tag, mal nur zwanzig, wenig essend und an sich selbst zweifelnd – so lernte ich Ernstl kennen. Ein herzensguter Mann, zuvorkommend, hilfreich, wo es ging, aber ohne Aussichten und kaum Hoffnung. Ich erinnere noch, wie wir Säcke Kartoffeln von seiner Mutter in Kolbnitz in Kärnten fast dreihundert Kilometer nach Traiskirchen in Niederösterreich brachten, damit seine Kinder etwas zu essen hatten. Er nahm diese Kartoffeln widerwillig an, manchmal habe ich den Sack gleich in seinen Keller getragen, er muss es als entwürdigend betrachtet haben, dass seine Mutter glaubte, er könne seine Familie nicht ernähren.

Geschäfte und Konkurse folgten, geschäftliche Einfälle, die sich als Flop herausstellten. Ich sollte etwa auf seine Empfehlung hin einen Wagen kaufen, der angeblich so günstig war und sich als ein nach Benzin stinkender Leihwagen entpuppte, dessen Kauf unsere Beziehung ernstlich beschädigt hätte. Sein Vater blieb für ihn uneinnehmbar. Selbst als man sich entschloss, mit meinem Geld das Dach eines Almhüttchens auf der Mernikalm, das dem Schwiegervater gehörte, neu zu machen, trug Ernstl mit Ernst die Bretter und Schindeln auf das Kreuzeck, unbedankt und sicher für den Vater zu langsam. Ernst konnte noch bis zu seinem fünfzigsten Jahr einen Handstand auf einem Schornsteinkranz machen und kraxelte auf Bäume, um Zwetschken zu pflücken. Keine Chance für den Sohn, nie.

Zuletzt fand Ernstl dann doch noch eine gute Arbeit, er wurde Lkw-Fahrer. Immer eine Wochentour über den Kanal nach Nordengland, manchmal Schottland. Genaue Einhaltung der Zeiten, pünktliches Eintreffen bei der Fähre waren seine Vorteile. Andernfalls wäre es unmöglich gewesen, die Tour so zu beenden, dass er das Wochenende zu Hause verbringen konnte. Daheim die liebende Frau, die ihm völlig ergeben war, nie auch nur einen Moment daran zweifelnd, dass er der Richtige war. Selbst als er ein uneheliches Kind bekam, dessen Mutter früh verstarb, nahm sie es in ihrem Haushalt auf und erzog es zu einem wunderbaren Menschen.

Der Kampf Ernstl gegen Ernstl hörte ebenso wenig auf, wie der Kampf Ernst gegen Ernstl. Sogar das Entscheidende, der Hausbau, ging komplett schief. Ernstl baute eine kleine Hütte in einem Wasserschutzgebiet, in dem das Bauen verboten war, weil die Gefahr bestand, das die Hütte beim nächsten Hochwasser weggespült werden könnte. Sie gefährdete durch Verklausungen auch noch die anderen Dorfbewohner und musste daher abgerissen werden. Das Verfahren fand nur mehr einen resignierenden Ernst vor. Er hatte von seinem Sohn nichts anderes erwartet.

Als Ernstl siebzig wurde, gab es ein kleines Fest. Er arbeitete noch immer, aushilfsweise fuhr er mit Lkws oder Bussen oder holte Autos aus verschiedenen Ländern zurück, verdiente dabei gut. Mit Billigfliegern nach Barcelona, Auto holen, nach Köln fahren, in derselben Nacht mit einem anderen Auto nach Salzburg, Zug zurück nach Kärnten. Ein- bis zweimal pro Woche, dazwischen rauchen, essen, zum Beispiel einmal am Tag ein Stück Käse, eine Scheibe Brot, Kaffee und Zigaretten. Schlank, immer gut aussehend. Ich sehe ihn, während ich das schreibe, vor mir, bei der Hochzeit seiner Enkelin in Maria Loretto am Wörthersee fotografierend, wir alle schauen hinauf, er steht am Balkon des Veranstaltungsortes, wir bilden ein Herz und er ermuntert uns zu lachen und die Hände in die Höhe zu werfen.

Die Atmung wurde danach immer schwächer. Bei den Kreuzfahrten, welche die drei Geschwister im Mittelmeer machten (Ute, die Älteste, 1941 geboren, habe ich noch nicht erwähnt), mussten die Schwestern auf ihn warten, wenn er bei einem Landausflug einen Hügel besteigen wollte, um ein Foto zu machen. Kurzatmigkeit, Atemnot, keine Freude am Rauchen mehr – meine Verdachtsdiagnose war Lungenkrebs. Keine besondere Meisterleistung bei einer Vorgeschichte von fast sechzig Jahre ernsthaften Rauchens. Die Diagnosestellung in den Kärntner Landesspitälern dauerte. In diesem Fall fast sechs Monate. Als

man mich kontaktiert, hatte er schon Lungen- und Knochenmetasta-
sen und einen unklaren Leberbefund. Die Wirbelsäule sollte operiert
werden, weil ein Wirbelkörper von einer Metastase aufgefressen worden war. Blöde Gerüchte werden bisweilen als Diagnose ausgegeben:
Das sei ein anderer Tumor, hieß es, er hätte zwei verschiedene, den
und einen anderen. Dann wurden dumme Ideen geäußert: Er dürfe
sich nicht bewegen, weil er sonst einen Querschnitt erleiden könne. Er
solle möglichst schnell den Wirbel operieren, damit er wieder gesund
würde. Er solle dringend Chemotherapie machen, weil er dann bessere Chancen hätte. Die Wahrheit, dass er schon bei Diagnosestellung
keine Chance hatte, wollte weder wer sagen, noch wollte sie der Kranke
und seine Familie hören. Ich war wie so oft der Todesengel mit meiner
Direktheit vor allem Ingeborg gegenüber, aber ich verschaffte Ernstl
ein Bett in einem Wiener Krankenhaus.

Die Lungenabteilung Marienhaus auf der Baumgartner Höhe in Wien
14 ist so, wie sie klingt. Ein wunderschöner Fin-de-Siècle-Bau von Otto
Wagner, wenig bis gar nicht renoviert und nicht wie ein heutiges Spital, sondern wie aus dem „Zauberberg" Thomas Manns wirkend. Etwa
neunzig Prozent der Patienten benötigen Sauerstoff, um noch atmen
zu können. Der Sauerstoff wird in Stahlflaschen geliefert, ein eigener
Raum ist voll mit Sauerstoffflaschen, die sich auf kleinen Wagen befin-
den und von den Patienten, wenn sie zum Beispiel aufs Klo gehen, mit-
geführt werden. Es wurden Sauerstoffleitungen zu den Betten verlegt,
aber diese funktionieren nicht. Im Wien des Sommers 2015 betrug die
Temperatur untertags bis zu vierzig Grad. Es gab in keinem Zimmer
Kühlung. Zehn bis achtzehn Patienten lagen in einem Raum, die ärztliche Mannschaft versah guten, routinierten Dienst mit kleinen Fehlern
und vielen Lügen. Wie es eben so üblich ist. Die Menschen wollen bis
zum Schluss Hoffnung haben, bei Ernstl war es die „Immuntherapie",
auf die man noch hoffte, vorher sollte noch die Operation der Wirbelsäule erfolgen. In den letzten Stunden wartete man auf den Internisten, der zur Visite kommen sollte. Dieser maß Blutdruck, obwohl der
Perfusor mit dem Opium schon so eingestellt worden war, dass der
Druck nicht mehr messbar war. Ernstl schloss die Augen nicht mehr,
wenn er einschlief, sondern schaute in eine Welt, die wir Lebenden

nicht kennen und nicht sehen können. Schlaf war das keiner. Dann hatte Ernstl keine Schmerzen mehr, wenn auch der Bauch gebläht war und das Gedärm stillstand.

Er wusste, dass nun die letzte Stunde gekommen war, und Ingeborg, die ihn mit Wasser besprühte, um ein wenig Hitze abzuleiten, auch.

Hoffnung: Die einen sagen, sie sei das Brot des Menschen, die anderen, dass sie nur der Dummheit Vorschub leiste und dem Selbstbetrug. Es ist ein Spiel zwischen zwei Parteien, die beide ihre Vorteile haben. Der Kranke, weil er nicht sterben und auch nicht daran denken will, dass es jetzt so weit sein könnte. Der Begleitende, weil er es auch nicht wahrhaben will, dass die geliebte Person nun sterben muss. Hoffnung ist die Hilfe des Menschen in Not. Wissend, dass er keinen Anlass hat, auf irgendwas oder irgendwen zu hoffen, spürt er den nahenden Tod und kann nichts dagegen tun. Hat man früher die Hoffnungen auf ein Jenseits gerichtet, deren Torwächter die Kirche und ihre Priester waren, so richtet man sie heute aufs Diesseits. In diesem Diesseits haben sich die Ärzte, ihre Helfer und ihre Konkurrenten eingerichtet. Die Versprechungen der Medizin sind ähnlich unüberprüfbar wie die der Kirche. Haben die Priester ein ewiges Leben versprochen, das bei guter Führung sofort angetreten werden kann, so versprechen die Ärzte ein langes, gesundes Leben, wenn man ihre Regeln befolgt. Beide Gruppen, die aus diesen Versprechungen gutes Kapital schlagen, wissen, dass das, was sie versprechen, nicht einhaltbar ist. Sie können nie einlösen, was sie verkaufen. Das wissen sie und ihre Kundschaft. Um nun die Lücke zwischen Versprechen und dem tatsächlich Eintretenden zu schließen, wird die Hoffnung eingesetzt. (Sie sehen, ich bin kein Vertreter der Fraktion, welche die Hoffnung für etwas Gutes hält.) Diese Hoffnung ist nichts anderes als Selbstbetrug. Da man weder ins jenseitige Leben schauen noch – auch bei bester Führung – ein gesundes und langes Leben haben kann, betrügt man sich gerne mit der Hoffnung.

Da werden Termine gesetzt, anstatt über das nahe Ende zu reden. Da werden Eingriffe und Operationen durchgeführt, die mehr schaden als nützen und das Gesundheitssystem ebenso wie den Organismus des Sterbenden außerordentlich belasten. Mein Schwager wurde einer Chemotherapie unterzogen. Sie werden sagen, dass war gut so. Er brauchte sie ja. Er hat Krebs, also bekommt er Chemotherapie. Ich sage: Das war falsch, war in seinem Fall falsch. Es verlängerte seine Lebenszeit nicht und fügte seinen Beschwerden weitere hinzu. Ich finde, man hätte ihm Wasser geben sollen oder, noch besser, gar nichts. Die Nebenwirkungen der Chemotherapie sind finanziell und für den Körper eine Belastung. Wozu gibt man das einem Sterbenden, einem, von dem man weiß, dass er aller Voraussicht nach noch maximal ein halbes Jahr zu leben hat? Ich glaube es zu wissen: weil man ihm Hoffnung machen will und weil das Erreichen von Hoffnung mit Schmerz verbunden sein muss und vielleicht auch noch mit Ekel und Angst, sonst wirkt sie nicht. Die Ritter des Mittelalters kamen nach einer Reise voller Fährnisse nach Rom, um den Segen des Heiligen Vaters zu erlangen. Kamen sie vom Kreuzzug, von der Befreiung der heiligen Stätten zu Jerusalem, so wurde ihnen Ablass und das ewige Leben zugesagt. Kamen sie von Minne oder Tjost[43], so stand ihnen die Scala Santa zur Verfügung. Wer diese Stiege gegenüber dem Lateranpalast auf Knien hinaufrutschte, dem wurde Ablass gewährt. Am Fuß des Lateranhügels, auf dem der Palast steht, befindet sich eine kleine Kirche für die Ritter. In dieser legten sie ihre Rüstung ab, um unbewaffnet und bloß um ihr Seelenheil zu beten. Durch alle Länder und alle Gefahren waren sie hierhergekommen, um ihrer Hoffnung auf ein besseres, friedliches und ewiges Leben Ausdruck zu geben. Mit dieser Hoffnung hatte man sie zu willigen Armen der Kirche gemacht; mit dieser Hoffnung waren sie aus ihren sicheren Burgen aufgebrochen und hatten sich gegen die Sarazenen, gegen die Türken in die Schlacht geworfen; mit dieser Hoffnung hatten sie auf irdisches Glück verzichtet; mit dieser Hoffnung hatten sie ihr Leben in den Dienst der Kirche gestellt. Dann aber, wenn sie in Rom ankamen, rutschten sie allenfalls noch die Stiege hinauf und waren sich sicher, nun das ewige Leben im Paradies errungen zu haben. Wollte man sich über die Gotteskrieger des Islamischen Staates, des Kalifats lustig machen, so denke man an die erst kurz zurückliegende europäische Geschichte und werde nachdenklich.

43 Lanzenstechen des Mittelalters.

Die Hoffnung macht aus dem Menschen ein Opfer, ein Opfer seiner selbst. Durch die Übertragung seiner Hoffnung auf die Ärzte – eine Folge der Aufklärung – ist es nicht besser geworden. Der Betrug wurde nur ein anderer. War es früher die Verheißung des ewigen Lebens im Jenseits, so ist es nun das diesseitige, das als Verlockung herhalten muss. Wobei der Betrug hier noch quälender ist, weil jeder sehen kann, dass die Menschen dennoch sterben. Um das möglichst zu verhindern, wird – wie Rilke sagt – in Spitälern gestorben, versteckt, quasi unter der Obhut von Krankenschwestern und Ärzten. Diese Vorhöfe der Friedhöfe verbrauchen dafür sehr viel Geld, aber sie ersparen es einem, das Ende zu sehen. Die Hoffnung benötigt Betrug: Früher die Marienerscheinungen und die Auferstandenen, heute eine manchmal sinnlose Chemotherapie und Termine in orthopädischen Ambulanzen, Röntgenuntersuchungen und ein letztes Blutdruckmessen. Ivan Illich (1926 – 2002) hat sich 1981 in seinem Buch „Nemesis der Medizin – von den Grenzen des Gesundheitswesens" mit dem Tod auf Intensivstationen beschäftigt. Er vermutete, dass sich durch das Vorhandensein von Intensivstationen keine Änderung der Sterbe- beziehungsweise Heilungsraten ergeben würde. Wenn das auch im Allgemeinen stimmen mag, so kann es doch für den einzelnen Betroffenen völlig falsch sein. Und so gibt es heute immer mehr und immer aufwändigere Intensivstationen, die Behandlungen werden immer besser und invasiver, man kann vorübergehend fast alles erhalten, Atmung, Herzaktion, Verdauung – und trotzdem wird gestorben. Fernsehserien wie „Emergency Room" oder „Scrubs" zeigen eine Medizin, die den Tod besiegen könnte, bis auf wenige Fälle, in denen Opfer einer Schießerei oder eines Verkehrsunfalls praktisch schon tot zur Tür hereingeschoben werden. Immer wird gelaufen, kardiovertiert und reanimiert, riesige Splitter aus dem Brustkorb entfernt, Diagnosen umgehend erstellt – und fast jede Krankheit geheilt. Lachend kommen in den Serien die Menschen Jahre später auf Besuch, sie sind den Ärzten und Schwestern dankbar. Die wenigen, die doch sterben, sehen das ein oder sind schon zu krank, um noch etwas sagen zu können.

Die Realität der Krankenhäuser ist eine ganz andere. Hoffende kommen sterbend und wollen behandelt werden. Die Behandlung wird ihnen, jedenfalls in Österreich, scheinbar kostenlos gewährt und zerstört den Rest von ihnen, zurück bleibt ein Sterbender in einem zu heißen, meist überfüllten Zimmer und eine Medizin, die fast nicht mehr bezahlt werden kann. Für die Hoffnung hat man das Falsche gemacht, mit viel Aufwand. Statt ein komfortables, gekühltes Zimmer einzurichten, mit entsprechenden medizinischen Geräten, gibt es ein heißes, unbequemes Zimmer, in dem kein zweites Bett für einen Angehörigen steht, ohne Infusionsständer, die fix angebracht sind, in einem Otto-Wagner-Bau, und darin ein Sterbender, dem man noch das Bauchwasser abgepumpt und einen fixen Venenzugang gelegt hat und der nun, am letzten Tag, undeutlich wahrnimmt, dass alles Betrug war, es in seinem Opiumrausch aber nicht mehr denken und schon gar nicht sagen kann. Der hinzutretende Arzt sieht dem Sterbenden in die milchig getrübten Augen und schaut in den Spiegel seines Betrugs: So scheint man sterben zu wollen, so scheint man sich betrügen zu wollen, angesichts der Todesangst. Entwürdigend.

DIE VERSCHEUCHUNG

Oft wird der Eindruck erweckt, dass die Alten im Weg stehen. Man sollte aber nicht vergessen, dass sie auch sehr viel zu geben haben. Lebenserfahrung und Vergleiche mit ihren Erinnerungen helfen oft.

Meine Mama und vor allem ich machten bei einer Gelegenheit Fehler. Wir gönnten uns ein Wochenende in London. Vorher einen Besuch bei meiner Tochter und der ersten Enkelin. Als wir von Brighton ankamen, beschloss ich, das Auto zu behalten, weil ich dachte, dass das für zwei Tage billiger sein würde als ein Taxi nach Heathrow. Falsch gedacht, die Tiefgarage in China Town kostete schon pro Tag mehr als das Taxi gekostet hätte. Gut, schiefgegangen. Am letzten Morgen fuhren wir, vertrauend auf Navi und GPS, zum Flughafen. Aber das Navi funktionierte irgendwie nicht. So fuhren wir einfach nach dem Gefühl. Ich blieb fortwährend stehen und fragte jemanden. Komischerweise war mein innerer Kompass für London gut genug, der Stress trotzdem sehr groß. Mama ertrug das stoisch. Allerdings schaute sie das Navi vom Beifahrersitz immer wieder an. Dann sagte sie: „Hat das keine Antenne?" Nach dem Ausklappen der Antenne, die wir in der Woche davor nie gebraucht hatten und von der wir daher nichts wussten oder die ich irrtümlich eingeklappt hatte, zeigte das Navi den Weg an. Von da an war alles ganz leicht.

Oft scheint es am besten zu sein, wenn man diese Alten nicht sieht. Der Vorwand, dass sie zu teuer sind, dass sie sich nicht mehr in den Arbeitsprozess eingliedern lassen, alles Lügen, um sie loszuwerden. Denn bisweilen zeigen sie, dass sie mehr können, als man ihnen zugesteht, auch wenn sie schwächer werden, vielleicht mehr Schlaf brauchen (wobei das Gegenteil stimmt; auch wenn ältere Menschen in der Tat früher schlafen gehen, so brauchen sie doch insgesamt weniger Schlaf als jüngere) oder sportlich nicht mehr die Leistungen abrufen können wie früher – Erfahrung und Ruhe bringen oft mehr als junge Kräfte, auch wenn die vielleicht mehr Ideen einbringen. Ältere Menschen wären – und das wissen alle – eine gute Ergänzung. Da das alle wissen und nicht nur ich, muss man sich fragen, warum das nicht umgesetzt wird.

DIE SORGE

Man denkt. Man denkt immer daran, dass man sich mehr kümmern sollte. Man weiß, dass es der ältere Mensch nicht mehr schafft, dass er wartet, dass man kommt, dass man fragt, wie es ihm gehe, dass man da ist. Man trägt das mit sich. Den ganzen Tag.

Als mein letztes Buch erschien, wollte ich es einmal wissen. Ich wollte schauen, ob meine Bemühungen einen Einfluss auf den Verkauf haben. Ich wollte einmal im Leben Lesungen machen und Menschen treffen und mit ihnen über mein Buch reden.

Leider erlitt meine Mama kurz vor dem Erscheinen des Buches einen leichten Schlaganfall und konnte vieles von dem, was sie vorher konnte, nicht mehr tun. Sie konnte nicht mehr Auto fahren, nicht mehr das Telefon bedienen, manchmal wusste sie nicht, wozu welche Taste dient. An einem Samstag im November sollte ich dann zu einer Lesung in ein Altenheim nach Zell am See. Nicht, dass man diesen Ort kennen muss. Er ist bekannt, weil es dort einen sehr kalten Berg gibt, auf dem man im Winter Ski fahren, und einen kalten See, in dem man im Sommer schwimmen kann. Als ich mich von meiner Mama verabschiedete – sie saß im Sessel, war schon gewaschen und geputzt, das Haus war bis auf die fast stumme Pflegerin leer –, sagte sie: „Heute auch, heute musst du auch weg?" Es war schon ein Vorwurf, aber eher sprachen Einsamkeit und Unverständnis aus ihr. Meine Frau hatte mir abgeraten, dorthin zu fahren, aber sie war tausende Kilometer weit weg und der Verlag hatte diese Veranstaltung ausgemacht und mich mehrfach ersucht, sicher dorthin zu kommen, schon weil er mit der lokalen Buchhändlerin im guten Einvernehmen stand. Zerstört fuhr ich weg, aber auch trotzig. Ich wollte mein Leben nicht von Grund auf ändern, nur weil meine Mutter krank und allein war. Ich wollte nicht der Einzige sein, der als Betreuer übrigblieb. Ich wollte mein Buch promoten und verlässlich sein. Ich wusste, dass ich zirka fünfhundert Kilometer fahren musste, aber mir waren zweihundert Zuhörer zugesagt worden und ich hatte eine alte Bekannte eingeladen. Sie wollte mit ihren Kindheitsfreunden kommen.

Das Bild meiner im Lehnstuhl sitzenden Mutter ist inzwischen zu meinem ständigen Begleiter geworden. Ich wollte mich dagegen wehren, dass ich allein für sie verantwortlich sein sollte. Ich wollte, so sehr ich ihre aufopfernde Liebe mein ganzes Leben genossen hatte, nicht der sein, der allein für ihre Unterhaltung sorgte. Ich war blind für die letzten Chancen, die sich noch boten. Sicher, ich hatte mit ihr mehr unternommen als viele andere Menschen mit ihren Eltern. Ich war mit ihr in Kenia und in der Karibik gewesen; ich hatte gute und schlechte Momente erlebt. Ich hatte alles ausgesprochen und war keines der Kinder, die sich nach dem Tod der Mutter denken, dass sie das und das noch hätten sagen sollen. Ich war innerlich in gutem Einverständnis mit ihr, wir hatten selten gestritten und wenn, dann meistens deshalb, weil sie meine jeweilige Frau nicht mochte oder mit meiner jetzigen über die Wäsche oder die Kindererziehung uneins war und meine Unterstützung wollte.

Aber da saß sie nun. Und ich fuhr weg.

Die kleinen Sünden straft Gott sofort. Die Fahrt nach Zell am See war traumhaft. Dauernd dachte ich, dass meine Mama die Landschaft, die sich in einem ungewöhnlich warmen Novemberlicht zeigte, sicher gern noch einmal gesehen hätte. Sie mochte die Gegend so gern: Mischwälder in einem verlängerten Herbst, nur mehr wenige bunte Blätter an den Bäumen, die Bäche und Flüsse mit hellem Wasser voll, die Luft rein und klar. Zwar genoss ich die Fahrt im offenen Cabrio, aber die Schuld, sie nicht mitgenommen zu haben (obwohl ich es ihr natürlich angeboten hatte), da sie es sich nicht mehr zutraute mitzukommen, sich so einer Reise kaum mehr gewachsen fühlte, begleitete mich. Ich war ihr dankbar, dass sie mir die Augen für diese Schönheiten geöffnet hat. Dass ich nicht so dankbar gewesen war, sie mitzunehmen, und es ihr nur halbherzig und unehrlich angeboten hatte, war wie ein Bass aus weiter Ferne, der den Mund trocken machte und das Herz schwer.

Ich war zu früh dort. Es gab auch nichts zu essen. Bei einem Imbissstand bekam ich eine Semmel. Es war ein Kebabstand, sodass ich meine lächerliche Essensregel, am Samstag kein Schweinernes zu essen, einhalten konnte. Da stand ich nun und schaute die Schmittenhöhe, den Berg über Zell am See, an. Das Altenheim hatte ich schon besucht. Es schien wie ausgestorben, von der Buchhändlerin keine

Spur. Es gab auch keine Ankündigung meiner Lesung, weder im noch vor Ort. Erinnerungen an Kurzgeschichten Isaac Bashevis Singers (1902 – 1991) kamen auf. In vielen kleinen Geschichten hatte er von solchen Lesungen berichtet, allerdings enthielten diese dann immer entweder ein erotisches Erlebnis oder, öfter, eine ihm erzählte Geschichte, die er zu einer wunderbaren Kurzgeschichte verarbeitete. Die Identifikation mit dem Literaturnobelpreisträger tat wohl. Das innere Gesicht Mamas nicht.

Zwanzig Minuten vor Beginn der Lesung ging ich wieder ins Altenheim. Zwei der Bewohnerinnen wollten gerade den Vortragssaal verlassen, sie waren zornig, weil die Pflegerin sie überreden wollte zu bleiben. Sie wollten in ihr Zimmer, in ihr Bett und schimpften, als wären sie aus der Welt der Schuld eigens für mich herniedergekommen. Die Buchhändlerin breitete auf einem wackeligen Tisch zirka vierzig Stück meines Buches aus. Sie war mit ihrer Tochter gekommen. Wäre ich I. B. Singer, hätte sich mit einer der beiden oder sogar mit beiden Frauen etwas ergeben können oder ich könnte es jetzt so gut wie er erfinden. Aber ich war's und bin's nicht. Die Tochter ging auch gleich und mit ihr meine Fantasien. Meine Bekannte kam mit vier Freundinnen, eine von ihnen hatte ihren Mann mitgebracht, sie waren das einzige Publikum. Man wollte, dass ich lese. Das Ganze kam mir irgendwie komisch vor. Wir hätten das Gebäude fluchtartig verlassen sollen, meine Bekannte hatte für „danach" eine Jause organisiert, man wollte den Schriftsteller näher kennen lernen. Alle fünf waren wie ich einen weiten Weg angereist. Sie in ihre Kindheitssommerfrische und Skiurlaubsidylle, ich mit schlechten Erinnerungen an kalte Winter und frierende Kinder in schlechten Quartieren. Der Mann schlief nach wenigen Minuten ein, die Frauen schauten mich nett an, die Buchhändlerin schien darüber nachzudenken, wie sie die Kosten meiner Anreise aus den paar verkauften Büchern finanzieren sollte. Ich las. Ich schaute mir dabei selbst zu und nicht einmal die Identifikation mit Singer half mehr.

Man hörte nett zu. Man applaudierte. Man lud mich zur Speckjause ein.

Ich dankte. Ich signierte. Ich sagte, dass ich noch bei Tageslicht nach Hause fahren wollte und dass meine Mama auf mich wartete. Ich fuhr wieder vier Stunden. Mama schlief, als ich ankam. Das Warten war ihr zu lang geworden. Sie hatte keine Sonne gesehen, der Nebel über Graz hatte das Sonnenlicht verdeckt. Die Pflegerin hatte ihr auch nichts Frisches gekocht, einfach, weil sie nichts vorfand und zu schlecht Deutsch sprach, um einkaufen zu gehen, und zu geizig war, um das Risiko einzugehen, das Geld für den Einkauf dann vielleicht nicht zurückzubekommen.

Seit jenem November 2012 sind nun viele Monate vergangen. Das Bild meiner gewaschenen, sauberen Mutter, die im Lehnstuhl sitzt, ist in mir. Peter Altenbergs (1859 – 1919) Erinnerungen an seinen Vater, wie er in einem Haus am Wiener Graben saß und Émile Zola las, immer wieder mit dem ersten Buch anfing, wenn er mit dem letzten fertig war, kann mich ebenso wenig beruhigen wie die Identifikation mit Singer. Nicht nur, weil ich weiß, dass ich nicht sein Talent habe. Nicht nur, weil ich mich oft genug mit den glück- und talentlosen Schriftstellern identifiziert habe, die Singer in seinen Erinnerungen an den Warschauer PEN-Club erwähnt. Nicht nur, weil eine gescheiterte Lesung noch kein Hinweis auf eine außergewöhnliche literarische Karriere ist. Nicht nur, weil Zell am See für mich immer schon ein furchtbarer Ort war. Nicht nur, weil ich zu erinnern glaube, dass meine Mama mir abgeraten hat, am Sabbat dorthin zu fahren. Nicht nur, weil ich so den Sabbat gebrochen, gegen das Gebot der Bibel verstoßen habe, sondern auch, weil ich sie dort sitzen sehe und meinen Trotz verstehe und ablehne. Was habe ich mir erwartet? Dass die Marketingdame des Metroverlags mich dann mehr mag? Dass ich Erfolg haben werde? Dass ich endlich Schriftsteller werde?

Die Kosten für meine Anreise wurden fünfzig zu fünfzig zwischen Verlag und Buchhandlung geteilt. Ich schäme mich, dass ich das angenommen habe. Ich schäme mich, dass ich gefahren bin. Ich schäme mich für meinen Trotz. Ich schäme mich für mein „Bedürfnis", meine Unabhängigkeit zu zeigen und allen anderen Familienmitgliedern bewiesen zu haben, dass ich nicht bei der kranken Mutter übrigbleibe. Ich schäme mich, dass ich nicht neben ihr gesessen bin und mich daran erfreut habe, dass ich sie noch habe, wissend, dass es bald zu Ende geht. Ich schäme mich meines Egoismus und ich weiß, dass ich dafür bestraft werde – heute durch Schuldgefühle, einst, wenn mich meine Kinder allein lassen, die ähnlich empfinden und handeln werden. Ich schäme mich, weil ich an diesem Sabbat fast alles getan habe, was man an einem solchen Tag nicht tun darf. Ich schäme mich meines Hochmuts, der nicht einmal in meinem Talent, das sich Geltung verschaffen muss, dem Genius, dem die Welt gehört, begründet liegt.

DIE DIAGNOSE(N)

Plötzlich hat selbst ein abgeklärter alter Mensch irgendwelche belanglosen neuen Beschwerden. Entweder ein Gelenk schmerzt oder im Bauch geschieht etwas, das ihm unbekannt ist. Die Frau beobachten ihre primären und sekundären Geschlechtsteile, die sie sauber halten und selbst untersuchen muss, wie es die Vorsorgemedizin lehrt. Männer sind meist etwas weniger gesundheitsbewusst. Wie ich in meinem vorletzten Buch[44] ausführte, ist es jetzt zu spät, sich um seine Gesundheit zu kümmern. Alles, was die Altgewordenen jetzt noch in Gesundheit investieren, geschieht nur aus Todesangst und nicht aus rationaler Überlegung und der Anwendung von ärztlichen Ratschlägen. Die Ärzte beteiligen sich an dem lächerlichen Spiel. Wissend, dass sie nicht mehr viel helfen können, raten sie zu Diäten aller Art, alles Einschränkungen des Lebensgenusses, und zu Bewegung. Was sollen sie auch anderes machen, angesichts der, ihnen mehr als ihren Patienten, klaren Lage, dass sich der Vorhang nun zum letzten Akt gehoben hat? Unfähig, Trost zuzusprechen, und wissend, dass Trost nicht gewünscht und nicht bezahlt wird, weil er auf das nahende Ende hinweist, verordnen sie in dieser gott- und hoffnungslosen Zeit Kuren, Pillen, Blutdruckmessgeräte und eben Einschränkungen unterschiedlichster Art, so den Todgeweihten Hoffnung vorgaukelnd.

Nun kommen aber neue Beschwerden. Der Betroffene weiß, dass das entweder eine normale Alterserscheinung ist, womit sich ja auch ankündigt, dass es dem Ende zugeht, oder aber die Krankheit oder Störung, die sich des Lebens annehmen wird, um es zu beenden. Menschen versuchen auf verschiedene Weisen mit dem Problem umzugehen. Sie stellen sich der Untersuchung, hoffen, dass die Beschwerden wieder vergehen, sie fahren in den Urlaub, flüchten einfach, oder sie vertrauen sich einem Freund oder einer Freundin an. In jedem Fall nehmen sie ihr Wissen mit.

Komisch ist es, wenn solche Beschwerden das bisherige Leben infrage stellen. Denn das bedeutet, dass dieses Leben falsch gelebt

44 Ronny Scheer: Taubenfüttern ist nicht genug. Metro Verlag, Wien 2012.

wurde. Es ist bekannt, dass selbst Äbte, Könige und Päpste sterben. Also ist auch anzunehmen, dass man selbst nicht ausgenommen sein würde. Wenn man das aber weiß, wieso hat man dann falsch gelebt oder jedenfalls auf eine Weise, dass man so nicht weiterleben will, wissend, dass nun die letzte Stunde naht?

Betreuer und Nachkommen haben es in diesen Momenten sehr schwer. Sie wollen die Angst des Erkrankten nicht ertragen. Zumeist machen sie mit, wenn geflohen wird. „Wird schon nichts Ernstes sein!", das ist ein Satz, in den sie gern einstimmen, sofern sie ihn nicht selbst sagen. Oft wollen sie den Vorfahren, sei es Mutter, Vater oder Onkel, auch nicht verlieren. In diese Angst, die miterlebt und geteilt wird, mischen sich andere Ängste und Verleugnung. Jede Äußerung eines Arztes, die Anlass zur Hoffnung gibt (und die Ärzte spüren das Bedürfnis der Patienten und von deren Angehörigen, positive Meldungen zu hören, gegen jede Evidenz und ungeachtet des Aussehens des Patienten, und sagen daher leicht positive Sätze) wird aufgenommen und zitiert. Die Evidenz, dass nun der Weg zum Grab eröffnet wurde, diese Wahrheit ist so ungeliebt wie zum Beispiel der Satz „Hast du das Erbe geregelt?". Solche Sätze sind alten Filmen, die teilweise noch in Schwarzweiß gedreht wurden, vorbehalten.

Jetzt also die Untersuchung: Man geht mit. Spürt das Zittern des Erkrankten, teilt seine Hoffnungen und wirkt helfend und beobachtend mit. Constanze Kleis[45] beschreibt in ihrem Buch, wie ihre Mutter an einer todbringenden Erkrankung leidet. Es ist Sommer. Viele Ärzte sind auf Urlaub und man kümmert sich daher nicht richtig um ihre Mutter. Das erregt den Zorn der Tochter. Sie teilt ihn mit der Mutter, deren Zorn nicht nur von der schlechten Betreuung herrührt, sondern vor allem der Diagnose geschuldet ist. Sie leidet an einem Hirntumor. Aber selbst bei bester Betreuung wäre die Mutter an diesem Tumor gestorben. Unaufhaltsam. Vielleicht wäre die Diagnose schneller gestellt oder es wäre sogar noch operiert worden – zum Sterben gab's allemal keine Alternative.

---

[45] Constanze Kleis: Sterben Sie bloß nicht im Sommer. Und andere Wahrheiten, die Sie über ihr Ende wissen sollten. DuMont, Köln 2012.

Es kann eine gute Lösung für die Beteiligten sein, auf die Umgebung, die Ärzte, die Freunde, die sich angesichts der Erkrankung nicht melden, oder andere Familienangehörige zornig zu sein. Es kann das Unausweichliche erträglicher machen.

Mein Nennonkel etwa war im sechsundsiebzigsten Lebensjahr. Kurz vor den Weihnachtsferien wurde bei einer urologischen Untersuchung ein Knoten in der Prostata festgestellt. Gemäß der Wait-and-see-Strategie der heutigen Urologie vertröstete ihn der Facharzt auf die Befundmitteilung nach den Feiertagen am 10. Jänner. Aufgeregt rief mein Onkel mich an, ob ich auf der Pathologie, wohin das Material der Probeexzision geschickt worden war, die Diagnose erfahren könne? Ich konnte. Man teilte mir mit, dass es sich um ein Adenokarzinom der Prostata handelte. Mittlerer Malignitätsgrad, sagte der Pathologe am Telefon. Ich rief also meinen Onkel an und teilte ihm die Diagnose, wie gewünscht, mit. Ich werde einfach nicht klüger. Ich musste doch wissen, dass er es hassen würde. Da man den Überbringer der Nachricht ebenso hasst wie die Nachricht selbst, veränderte sich unsere Beziehung zunächst unmerklich, aber konsequent zum Schlechten. Einerseits war er mir dankbar, andererseits aber hasste er mich dafür. Er wusste, dass nun der Abgesang begonnen hatte. Er lebte noch etwa zehn Jahre. Zuerst verließ er sein Haus im Grünen, nach mehreren Knochenbrüchen konnte er dann die Wohnung im dritten Stock nicht mehr verlassen, schließlich kam er ins geriatrische Zentrum. Der Wunsch, endlich sterben zu können, wurde immer dringlicher. Mich wollte er nicht mehr sehen.

Man sollte wissen – und ich werde es nie lernen –, dass man es nicht wissen will. Man will nicht sehen, will nicht wissen, dass es nun bei einem selbst so weit ist, selbst wenn man bei Sterbenden gesessen und Friedhöfe besucht hat (mein Onkel hatte sich um den Wiederaufbau der Zeremonienhalle in Graz verdient gemacht). Daher gibt's den Wunsch nach einer Diagnosemitteilung nicht. Einer meiner medizinischen Lehrer, Prof. Neumann von der Wiener Rudolfsstiftung, der zuzeiten als Internist von Regierungsmitgliedern sehr angesehen war, teilte die fatale Diagnose nie mit. Schon von der Erkenntnis an, dass der Patient nicht mehr zu retten war, betrog er ihn, und alle nachgeordneten Ärzte wurden verpflichtet, an dem Lügengebäude mitzuwirken. Da wurden Schmerzmittel gegeben, wurden Psychopharmaka verschrieben, da wurden sinnlose Untersuchungen und Behandlungen angeordnet und durchgeführt – alles nur, um die Realität zu verschleiern. Wer glaubt, dass kenntnisreiche und studierte Menschen diesen Klimbim durchschauten, irrt. Der Herr Professor war sehr beliebt und gerade seine Lügen gefielen. Selbst Verwandte von todgeweihten Menschen spielten bei diesem Lügenspiel begeistert mit.

HEUTE GEHT ALLES SCHIEF

Ab wann beginnt die Betreuung der Vorfahren? Wenn sie sie einfordern oder wenn sie sie zu brauchen beginnen? Ab wann muss sich die Verantwortung drehen, ab wann müssen die Kinder für die Eltern verantwortlich werden? Von dem Zeitpunkt an, da die Kinder selbstständig werden, oder erst von da an, wenn die Alten etwas nicht mehr zuwege bringen?

Wie fließend die Übergänge da sind! Manchmal ist es das Mobiltelefon meiner Frau, die – noch keine sechzig Jahre alt – vieles nicht mehr erlernen kann oder will, dann wieder meine Unfähigkeit zum Netbanking, die meinen Sohn in Erstaunen versetzt. Und oft verstehen wir nicht, wovon er redet, wenn er mit seinem Softwarebetreuer und Freund über unsere kleine Firma spricht, weil wir Oldies die meisten Worte nicht kennen. Ist es da schon so weit?

Noch schlimmer ist es, wenn die Jungen, also im Fall meiner Mutter ich, die Zeichen nicht erkennen wollen. Diese Zeichen nähern sich schleichend, zeigen sich als kleinere und größere Unbeholfenheiten, kleinere und größere Schwierigkeiten, die nicht mehr bewältigt werden. Da ich sie beschreibe, wird mir auch das Ausmaß des Zorns und des Hasses bewusst, und mir wird klar, dass ich es so genau gar nicht wissen wollte. Denn die Umkehrung war von mir immer wieder bekämpft worden. Schon als ganz junger Arzt hatte ich sie mit meinem Vater erlebt, der von mir Ratschläge zum Erhalt seiner Potenz ebenso wie zur Aufrechterhaltung der Verdauung bei dem Überangebot an Nahrung, das er sich zumutete, haben wollte.

Nun aber die Mutter. Nach einem Besuch bei ihrer entfernten Nichte in Gan Jawne kam sie nach Hause und nahm zwei Schlaf- und ein Schmerzmittel ein. Einfach, weil ihr kalt war, sie der Rücken schmerzte und man in meiner Familie gelernt hat, dass Schmerzen und Leiden angesichts der Medikamente unnötig geworden sind. Sie war eher vorwurfsvoll, beklagte sich, dass man sie nach Israel mitgeschleppt und den Tag in dem kühlen und furchtbaren Haus gelassen habe, wo sie nicht imstande gewesen sei, um eine wärmere Decke für die Mittagsrast zu bitten, und überhaupt.

Also gut, ich war daran gewöhnt, dass sie unzufrieden war und dabei etwas vorwurfsvoll. Der Vorwurf richtete sich natürlich auch an meine Frau, die es für eine gute Idee gehalten hatte, meine Mama bei der Nichte zu lassen, während wir zu den Beduinen fuhren. Klar, sie wollte sich lieber um das Arbeitsprojekt als um meine Mama kümmern, und noch schlimmer war, dass sie mich dabei entführte. Womit sie Recht hatte, war, dass das Beduinenprojekt wissenschaftlich ein Rohrkrepierer sein würde, auch wenn es wirklich interessant war, Näheres über die Lebensumstände reicher Beduinen zu erfahren.

Und nun der nächste Morgen. Wir fanden sie auf dem Fußboden in ihrem Blut liegend vor. Wie kann es sein, frage ich mich seit Jahren, dass wir trotzdem weggingen. Wir, das sind meine Frau und ich, wir, das sind Ärzte, wir, das sind der angeblich liebende Sohn und die fürsorgliche Schwiegertochter, wir, das sind zwei Menschen, die in ein Spital fahren, angeblich um zu helfen, und den nächsten Verwandten allein lassen, der offensichtlich schon eine Abwesenheit von dreißig Minuten nicht bewältigen konnte. In vielen schlaflosen Nächten habe ich darauf keine Antwort gefunden. So komisch kommt mir das vor, so gegen alles, was ich je gesagt und meinen Studenten gepredigt habe, dass ich es nur als Unfähigkeit (wenn ich mit mir gut bin), als Hass (wenn ich mit mir böse bin) oder als kindlichen Unverstand (in beiden Fällen) auslegen kann. Jeder, dem man das erzählte wie ich Ihnen jetzt, würde nur den Kopf schütteln, weil er weiß, dass man eine 87-jährige Frau nach einem Sturz, der von einer Überdosis Medikamente herrührt und sie teilweise in einen verwirrten Zustand versetzt, nicht in einer fremden Stadt mit einem Mobiltelefon allein zu Hause lässt, weil er weiß, dass die Gefahr, Folgeschäden zu erleiden, unmittelbar nach einem Sturz am größten ist, weil er weiß, dass der Betroffene in so einer Situation einfach Schutz und Hilfe braucht.

Jetzt wird es aber ganz absurd. Schon auf dem Weg in das israelische Spital in Tel-HaShomer (Hügel des Wächters) rief ich an. Keine Reaktion. Jetzt, so denkt sich der freundliche Leser, jetzt müsste er, der Arzt und Sohn, der sich auf seine medizinischen Kenntnisse so viel einbildende über sechzig Jahre alte Herr, ans Umkehren denken, zumindest Hilfe organisieren, ein anderes Kind (das es nicht gab) oder einen Verwandten zur Mutter schicken (woran er nicht dachte). Aber nein, seelenruhig kümmerte sich der erfahrene und stumpfe Arzt um israelische Kinder, die nicht essen konnten, saß an der Seite seiner Frau, die ebenso wenig beunruhigt war, vor allem, weil sie, wenn sie arbeitet, wie ein Auerhahn ist: Keine familiäre Störung dringt zu ihr durch, sie widmet sich ganz den Patienten und deren Anliegen, geht in ihrer Funktion auf und ist dabei glücklich wie ein Koloratursopran auf der Bühne.

Wieder und wieder rief ich an. Keine Antwort. Man versuchte mich zu beruhigen, ich versuchte mich zu beruhigen. „Sie wird schlafen" war ein Gedanke. Aber wie lange konnte sie schlafen? Und wenn sie schlief, wäre das nicht ein alarmierendes Zeichen? In vielen Nächten habe ich diese Schuld bereits zu bearbeiten versucht, sie wird weder kleiner noch leichter. Es gibt für dieses Verhalten keine Entschuldigung, auch wenn ich meinen Kindern, sollten sie sich auch einmal so verhalten, nachträglich vieles verzeihen können würde, auch wenn ich büßen müsste, wie es nur die römischen Katholiken können, auch wenn ich eine Wallfahrt machte und mich zu Fuß aus Österreich zu den heiligen Stätten des Judentums begäbe und dabei spätestens in Syrien dem Henker zum Opfer fiele, nach Tagen und Monaten der Folter in den Gefängnissen des islamischen Kalifats oder des syrischen Diktators Baschar al-Assad, selbst dann wäre es zumindest unverständlich, wieso ich nicht nach Tel Aviv zurückgeeilt bin, nicht Nachschau gehalten, Hilfe gebracht oder zumindest eine warme Decke über die alte Mutter gebreitet habe?

Wie dem auch sei: Von der Autobahn 6 aus, die geradlinig durch das Land Israel vom Norden in den Süden führt, habe ich noch dreimal angerufen. Keine Reaktion. Wie war das zu interpretieren? Schlafen fiel nun längst aus, andere Gründe, außer krankheitsbedingte, auch. Sollte die Mama zornig sein, dass wir gegangen waren? Sicher, das war in der Vergangenheit manchmal passiert. Aber nach den Ereignissen des Morgens, wo sie dann auch noch alles andere als beruhigend gesagt hat: „Fahrts nur", wie sie das immer wieder tat, einfach, um nicht zur Last zu fallen? Keine Antwort. Also schauen wir dem Leihwagen zu, wie er an Tel Aviv vorbei in den Süden gleitet, gesteuert von dem sich gut vorkommenden Mann, neben sich die engagierte akademische Forscherin,

Menschenhelferin und von ihm geliebten Frau. Keiner der beiden hatte bei dieser Fahrt ein Unrechtsbewusstsein. Keiner hatte sich Vorwürfe gemacht, dass sie nicht daran dachten, nach Tel Aviv zurückzufahren. Man hätte schon vom Spital aus ein Taxi nehmen können, erst recht von der Autobahnabfahrt aus, von dort wäre die Wohnung in Strandnähe, wie alles in Tel Aviv, auch leicht zu Fuß erreichbar gewesen, wenn es sich nur darum gehandelt hätte.

Ist alles nicht passiert! Stattdessen Lunch bei einer der Tankstellen im Negev, sinnlose Besuche bei einer gelangweilten Beduinenfamilie, die einen nur deshalb empfängt, weil der israelische Arzt das so wollte, angeblich, weil er ihnen helfen wollte. Das Ganze war Teil eines wissenschaftlichen Projekts von Dr. Gal Meiri, Kinder- und Jugendpsychiater der Bar-Ilan-Universität Negev und Oberstarzt der israelischen Armee, der die unerkannten autistischen Verhaltensstörungen in der beduinischen Bevölkerung aufspürte und sie zu Recht auf die Konsanguinität zurückführte. Auch schon was, die Erkenntnis, dass Inzucht zu einem vermehrten Auftreten von angeborenen Krankheiten führt. Dazu mussten weder wir noch sonst wer in den Negev fahren, diese Erkenntnisse stehen am Beginn der Neuzeit und haben daher einen sehr, sehr langen Bart. Nichtsdestotrotz – wir fuhren. Es war eine Fahrt, wo jeder der Anwesenden dem anderen einen Gefallen tat und zum Schluss alle unzufrieden waren: der beduinenstämmige Pfleger als Begleiter, der es Dr. Meiri zuliebe machte und nicht wusste, wozu das gut sein sollte; Dr. Meiri, der es tat, um Marguerite gefällig zu sein, die er von verschiedenen Konferenzen her kannte und die er vielleicht noch gut brauchen würde können; ich, aus Interesse und weil ich doch auch wichtig sein wollte, wobei mir sogar ein Posten in einem Behindertenheim und -spital, ebenfalls im Negev, angeboten worden war, und zuletzt Marguerite, die sich ein neues Forschungsgebiet an den Quellen der Erkenntnis ausdachte, wie wir sie alle in den Reiseberichten Cecil Rhodes' und allenfalls Charles Darwins in Erinnerung hatten: Forscher, die bei „Wilden" ursprüngliche Riten und Gebräuche studierten und so ein neues Licht auf bekannte Verhaltensweisen warfen. Alles nichts. Die Beduinen sahen „O. C. California" im TV, die Mama hob das Telefon nicht ab.

Auf dem Weg zurück nach Tel Aviv rief ich immer wieder an. Am Display des Telefons, das wir am Esstisch fanden, schienen vierzehn Anrufe von mir auf. Drei von anderen Verwandten, alle unbeantwortet. Die Mama lag auf der Wohnzimmercouch, die ihr immer zu hart gewesen war, leicht bekleidet, nicht zugedeckt, ohne Beschwerden. Am Boden ein geöffnetes, fast noch weichgekochtes Ei, kalt, zwei Toasts, beide nicht bestrichen, und eine Tasse Tee am Tablett. Es musste ihr am Weg zum Balkon schlecht geworden sein, sie scheint das Tablett noch abgestellt zu haben oder sie hat sogar bereits zu essen begonnen, wollte dann, wie so oft, auf die Toilette, und dabei wurde ihr schlecht. Sie wollte sich nur kurz hinlegen, wahrscheinlich verlor sie das Bewusstsein, das Telefon hatte sie immer wieder gehört, aber an ein Aufstehen oder Abnehmen war nicht zu denken, sie konnte den Ton auch nicht zuordnen und war sogar manchmal zornig, dass alle anriefen und niemand kam. Es muss ihr gegangen sein wie einem Kind, das allein in seinem Zimmer um Hilfe ruft und niemand hört es.

„Freunde in der Not gehen tausend auf ein Lot", heißt es im Kindervers.

Was war passiert? Nichts, die einfache Unmenschlichkeit von Kindern, die Angst haben vor der Verantwortung, die nach Rache sinnen, wenn der/die Alte schwach wird, die sich selbst beruhigen, wenn sie als Betreuer gefordert sind. Sonst nichts.

Mein Laufpartner, der schon in den letzten beiden Büchern so wichtig war, warnte mich vor der Pflege der Alten immer mit dem Hinweis auf das Schicksal seines Onkels. Dessen Mutter hatte den erwachsenen Mann in Geiselhaft gehalten, hatte ihn nie wegfahren lassen, wurde krank, wenn die Familie einmal in den Urlaub wollte, hatte Terror ausgeübt und nun, als die Mutter tot war, erkrankte der Onkel alsbald an Demenz, der er dann auch in einem katatonen Stupor Jahre später zum Opfer fiel.

Ebenso hatten sich mir Erlebnisse eingeprägt, die während der Hochzeitsreise begonnen hatten, wo ein furchtbarer Bienenstich in die Zunge der Mama fast zur überstürzten Rückkehr von der Costiera Amalfitana geführt hätte. Schon damals nahmen wir es als einen Versuch, unsere Hochzeitsreise zu unterbrechen, wahr, schon damals erlebten wir die Krankheit meiner Mutter als eine Kriegserklärung an unsere Beziehung. Vielleicht war da auch was dran, aber sie war nun mal bienengiftallergisch und bedroht. Wie komisch das ist, jetzt, nachdem zwei Jahre seit ihrem Tod verstrichen sind, und wie komisch kann das sein, dass man sich so wichtig nimmt und nicht versteht, nicht verstehen will, wenn man am meisten gefordert ist. Alle Kinder und Kindeskinder in der Familie versorgt man, alle Partner der Kinder überdies, sogar die Schwiegereltern der Partner der Kinder werden zu eigenen Patienten, die man mit Ratschlägen versieht, die man betreut, besucht, wenn sie im Spital sind, und sich nach ihrem Wohlergehen erkundigt. Aber bei der eigenen Mutter fühlte man sich unter Zugzwang, war in Bedrängnis, hatte Angst, eingeschränkt zu werden.

Inzwischen ist meine Frau aufgewacht, es ist sieben Uhr in der Früh, mittlerweile schreibe ich manchmal frühmorgens, so wie früher immer am Abend. Das Bett meiner Frau im Nebenraum besteht aus den Resten eines Designerbetts, das sie ihrer jüngeren Tochter Lilli gekauft hat, als sie noch bei uns wohnte, also vor mehr als zehn Jahren. Darauf liegen zwei alte Matratzen, die diesen Namen nicht verdienen, Schaumstoff ohne wirklichen Lattenrost, Gift für ihren Rücken, an dem sie schon wegen eines Bandscheibenvorfalls zwischen dem fünften Lenden- und dem ersten Kreuzwirbel operiert wurde, Gift, weil sich die Rückenmuskulatur durch die vielen Kilos und die mangelnde Bewegung während des Tages anspannt und in diesem Bett so gar nicht entspannen kann. Sie sagt dann immer, dass sie nicht auf sich schauen kann, und kauft nur in Israel zwei sehr gute Betten, weil sie ihrem Sohn und dessen Freundin was Gutes tun will und weil sie behauptet, dass ich ein gutes Bett brauche, weil ich sonst schimpfe, was wirklich stimmt.

Nun hat sie sich in mein Bett gelegt. Das fand ich aber erst heraus, als ich zu suchen begann. Ich habe eine empfindliche Nase. Sie leitet mich durchs Leben. Ich erkenne Menschen, Krankheiten, Esslokale und viele Gefahren mit der Nase. Leider zahle ich dafür einen gewissen Preis: Ich rieche so gut, dass ich in der Straßenbahn weiß, wer vom Helicobacter pylori infiziert ist. Ich rieche es einfach und frage mich oft, ob es rechtens ist, dass ich es den Betroffenen nicht sage und sie so einem Magengeschwür oder, schlimmer noch, einem Magenkrebs aussetze. Ich weiß, wer hungrig ist und wie er dann riecht. Meine Frau riecht dann sauer, manche Menschen riechen basisch und bei manchen ändert sich das auch, je nachdem, wie lange sie schon hungrig sind, und ich rieche, ob der Organismus von der Verbrennung der Kohlehydrate bereits auf die Verbrennung der Fette umgestellt hat und daher Ketone produziert. Ich rieche also meine Frau. Sie liegt in meinem Bett, ihr Rücken ist unbedeckt, die Decke ist zwischen ihren Schenkeln eingeklemmt.

Der Popo ragt ins Zimmer, es ist halbdunkel, der Tag ist angebrochen, aber nebelverhangen, so dass ich nicht auf den Berg gehen kann, denn dort – Wolken über dem Nebel – wird es in Kürze regnen. Außerdem gehe ich nicht gern am Sonntag auf den Berg, da gehen alle rauf, vor allem die Berufstätigen, und ich finde es gut, jetzt wie alle Pensionisten am Montag gehen zu können. Ich lasse sie so liegen, wie sie ist, und klettere auf sie rauf. Sie wacht langsam auf, sie mag es, im Halbschlaf genommen zu werden. Fast kann man sagen, sie zieht es vor. Leider nähere ich mich ihr nur ausnahmsweise abends, was sie als Einschlafhilfe gern hätte. Aber, wie die Hormone so spielen, bin ich sexuell eigentlich eher am Morgen aktiv und für Abendeinladungen mit Folgen schon immer eher eine Katastrophe gewesen.

Auf dem Schreibtisch stehen zwei Bilder von ihr, eines hat sie gestern Abend von uns beiden auf den Tisch gestellt, es ist fast zehn Jahre alt und sie sagte dazu: „So gut schaust du noch immer aus!" Ein ewiger Kampf um die Liebe des anderen, ein Kampf, der auch meine Mama mit einbezog. Sie waren in vielfältiger Weise aufeinander eifersüchtig.

Meine Nase: Während ich über meine Mama schreibe, dazwischen auf die Toilette gehe, beginnt sie nach dem Morgenschneuzen zu bluten. Ein Nasenloch noch vom Schnupfen und der Naseneingangseiterung weitgehend verstopft, das andere blutet. Es gibt viele Ratschläge, wie man damit richtig umgeht. Ich kenne sie alle. Seit sechzig Jahren Nasenbluten, und das nicht einmal allzu selten, da kennt man sie alle: Kopf in den Nacken führt nur dazu, dass ich Blut schlucken muss; kalte Auflagen in den Nacken führen dazu, dass mir am Hals kalt ist – die Blutgerinnung in der Nase wird davon nicht beeinflusst; Nasenflügel zudrücken führt dazu, dass mir die Nase und die Finger wehtun und die Gerinnungszeit wieder nicht beeinflusst wird. Wenn das Nasenbluten stark ist, dann rinnt einfach der Überschuss in den Hals und wird geschluckt, manchmal kommt das Blut sogar aus dem anderen Nasenloch raus; und zuletzt Stoppel aus Klopapier – wunderbar. Ist der Stoppel zu groß, ist es unerträglich. Ist er zu klein, rinnt das Blut durch. Beim Entfernen des Stoppels fängt das Übel oft von vorn an. Am besten, man sitzt nach vorne gebeugt und lässt es rinnen, bis die Gerinnung den Blutfluss stoppt. Alle medizinischen Maßnahmen sind sinnlos, vor allem das Veröden mit Silbernitrat (Lapisieren), das nur zu einer Verhärtung der Nasenschleimhaut führt, schmerzt, einen dazu zwingt, tagelang Vaseline in die Nase zu schmieren, und keinen nachhaltigen Effekt hat.

Inzwischen sind es oft psychische Faktoren, die mein Nasenbluten auslösen. Zum Beispiel die Kameradschaftsfahne in einem Kärntner Restaurant in Seeboden oder eben heute Morgen, als ich über meine Schlechtigkeit gegenüber meiner Mama zu schreiben begonnen hatte. Welche Schlechtigkeit in einem doch wohnt, wo man der liebende und sorgende Sohn ist, als der man allenthalben gesehen wird. Und sich selbst so sieht. Doch dann kommen die Reflexionen und plötzlich sehe ich, wie ich war.

DER BEGINN DES ABSCHIEDS

Heute sitze ich am Lala-Strand. Wir nennen ihn so, weil das Restaurant am Strand von Tel Aviv so heißt. Eigentlich müsste man sagen, dass der Strand an der Gordonstraße liegt. Denn diese stößt dort in fast rechtem Winkel auf die vierspurige Strandstraße, die nach dem Yarkon, dem kleinen Fluss am nördlichen Ende der Stadt Hayarkon, benannt wurde. Nur dass man sich immer im Lala verabredet, niemand würde sich an der Gordon treffen wollen und dabei an den Strand denken. Ich sitze aber nicht in dem von Franzosen und Deutschen frequentierten Kaffeehaus, sondern im Einheimischencafé Aroma, das Selbstbedienung hat und wo das Frühstück nur achtunddreißig NIS kostet statt fünfundsiebzig wie im Tourismuslokal mit den Füßen im Sand. Das Meer liegt vor mir, neben mir sprechen die Menschen hebräisch. Zwei Radfahrer ruhen sich aus und trinken Orangensaft, Menschen schreien in ihr Handy, manche nehmen einen Kaffee und ein Gebäck. An einem Tisch neben mir sitzen ein Mann und eine Frau. Sie gehören nicht zusammen, sie teilen den hohen Tisch nur, weil dahinter Steckdosen zur Verfügung stehen und beide ein elektronisches Gerät angeschlossen haben. Der Mann hat einen Laptop und ein Handy mit. Er spricht mit sich, wie es aussieht, vielleicht hat er auch einen Anruf am Computer und keine Kopfhörer mit. Er singt. Die Frau schaut zu mir, so, als wolle sie die Erkenntnis mit mir teilen, dass ihr Nachbar offenbar verrückt ist. Und wirklich. Er steht auf, eine lange, schlanke Gestalt in zu kurzen Hosen, die Lederschuhe zu groß, mit nach vorne aufgebogenen Schnäbeln, die Socken kurz und zu der braunen Hose überraschenderweise fliederfarben. Geschickt steigt er über das Stromkabel seiner Nachbarin, geht ein Stück auf dem Strandweg, der noch gepflastert ist, bevor der Sand beginnt. Er spricht ins Telefon, vielleicht weiß er schon, was sein Gesprächspartner sagen wird, denn seine Anrufe sind sehr kurz und er nickt dabei andauernd. Er geht zu seinem Platz zurück, steigt abermals über das Stromkabel seiner Nachbarin, setzt sich wieder, schaut auf seinen Computer, kommt wieder hervor und spricht, auf dem Weg auf und ab gehend, mit jemandem. Sein Weg ist immer der gleiche: eine unsichtbare Grenze hält ihn davor zurück, weiter zu gehen als bis zum Ende der kleinen Stiege, die in den Sand und damit zum Strand führt.

Ich beobachte ihn gern. Er ist der eigentliche Grund, warum ich im Kaffeehaus schreibe. Es ist so wie einst. Man sitzt allein im Kaffeehaus, vor sich einen Schreibblock und eine gute Füllfeder in der Hand, und beobachtet die anderen Gäste. Sicher, es ist nicht so, wie es im Wien der Kindheit meiner Mutter gewesen sein muss, im Café Central in der Herrengasse oder im Bräunerhof in der Stallburggasse. Damals gab es einen Ober, der schon wusste, was man in der Früh immer nahm, und bei dem man sich hütete, von dem Gewohnten abzuweichen, weil das die Ordnung gestört hätte. Da gab es nationale und internationale Zeitungen und Zeitschriften und der Großteil der Gäste war jüdischer Herkunft. Das ist das Einzige, was im Strandcafé Aroma auch so ist. Es gibt keinen Ober, keine eingefleischten Freund- und Feindschaften, keine Stammplätze und keinen Mantel, den der Piccolo einem abnimmt. Stattdessen gibt es eine russischstämmige Israelin, die ihren Militärdienst wohl schon abgeleistet hat, die mich in fast befehlsmäßigem Ton fragt, was ich haben möchte, und kein Englisch spricht, sondern mir nur nach Nennung meines Namens sagt, dass man mich rufen werde. Mein Name: damals wird er wohl israelisch gewesen sein oder zumindest jüdisch, damals, das war 1951. Ich wurde in der aschkenasischjüdischen Tradition nach meinen beiden verstorbenen Urgroßvätern benannt. Der eine, Zwi, wurde 1942 nach Theresienstadt deportiert und ist dort, wie so viele tausende Alte, an Hunger, an der Kälte oder an den Flöhen, Wanzen und Infektionen gestorben, neben oder jedenfalls nicht weit entfernt von meiner Urgroßmutter, die dasselbe Schicksal erlitt. Der andere, Jaron, starb in der Zwischenkriegszeit in Wien. Heute macht mein Name die Angestellte im Aroma lächeln, sie erkennt an meinem Namen, mehr noch an meinem Aussehen und meinem stotternden Hebräisch, den Galutjuden, für den echte Israeli vor allem Verachtung empfinden. Sie verstehen nicht, dass sie die Träume unserer Eltern wahrgemacht haben, dass sie eine starke, wehrhafte Jüdin ist, bereit, für ihr Land zu kämpfen und jedenfalls sich nie mehr wehrlos abschlachten zu lassen. Überdies ist die seit meiner Kleinkindzeit von meiner Mutter verwendete Verkleinerung meines Namens Jaron, nämlich Ronny, inzwischen ein Mädchenname, wie bei uns Marion. Sonst hieße ich Ron, wie ein echter Mann, ein echter Israeli, ein Sabre. Soll ich ihr erzählen, dass ich in Tel Aviv geboren wurde und dass meine Eltern 1954, als ich drei Jahre alt war, nach Wien zu gehen beschlossen? Mein Vater wegen seiner Sehnsucht nach blonden Mädchen, wie er sagte, meine Mutter wegen der frischen Semmeln und dem Wunsch, ihren beiden Kindern eine intakte Familie zu geben. So, als hätte sie nicht den Mann geheiratet, der in ihre drei Jahre ältere Schwester verliebt gewesen war, und das auch nur, weil ihr angehimmelter und viel älterer Erich, ein Jugendschwarm, der ihr Gedichte schrieb, im Süden Palästinas kämpfte und unerreichbar schien. Weil sie doch ihre Mutter so gar nicht mehr aushielt, die einen Mittagstisch bereitete, der zum Unterhalt der Familie beitragen sollte, und dabei mit den Essensabfällen die Toilette verstopfte und dann schrie und meine jugendliche, noch nicht achtzehn Jahre alte Mutter als Servierfräulein benutzte, die den nach Schweiß riechenden Männern das Essen an den Tisch brachte und danach die Teller in der viel zu kleinen Küche ohne Fließwasser abwusch. In Österreich hatten sie eine Köchin und ein Stubenmädel gehabt, meine Mama kannte die Küche kaum, nur wenn sie durstig war und sich selbst ein Glas Wasser holte, tauchte sie dort auf. So kam es auch, dass sie die Kaffeekanne ihrer Nenntante Rosa verbrannte. Als man sie bat, Kaffee aufzusetzen, gab sie Kaffee in die Kanne und stellte sie aufs Feuer, auf die Gasflamme. Erst Minuten später roch man das Verbrannte, die Tante lief in die Küche und verhinderte, dass die glühende Kaffeekanne einen Brand auslöste. Meine Mutter hatte vergessen, Wasser in die Kanne zu geben. Wobei „vergessen" eigentlich nicht das richtige Wort ist. Sie wusste nicht, dass Kaffee mit Wasser zubereitet wird, und hatte selbst noch nie Kaffee getrunken. Das war in Wien ein Erwachsenengetränk gewesen, eher kostbar und keinesfalls vor dem sechzehnten Lebensjahr zu trinken. Vorher gab's Kakao und Tee, aber nicht zu stark und nicht jeden Tag.

Es brauchte lange, bis meine Eltern wieder ins Land kamen. „Ins Land kommen" sagt man nur in Israel. Überall sonst fährt man in ein Land, nach England, Frankreich, Deutschland, vielleicht sogar nach Amerika. Aber ins Land kommt man nur in Israel. Und aus dem Land geht man auch nur in Israel. Chuz la arez – raus aus dem Land. Was für Verräter und Urlauber.

Ich war schon vierzehn Jahre alt, nach meiner Bar Mitzwa, als wir zum ersten Mal nach Israel fuhren. Meine Eltern waren getrennt, mein Vater hatte sich seinen Traum erfüllt und seinen Anlehrling geheiratet. Die Scheidung war mithilfe meines Großvaters, der meinen Vater nie hatte leiden können, dramatisch verlaufen. Detektive, Absperrung der Zimmer in der Wohnung, gegenseitige Beschuldigungen, Anzeige gegen meinen Vater wegen Ausnutzung eines Autoritätsverhältnisses, Verfolgungsjagden – so wie man das aus Filmen kennt. Das war die Familie, derentwegen meine Mama nach Wien gehen wollte, gehen zu müssen glaubte. Dann wurde das Geld knapp, die Großeltern waren auch nicht mehr so jung und überraschenderweise wieder ein Paar, und so blieb man in Wien. Weder konnte sich meine Mutter an den vielen Nebel in Wien gewöhnen noch an die Kälte und schon gar nicht an die vielen alten Nazis, die zum Beispiel meine Lehrer und die meiner Schwester waren. Die Großväter hatten es leicht. Der eine starb früh an den Folgen des Rauchens, der andere rauchte ebenso viel, wurde auch krank und unterteilte die Menschen in Juden und Antisemiten. So einfach war das. Da er Jurist war, erkannte er hellsichtig, dass die Richter, die über die Wiedergutmachung und die Entschädigungen zu urteilen hatten, dieselben Menschen waren, die noch kurz zuvor am Volksgerichtshof Antifaschisten, die Volksschädlinge genannt wurden, zum Tod verurteilt hatten und Franz Jägerstätter[46] mit dem Fallbeil hinrichten ließen. Jetzt sollten sie Juden Eigentum zurückerstatten und der eher schwachen Stimme meines Opas zuhören, der so aussah, als wäre er einer *Stürmer*-Karikatur entsprungen. Man hasste sich. Und mittendrin ich und meine drei Jahre ältere Schwester, die sich in der verbrannten Medine, wie die Jiddisch sprechenden Verwandten die Erde nannten, die so viel Judenblut aufzusaugen gehabt hatte, wohl und heimisch fühlen sollten. Und die fremd blieben. Bis heute. Nur mehr ich. Meine Schwester starb mit neunundvierzig Jahren an den Folgen

---

[46] Franz Jägerstätter (1907 – 1943) verweigerte den Wehrdienst aus römisch-katholischer Überzeugung heraus. Nach vielen Versuchen, auch kirchlicher Kreise, ihn umzustimmen, wurde er hingerichtet. 2007 wurde er seliggesprochen.

ihres Zigarettenkonsums an Lungenkrebs. Und nun ist meine Mutter auch tot, gestorben an Altersschwäche. Oder an Vernachlässigung oder gegenseitiger Überbehütung zwischen ihr und mir oder an dem Land, das sie verlassen hat und das ihr ganzes Leben hindurch ihr Schicksal war.

Vor einem Jahr, also 2013, rund um die schrecklichen Tage[47] des November, war meine Mama mit meiner Frau und mir in Israel. Furchtbare Tage – die Zeit, da man in Österreich im Nebel und manchmal auch im Regen zu den Gräbern geht, Allerheiligen und Allerseelen, und dann die Erinnerung an den Novemberpogrom, wie die „Reichskristallnacht" inzwischen politisch korrekt heißt. Da versuchten wir seit Jahren, seitdem das Geld nicht mehr so knapp war und wir es uns leisten konnten, in Israel zu sein. Den Sommer verlängern, noch einmal schwimmen gehen, am Strand sitzen, Verwandte besuchen und hebräisch sprechen. Jedenfalls meine Mama konnte das, wir Kinder sprachen nur ein paar Worte und fühlten uns in Israel so fremd wie in Österreich. Überall fragte man uns, wie wir uns dort fühlten – in der Heimat –, und meinte immer das jeweils andere Land.

Meine Mama war 2012 schon sehr schwach. Wir wohnten in der Rechov Gordon, unweit des Strandes. Sie hatte Jahre zuvor ihre Wohnung in der Hayarkon 184 aufgegeben. Man konnte keine unbewohnte Wohnung in Israel ohne Betreuung haben. Die Klimaanlage, die fast neu war, heizte nur mehr. Der Kühlschrank hatte sich in einen Wärmeschrank verwandelt. Die Nachbarn hatten Wasser im Ausmaß von vier Schwimmbäderbecken gestohlen. Ohne dass man etwas nachweisen konnte. Marguerite und ich hatten alles wiederherzustellen versucht, bevor Mama kam. Aber dem stand vieles entgegen: Die Stadtverwaltung rechnete das Wasser nur ab. Für Verluste war der Wasserinspektor zuständig. Wir wurden in ein Spiel gelockt, das ich schon als Kind hasste: Vater, Vater, leih ma d' Scher. An jedem Baum stand ein Kind und man musste von einem zum anderen rennen, um endlich eines der Kinder zu erwischen, wenn es seinen Baum gerade losgelassen

---

47 Unter den „schrecklichen Tagen" werden jene zehn Tage zwischen dem jüdischen Neujahrsfest und dem Versöhnungstag verstanden, in denen nach dem Volksglauben der Himmel „offen" für die Bitten der Betenden ist.

hat. Das geschah aber nie, oder ich war einfach zu langsam. So war es hier auch. Die Zuständigkeit blieb für mich im Dunkeln, wir mussten das fehlende Wasser zahlen, wenn wir wieder welches haben wollten. Zusätzlich hatte meine Frau Möbel gekauft, die meiner Mama nicht gefielen. Mama hatte sich übergangen gefühlt und wollte die Wohnung verkaufen, meine Frau rausschmeißen, allein ohne Kühlung und ohne Eiskasten leben, und das trotz der vielen Stiegen. Es war ihr schwer geworden, drei Stockwerke raufzugehen. Ich half ihr bei der Übersiedlung ins Hotel, war schuld an allem, die falsche Frau geheiratet, die Wohnung ruiniert, meine arme Mutter allein ins Hotel eskortiert zu haben, denn sie wollte nicht im teuren Hotel wie ihr hochstaplerischer Sohn leben, sondern in einem angemessenen. Das muss aber fast sechs Jahre früher gewesen sein.

Als wir gemeinsam in der Gordon wohnten, waren die Verhältnisse schon wieder besser. Es funktionierte alles, wenn auch schlecht. Die Klimaanlage war zu kalt, der kühle Boden, den sie immer so geliebt hatte, machte ihr kalte Füße und das Land erschien ihr zu anstrengend. An den Strand, von dem aus sie so gern aufs Meer geschaut hatte, kam sie gar nicht mehr. Sie hatte rezente, schlechte Erinnerungen. Im Februar 2012 war sie mit ihrer Enkelin Anna, meiner Tochter und deren Kind, Mia-Fe, in Israel gewesen und es war ihr andauernd kalt. Kälte und Wärme, die beiden beherrschenden Themen im Leben meiner Mutter. War es kalt, dann fror sie. Aber nicht, wie andere Menschen froren, nein, sie fror als Ganzes. Kein anderer Gedanke war ihr noch denkbar, kein anderes Erleben. Mit der Hitze war es ähnlich. Keine Ausfahrt zu einem Schwimmbad im Sommer in Wien oder nach Baden bei Wien, an dem wir nicht ankamen, das heiße Auto im Eilschritt verlassend, zur Kasse stürmend, umziehen und ins Wasser. Bis dahin kein Gespräch, bestenfalls ein bellender Befehl oder ein Geschrei. Und dann so viel Kälte in Israel. Sonne, aber Wind und Kälte in einem strengen Februar 2012. „Warum hast du dir keinen Mantel gekauft, in Dizengof Center gibt's tausende Daunenmäntel?" „Zu schwach, frag nicht." Der Aufenthalt war eine Katastrophe, das Land zu schwer.

Und dann der Herbst 2012. Das Verlassen der Wohnung schon ein Aufwand. „Sei du einmal so alt, dann wirst du das verstehen." „Aber

Mama, komm, wir gehen nur bis zur Ben-Jehuda-Straße." Es war definitiv zu weit. Die Gordon hat einen kleinen Anstieg, so wie es der darunterliegende Sandhügel wollte, oder man hat anfangs die Straße über den Sand gelegt, der vom Aushub der nun an ihr stehenden Häuser stammte. Jedenfalls muss man vielleicht drei bis vier Höhenmeter überwinden. Zu schwer. Man schleppte sich noch ein paar Meter weiter, blieb stehen. „Wenn nur das blöde Herz nicht wär, könnte ich noch Jahre leben. Das Hirn geht doch noch." Aber die Ben Jehuda erreichten wir nicht, und das Auto zu nehmen wäre komisch gewesen. Eine Runde von vielleicht vierhundert Metern und dann wieder auf den gemieteten Parkplatz fahren. Also zurück nach Hause, hinsetzen, dann hinlegen. Kein Fernseher, den wir benutzen konnten. Keine Musik und oft zu kalt, manchmal zu warm. Am Balkon untertags konnte man sein eigenes Wort nicht verstehen, auch das eine Redewendung aus dem Vorkriegswien. Am Abend war's zu kalt, um draußen zu sitzen. Nicht einmal die Allee nebenan, die nach dem ersten Ministerpräsidenten benannte Sderot Ben Gurion, konnten wir erreichen. Dort wäre der Gazoz-Stand gewesen, der Limonadenstand, an dem sie die erste Zitronenlimonade vor vierundsiebzig Jahren getrunken hatte. Wenn sie es sich leisten konnte. Damals, 1938, hatte niemand Geld. Also kostete die Limonade einen halben Groschen, *chezi grusch*. Da der Groschen aber die Scheidewährung war, konnte man keinen halben zahlen. Der findige Besitzer des Limonadenstands wurde so zum Geldpräger. Er stempelte kleine Zettelchen, die einen halben Grusch Wert waren, und so konnte man einen Tag um einen halben Grusch eine Limonade trinken und am nächsten Tag noch eine. Was war das für eine Freude in dem heißen Land, in das man aus seiner Wiener Innenstadtwohnung allein und ohne Eltern vertrieben worden war? Immer dieselbe Geschichte wurde mir erzählt, wenn wir an dem Stand vorbeikamen. Er steht noch heute, erst gestern habe ich ihn gesehen. Er ist jetzt weiß und grün gestrichen, eine Kaffeemaschine, wie in italienischen Restaurants, gibt es dort und die jungen Leute nehmen Coffee to go oder trinken ihn auf den im Boden befestigten Sesseln, die in der Mitte der Allee angebracht sind, und schauen auf ihre Smartphones oder reden miteinander und schreien, wenn der Bus an der nebenan gelegenen Kreuzung losfährt. Es fällt nur Ausländern auf, dass die Busse so laut sind. Hier ist es normal, dass jede Ampelphase zu einer exponentiellen Steigerung der Lautentwicklung führt und die Modulationen der Stimme sich dem anpassen.

Aber wir erreichten es nicht mehr. Es war einfach zu weit.

Jahre zuvor, als wir noch in Mutters eigener Wohnung gewohnt hatten, da war das alles noch nah. Wir konnten das ganze Gebiet abgrasen: den Juwelier Kränzler, der mit seiner Mutter seit Beendigung seines Militärdiensts im Geschäft ist, die Apotheke des Onkels Iziu und eben den Gazoz-Stand. Die Spaziergänge waren auch damals kurz und beschränkten sich auf das kleine Quadrat zwischen Dizengoff, Ben Jehuda einerseits und Alozorov bis Frishman andererseits. Ein kleines Quadrat, nicht ganz im Norden des alten Tel Aviv, aber doch das Viertel, in dem die deutschstämmigen Juden einst gewohnt hatten, das daher das jekkische Viertel genannt wurde und immer noch Zafon, der Norden, heißt, so, als gäbe es nicht inzwischen Siedlungen und Gebiete, die sich zwanzig Kilometer nördlich an Tel Aviv anschließen und aus den beliebten Hochhäusern bestehen, mit Grünanlagen dazwischen. Wir kamen kaum aus dem alten, vertrauten Tel Aviv hinaus.

Einmal, als die Mutter meines Freundes Helmut gerade gestorben war und er mit meiner Mutter und mir nach Tel Aviv kam, da machten wir eine kleine Rundreise zu dritt. Wir besuchten Jerusalem, das Tote Meer und die Wüste Negev mit dem Jacob-Blaustein-Institut. Helmut war verständlicherweise angespannt und auch die gewisse Einfachheit nicht gewohnt, die wir zu bieten hatten. Er machte meist Urlaube um viel mehr Geld und unsere Quartiere, vor allem auch das Bett in der Wohnung, das man abends ausziehen musste, und die Toilette mitten in der Küche, waren überraschend für ihn. Seine Mutter gerade tot und ich mit meiner dürfte auch nicht leicht für ihn gewesen sein.

Das war noch die Zeit, wo ich mit meiner Mutter streiten konnte. In Jerusalem, der Stadt, in der alle Konflikte am schlimmsten werden, nicht nur unsere, stritten wir die halbe Nacht. Mein Freund, der damals bekannte Wiener Sektionschef Raoul Kneucker, war gerade in der Stadt, wir trafen ihn zum Abendessen und Helmut wurde von schwerer Eifersucht geplagt. Er mischte sich andauernd ins Gespräch, wurde ausfallend, beschimpfte meinen Freund Raoul, das dieser mehr für Israel machen sollte, trank unmäßig, wurde mehr und mehr dem von sich selbst verachteter Kärntner ähnlich und ging schlafen. Mama und ich stritten über den Verlauf des Abends. Irgendwie war ich furchtbar und kränkte sie unnötig. Am Morgen erwachte ich wie immer früh und wollte zur Westmauer. Mama war auch schon wach und wollte mit. Sie unterschätzte ihr morgendliches Bedürfnis, mehrmals aufs Klo zu gehen. So kam es, dass sie bei der Kotel ein Klo suchte, nicht fand (heute weiß ich, wo es ist, aber ich weiß nicht mehr, ob es damals schon eines für Frauen gegeben hat) und sich die Hose beschmutzte. Das war und blieb für sie das Schlimmste. Manchmal denke ich, dass sie gerade dann oder deshalb gestorben ist, weil ich nicht verstand, dass sie noch einmal urinieren wollte und ihre Handbewegung missdeutete beziehungsweise sagte, dass sie ohnehin in die kleine Windelvorlage machen könne. Also saß sie so im Frauenteil vor der Klagemauer, dem heiligsten Platz des Judentums, an dem es heißt, dass ER hier immer anwesend ist. Das hat sie viel mehr mitgenommen als der Streit.

Die Reise war einfach anstrengend. Aber sie war dabei. Sie sah seit 1947 zum ersten Mal das Tote Meer, an dem mein Vater einst Barmann gewesen war. Sie sah den Kibbuz Ein Gedi, der an den Salomonfällen gebaut wurde, an denen der Legende nach König Salomon die Königin von Saba getroffen hat. Ein heller, bunter, grüner Kibbuz mitten in der judäischen Wüste. Unten das Tote Meer, eine Salzlake, nebenan Massada, eine Wüstenfestung, von Herodes als Sommersitz erbaut und von den Zeloten als letzte Zufluchtsstätte benutzt. In dieser Umgebung ist jedes Fleckchen Grün etwas Besonderes, ein Vergnügen, das Schwimmbad angemessen, die Vogelfauna gezüchtet, so, als befänden wir uns in den Zeiten der Bibel. Dort ging fast alles gut. Sie war glücklich. Wie sie überhaupt ein viel froherer Mensch gewesen ist, als ich sie erinnere. Viele Fotos, die ich jetzt sehe, zeigen sie lachend.

WIE ERLEBEN DIE ALTEN DIE BETREUUNG?

Meiner intelligenten Frau verdanke ich den Hinweis, dass ich das Buch in großen Lettern drucken lassen soll, so dass es ihr dreiundneunzigjähriger Vater lesen kann. Dieser Wunsch meiner Frau führt mich zu folgender Frage: Wie erleben denn die Betreuten die Betreuung?

Dazu kann ich nur aus der Beobachtung einige Erfahrungen beisteuern. Wenig weiß ich aus eigener Ansicht davon und ich fürchte, dass ich dann, wenn ich mehr darüber weiß, keine Lust mehr haben werde, es mitzuteilen. Wie der buddhistische Satz lautet: „Wer es versteht, lehrt. Wer es weiß, will es nicht weitergeben!" oder so ähnlich.

Die Alten wissen um die Konflikte der Jungen. Einerseits haben sie sie selbst erlebt, andererseits sehen sie sie ihnen an. Sie wissen, dass sie in vielem eine Last sind, und sie hassen es. Sie wissen, dass es schön wäre, noch Erlebnisse zu haben, aber sie wollen es nicht verlangen. Sie spüren, dass die Kinder mehr aus Pflicht denn aus Neigung kommen, und sie wollen keineswegs ekelerregend werden. Sie wollen vor den Kindern nicht ihre Ausscheidungen produzieren, auch wenn sie sich erinnern, diese gewickelt zu haben. Sie wollen keine „toiwes" (jiddisch für Gefälligkeiten, aber mit einem stark negativen Unterton). Es ist ihnen eine Last, dass sie zur Last fallen. Natürlich gibt es oft die Sehnsucht, mit dem nun erwachsenen Kind etwas gemeinsam zu unternehmen.

Als ich das mit Günther, einem viel jüngeren Mann, bespreche, erzählt er mir Folgendes.

„Ich habe meine Mutter zu einem Mutter-Sohn-Tag eingeladen. Meine Mutter, die aus Unzmarkt stammt und dort lebt, kam mit dem Zug. Ich holte sie vom Bahnhof ab. Wir gingen zu mir nach Hause, die Mama machte sich frisch, wir aßen etwas und gingen in der Stadt spazieren. Ein frühes Abendessen wurde durch die Ankunft von Leuten der FPÖ gestört. Meine Mama, Sozialdemokratin, seit sie denken kann, kann diese Leute nicht leiden. Ich erklärte ihr: ‚Du musst heute alles als Schauspiel sehen, also auch den Auftritt des Parteiobmanns der FPÖ!' So konnten wir das frühe Abendessen genießen und danach ins Musical gehen. Es war für uns beide ein Genuss. Am nächsten Tag sagte meine

Mutter beim Abschied am Bahnhof: ‚Lieben Dank. Ich fand's wunderschön und freue mich, wieder nach Hause fahren zu können!'."

Wie auch immer. Der Sohn, eines von vier Kindern, hat sein Erlebnis mit der Mama gehabt. Wenn er es öfter machen würde, dann würde er vielleicht den Tag nicht so überladen oder einmal allein mit der Mama ein paar Tage wegfahren. Jedenfalls wartet er nicht darauf, dass sie in Phase vier eintritt und die Hilfsbedürftigkeit sie wieder vereint. Dies umso mehr, als er in die Stadt gezogen ist und daher voraussichtlich seine zu Hause gebliebenen Geschwister diesen Teil übernehmen würden und er nur wenig zur Pflege seiner Eltern beitragen wird können und wollen.

Die Frage bleibt: Wer hat nun wem einen Gefallen getan? Für wen von beiden war dieser Tag eine Freude?

Angesichts des Aufwands, den der Sohn getrieben hat, scheint es so zu sein, dass er der Mutter eine Freude hat machen wollen. Hätte es aber nicht genügt, wenn er mit ihr auf seiner schönen Terrasse gesessen wäre und ihr seine Sorgen und Nöte, die sie seit langem spürte, erzählt hätte? Wäre es nicht besser gewesen, wenn er aufmerksam zugehört hätte, wenn die Mutter erzählte, was sie so alles erlebte, seit die Kinder das Haus verlassen haben? Wie es ihr nun geht, wo sie ihre Aufzuchtsaufgaben erfüllt hat? Wie es mit dem Vater geht, vielleicht sogar, ob sie sich vor dem Altwerden fürchtet, Angst hat, verzagt ist?

In einem Interview[48] mit dem jugendlichen Außenminister Österreichs, Sebastian Kurz (* 1986), habe ich gelesen, dass er einem Seniorenvertreter als ersten Satz sagt: „Die älteren Mitbürger haben Angst, was ich gut verstehe. Daher suchen sie vor allem Sicherheit!"

Ich finde das empörend. Erstens: Wie kann er sich anmaßen, die älteren Mitbürger zu verstehen. Zweitens: Wieso und wovor kann man als Alter Angst haben? Diese Angst ist und bleibt mir unverständlich, und selbst mein häufiges Nachfragen bei älteren Menschen, warum und wovor sie Angst haben, bleibt unbeantwortet. Denn Angst sollte der junge Mensch haben, wenn er das Risiko eingeht, bei einem Sturz mit dem Drachenflieger oder dem Motorrad sein Leben zu verspielen. Ab

---

[48] Gewerkschaft Öffentlicher Dienst, 4-14, 2015.

sechzig kann man Motorrad fahren und segelfliegen, so viel man will. Man riskiert nur die letzten und nicht die besten Jahre. Daher ist nach meiner heutigen Auffassung die Angst der Alten und ihr Bedürfnis nach Sicherheit unphysiologisch und nur dadurch getriggert, dass sie sich selbst nicht mehr so gut helfen können und auch ohne äußere Bedrohung wissen, dass es sie bald nicht mehr geben wird. Diese Angst ist unter allen Umständen zu bekämpfen und kann dann nicht durch einen noch nicht einmal dreißigjährigen Außenminister verstanden werden.

Helmut, der seine Mutter an einem Ösophaguskarzinom sterben sah und seinen im Krieg erblindeten Vater zwei Jahre später an Altersschwäche, fragt sich, warum er keinen Kontakt mehr zu seiner Schwester hat. Die einfache Antwort kann er nicht gelten lassen. Er hat in der Betreuung seiner Eltern gefehlt. Er wollte sie durch seine Erfolge in der Hauptstadt stolz machen, was gut gelungen ist. Er kam jede Weihnachten und Ostern „nach Hause", aber das Haus der Eltern konnte er kaum betreten. Es war in den Nachkriegsjahren gebaut worden, war klein und eng und erinnerte ihn an die finanzielle Not der Kindheit und Jugend, an die Strenge des gelehrten Vaters, der als Lateinlehrer ein mehr schlechtes als rechtes Auskommen hatte. Er schob es auf seine Hausstaubmilbenallergie, die ein Wohnen, ja einen längeren Besuch verunmöglichten. Seine Versuche, die Mutter einmal dazu zu bringen, nach Wien zu kommen, scheiterten daran, dass sie sich dem Vater gegenüber verpflichtet fühlte, der sich kein Essen kochen konnte und allein nicht gut zurecht kam. Die Reisen, die mein Freund machte und mit vielen Bildern dokumentierte, interessierten die Eltern zwar. Der Vater konnte die Bilder kaum sehen, und die Großzügigkeit, die mein Freund bei diesen Reisen zeigte, erzeugte Staunen, wenn nicht Neid. Neid vor allem beim Schwager und beim Neffen, der im Haus der Großeltern wohnte und denen er ein später und lieber Ziehsohn war. Wenn er auch dasselbe studierte wie sein Onkel, so blieb er doch in der Nähe und sein Erfolg wurde durch die Anwesenheit geschmälert.

In den letzten Tagen der Mutter besuchten wir sie gemeinsam. Sie klammerte sich an den Sohn wie an das Leben. Sie war absolut nicht bereit zu sterben und unser Besuch schien ihr die Ankündigung ihrer letzten Tage zu sein. Fragen wir uns, wie sie das erlebt hat: Schrecklich, furchtbar, katastrophal. So war auch ihre Frage: „Wieso kommst du jetzt? Musst du nicht arbeiten?" Und wie recht sie hatte. Natürlich hätte er arbeiten müssen, wenn es auch seine letzten zehn Jahre an der Universität waren. Aber er war Ernsthaftigkeit gewohnt und fehlte selten in seinen Lehrveranstaltungen und Praktika. Mit seiner Ankunft muss er der Mutter wie der Todesengel erschienen sein. Für wen war das dann gut gewesen? Wem hat dieser Besuch genützt?

Peter rief mich ans Krankenbett seiner Mutter in Wien. Bauchschmerzen hatten bei der immer unverwüstlich aussehenden, strengen Frau zur Diagnose eines unbehandelbaren Bauchspeicheldrüsenkrebses geführt. Ihre Zeit war abgelaufen, es handelte sich nur mehr um Tage, die sie noch zu leben hatte. Die einst so stattliche und selbstbewusste Frau lag mit gelblicher Hautfarbe im Bett des Dreibettzimmers. Wenig konnte gesagt werden. In diesem Fall war ich der eindeutige Todesvogel: „Hat sich der Peter ohne dich nicht mehr hergetraut?", fragte sie mich. Und jede Antwort wäre falsch gewesen. Geistig war sie die Alte geblieben. Sie durchschaute uns beide sofort. Jahre später sagte Peter zu mir: „Ich konnte nicht mehr zuschauen. Ich bin in ihren letzten Tagen geflohen." Er ließ seinen Vater und seinen jüngeren Bruder bei der Mutter zurück, rief sie noch ein-, zweimal an und kam zum Begräbnis wieder. Manchmal denke ich, dass das in beider Sinne war. Die Mutter schickte ihren offensichtlich leidenden Sohn, der nichts machen konnte, außer an ihrem Bett zu sitzen, fort. In seiner Not sah sie die ihre. In seiner Hilflosigkeit ihr nahendes Ende, auf das sie in keiner Weise vorbereitet war. Sie hatte Krieg, Migration, Karriereknicks, Aufzucht überstanden und sich auf ein ruhiges Alter vorbereitet. Ihr Haus war nun ohne Kinder zu groß geworden, ihre Kinder waren in ruhige Gewässer eingetreten und ihr Mann folgte ihr wie immer ohne Widerspruch. Ihre Enkel waren groß geworden und angenehme Besucher und Gesprächspartner. Nun sollte sie in Wochenfrist gehen. Jeder Besuch, schon gar der ihres Ältesten mit mir, zeigte ihr auf dramatische Weise, was ihr bevorstand. Sie muss sich wie ein Mensch gefühlt haben, der in der Todeszelle sitzt und dem Tag der Urteilsvollstreckung entgegenzittert. Sie konnte es nicht auf den Tag genau vorhersagen, vielleicht würde sie sich maximal um ein paar Tage irren, nicht mehr. Beinah nichts kann man in dieser Situation wieder gutmachen, aufarbeiten oder bereden, was nicht gesagt worden ist. Und selbst wenn. Wer profitiert denn davon? Sind es die, die man besucht, oder doch die, die nichts Schweres und Ungesagtes in ihr weiteres Leben mitnehmen wollen?

Ein jüdischer Witz beleuchtet diese Situation:

„Zum sterbenden Kompagnon wird ein Mann gerufen. Der Sterbende hebt mit zitternder Stimme an: ‚Als vor Jahren etwas in der Kasse gefehlt hat, bevor wir teilten – ich war's, meine Tochter brauchte eine Aussteuer. Letztes Jahr ging mein Sohn studieren, deshalb suchten wir beide so lange die verschwundene Ware. Und heuer fehlte der Erlös aus dem Verkauf der Wintermäntel. Ich hab's genommen, meine Frau war krank und wir brauchten das Geld für den Doktor.' ‚Ich weiß', hub da der andere an, ‚ich wusste es immer schon. Damit aber nicht nur du dich erleichtert hast und friedlich einschlafen kannst, will auch ich dir meine Sünde beichten. Ich hab dich vergiftet!'"

Kann der eine jetzt friedlicher sterben oder der andere seine Sünde besser verarbeiten? Was wäre, wenn ein Angehöriger des Sterbenden zugehört hat? Wechseln wir dann in einen amerikanischen Krimi, in dem das Geständnis des Mörders die Tat aufdeckt?

Das Komische ist: Solange wir nicht in der Position der Betreuten sind, verstehen wir sie fast nicht. Wir haben Annahmen, Vermutungen. Wir sehen, dass sie nicht hilfsbedürftig sein wollen, vielleicht noch weniger in einer Zeit und in einer Umgebung, in der Hilfskräfte wie Mägde und Knechte, Köchinnen, Stubenmädchen und Bedienerinnen längst nicht mehr Alltag sind. Wir hören, dass sie die Jungen nicht belasten wollen, weder zeitlich noch emotional und schon gar nicht finanziell. Wir unterstellen, dass sie es doch wollen und dass sie es nur nicht sagen wollen. Wir wissen aber nicht, wie sie fühlen, bevor wir selbst dort sind – und dann ist es zu spät.

In Auseinandersetzungen werden diese Fragen nochmals anders sichtbar. Die Kranken leben oft noch lange mit der Krankheit. Im eigentlichen Sinn der Krankheitsdefinition ist es keine Krankheit. Sie macht keine Schmerzen, sie tut nicht weh, es erscheint keine Schwellung und die meisten Funktionen bleiben lange erhalten, auch wenn der Betroffene Unterstützung braucht. Es wird oft berichtet, dass die Betroffenen ursprünglicher sind, als sie es vorher waren. Dass sie Gefühle leichter äußern als früher und gegenüber anderen Menschen wacher und einfühlsamer sind. Sie werden wie kleine Kinder, sagen manche und denken dabei an die Weissagungen Jesu in der Bergpredigt (Mat, 18:3). Sie wollen nicht mehr Hilfe, als sie brauchen. Sie sind traurig, wenn diese Hilfe nur von Fremden kommt. Sie wollen nicht zur Last fallen und sind sehr leicht durch Verachtung, schlechte Laune und Entwertung gekränkt. Ihre Kinder, oft auch ihre Partner, haben Gefühle, die sie schlecht verbergen können oder wollen. Schon der Niedergang des eigenen, so vertrauten Geistes wurde mit Argwohn betrachtet. Der Verlust des anderen als Partner, als nachvollziehbaren Erwachsenen schmerzte. Wenn noch Betreuungsaufgaben hinzukommen, wie Essen geben, aufpassen, dass der Kranke sich nicht verirrt, verläuft oder seinen Zorn nicht beherrschen kann, wenn Dinge nicht so gemacht werden, wie er oder sie das wollen – dann tritt Ärger bei den Betreuern und Zorn bei den Betreuten auf. Die Situation wird unerträglich. Bei genauer Betrachtung findet man, dass der Zorn des Alten nachvollziehbar ist: Er spürt den unterschwelligen Zorn des Betreuers, und da er nicht durch Erinnerungen und gesellschaftlichen Zwängen eingeschränkt ist, muss er keine Rücksicht auf gesellschaftliche Konventionen nehmen und reagiert auf seinen emotionalen Eindruck.

Was ist zu tun? Dem Ärger gehorchen. Keine Pflege übernehmen, die man nicht leisten kann oder leisten will, nur weil man denkt, dass man das tun muss. Man tut weder sich noch dem anderen etwas Gutes.

Nancy Reagan (1921 – 2016) hat ihren Mann Ronald in seiner Demenz viel allein gelassen. Der Ehekontrakt war auf Jugend und Schönheit gegründet, später auf Macht und Einfluss. Ronald Reagan (1911 –2004) hat vom amerikanischen Volk in einer berührenden Rede Abschied genommen, als seine Demenz für ihn und seine Umgebung deutlich wurde. Danach hat er sich nicht mehr gezeigt, wurde betreut und man weiß nicht, wie es ihm ging. Zu hoffen wäre, dass die Betreuung professionell war, nicht liebevoll. Denn dem Anspruch, liebevoll zu sein, sind viele Verletzungen zuzurechnen. Einfach deshalb, weil man sich selbst übernimmt und dann statt liebevoll aggressiv wird, gefesselt von der Unmöglichkeit, liebevoll zu sein, zerfressen von Schuldgefühlen, findet nur mehr Aggression den Weg zum Betreuten. Diese setzt sich auch gesamtgesellschaftlich fort, wenn man die Kritik an der Altenbetreuung liest und hört.

MUTTER SCHWEIGT

Die letzten Tage sind angebrochen. Meine Mama hat zu reden aufgehört. Sie spricht nicht mehr. Sie liegt im Nebenzimmer, der Gang zur gegenüberliegenden Toilette wird immer weiter und sie isst und trinkt nicht mehr. Ihr Mund hat sich geschlossen und ihre Erklärung, was mir fehlen wird, wenn sie nicht mehr ist, ist zutreffend. Niemand wird nun jemals wieder zu mir sagen: „Kind, du schaust müde aus" und mich dabei so streicheln, wie nur meine Mutter streicheln kann.

Jetzt brauchte sie etwas. Sie klopfte mit dem Ringfinger der rechten Hand an die hölzerne Begrenzung ihres für sie angefertigten Bettes. Sie will keine Klingel, ich soll und darf nur den Ammenschlaf als Zeuge ihres Sterbens schlafen. Ich muss sie hören und sie liegt dann mit offenen Augen im Bett und ist zu schwach geworden, das Licht anzumachen. Licht, so wie in den vielen Nächten, da sie ihre angeboren schlechte Verdauung am Schlafen hinderte und ich aufwachte, weil sie Luft rülpste oder furzte oder oft aufs Klo ging in der Hoffnung, der Darm würde ihr die abendliche Sünde, wie sie das Essen von zu Fettem oder zu viel Süßem nannte, irgendwann doch verzeihen und in einem spritzenden Fettstuhl die unverdaulichen Bestandteile loswerden. Sie hat keinen Stuhl mehr. Vor Tagen noch einmal, aber nur mithilfe der Pflegerin und meiner Frau, in eine Bettauflage, die als Windel dienen sollte. Ich hörte sie nur schreien, sie war empört über die erforderliche Hilfe, weil sie sich nicht mehr aufs Klo setzen konnte, aber so entwürdigt wollte sie nicht leben und so wollte sie nicht gesehen werden – von niemandem.

Als wir sie einmal in unser Sommerquartier nach Ischia mitnahmen, es war Ostern und es waren nicht alle Kinder mit, aber doch die heutigen Mütter, meine Töchter aus erster Ehe und Lilli, die geliebte Stieftochter, da zog sie ins Kinderzimmer. Ihr Herz war sehr schwach geworden und sie saß, in allen Pullovern und Jacken gekleidet, die sie mithatte oder die ihr die Kinder und wir borgten, im unbeheizbaren Wohnzimmer mit der einfachen Scheibe und dem Blick auf die stürmische See, den beinahe tropischen Regen, der das Lös des vulkanischen Hügels in die davon braun werdende See schwemmte – und schrieb an einem Vermächtnis. Keinem echten Vermächtnis – nur wenige Schmuckstücke fanden dort ihren neuen Besitzer, alle Erbangelegenheiten waren für sie in dem einfachen Satz geregelt, dass ich alles erben würde –, aber doch letzte Worte, die sie noch gerne gesagt hätte. Verschlossen in einer orangen Mappe haben wir alle, Kinder und Kindeskinder, manchmal neugierig geschaut, aber das strenge Diktum in der nur mehr wenig benutzten Vorkriegsschreibweise einer Wiener Privatschule, „Nur nach meinem Tod zu öffnen", wirkte stärker als die Felswand des Ali Baba. Damals bekam sie Durchfall, wie sie immer und überall Durchfall bekam, und verlor Stuhl am Weg zum Klo und wohl auch am Weg vom Klo. Lilli, ihre Lieblingsstieftochter, wischte das weg, manchmal auch Marguerite, meine Frau, die auch das Nachthemd und die Bettwäsche wusch und schimpfte. Sie hätte schon von Anfang an gewusst, dass Mama zu uns ziehen würde, obwohl sie doch ein schönes Zimmer mit herrlichem Blick nebenan bei Emanuela gehabt hätte. Ostern sei diesmal auch früh und Mama hatte natürlich für Italien und die erwartete warme Mittelmeersonne kaum etwas Warmes eingepackt. Nur eine wattierte, weinrote Jacke, die heute meine Pflegetochter fast das ganze Jahr trägt und die zu wenig war, um den kleinen Körper zu wärmen, der mir als Kind so groß und übermächtig vorkam.

Komisch, der Italienurlaub wurde in der Erinnerung ein großer Erfolg. Vergessen war der Durchfall, vergessen die Kälte. Wunderbarer Blick aus dem Wohnzimmerfenster, das eigentlich eine Terrassentür ist. Beste Erinnerungen an das erste Essen in Italien, am Hafen in Neapel, bevor wir die Fähre nach Ischia bestiegen. Ausgeraubt von einem Neapolitaner, der angesichts der Tatsache, dass wir Touristen waren, einfach das Zehnfache berechnete, aßen wir Nudeln, Pizza und Fisch. Mama war wie neu geboren, Italien war das Land der Schönheit, wie sie es in der Schule bei Goethe gelesen hatte. Die Schwierigkeiten beim Aufstieg zum Haus am Hügel waren vergessen, die langen Nächte in dem kleinen Haus, das unverdauliche Essen – erinnert wurde das Schöne, die Kinder auf der Terrasse, der Blick auf das stürmische Meer und Italien, das Land der Sonne.

Jetzt die letzten Meter. Sie wollte schon einmal sterben, ich habe es schon beschrieben, aber damals wäre sie erstickt, und das ging dann doch nicht. Heute könnte es soweit sein. Sie will mich nicht rufen. Sie will mich schlafen lassen, rücksichtsvoll sein, wie immer. Aber sie braucht mich und ich will nicht dort sein, weil ich fürchte, ihren Tod nicht ertragen zu können, den ich nun schon ein paar Mal fast erlebt habe. Ich will nicht wieder ins Spital fahren und sie retten lassen und dann erfahren, dass sie das nicht wollte. Ich will nicht ihren Kopf halten und sie innerlich verabschieden und dann ihren Zorn, ihren berechtigten Zorn, spüren, der mir unterstellt, dass ich sie töten wollte. Ich will sie auch nicht in einer hilflosen Situation sehen, die sie nicht mit mir teilen will. Zuletzt spüre ich den Ärger, den sie hat und der in ihr mit dem Wunsch, mir zu verzeihen, kämpft. Der überschwemmt wird von der Liebe, die wir teilen und die wir einander nicht mehr sagen können, seit ich an ihrem Verstummen Schuld trage, oder auch nicht.

Ich bin böse geworden. Nicht nur, dass ich mein Leben weiterlebe, obwohl sie mich immer brauchen könnte; nicht nur, dass ich mein Buch promote und daher wenig zu Hause bin; nicht nur, dass ich ihren Wunsch, in Würde zu sterben, respektiere; nicht nur, dass ich ihr keine Sterbehilfe leiste; nicht nur, dass ich mich nicht zwischen ihr und meiner Frau entschieden habe – nein, ich habe sie auch nicht am Tag nach der letzten Rettung aus dem Spital geholt. Ich habe sie zwar in Israel aus der Aufnahmestation des Ichilov-Spitals geholt und auf der Straße die neu gelegte Infusion weggeworfen; ich habe sie zum Herzkatheter, zum Klappenersatz und zur Schrittmacherimplantation begleitet; ich habe sie nicht ersticken lassen, aber: Ich habe sie in Israel zu Hause einen Tag lang liegen gelassen; ich habe ihr zum offenen Herzklappenersatz geraten, obwohl unser damaliger Nachbar an den Folgen so einer Operation fast verstorben wäre; ich habe sie, als sie nur mit dem klimatisierten Wagen nach dem Klappenersatz aus dem Spital geholt werden wollte, Stunden warten lassen; ich habe sie zur Schrittmacherimplantation begleitet, aber nicht am nächsten Tag nach Hause geholt; ich habe zwar die Eiterung der Schrittmacherloge erkannt und einen Schrittmacherwechsel auf die andere Brustseite initiiert, aber die vorangegangenen lebensbedrohenden Adam-Stokes-Anfälle nicht registriert; ich habe sie nach der letzten Rettung eine Woche im Spital gelassen, wie es der stationsführende Oberarzt Prof. Dr. Hammer empfahl, und sie nicht sofort wieder nach Hause geholt; ich habe eine Pflegerin vor Ort organisiert, die nicht Deutsch konnte und die so geizig war, dass sie meine Mama hungern ließ; ich habe sie allein nach Wien fahren lassen, um sich eine neue Wohnung zu suchen, und mir und meiner Frau damit einen riesigen Rucksack voller Schuldgefühle aufgelastet, und ich habe mir mit ihr Wohnungen in Wien angesehen, die für uns drei zu klein und für sie zu groß waren; ich habe ihr nicht verhehlt, dass ich sie für unfähig hielt, allein zu wohnen; ich habe mein Häuschen ausgebaut, ihr jedoch kein Zimmer zugestanden; ich habe ihr mein Schlafzimmer zugestanden, aber sie wollte es nicht; ich habe ihr ein kleines, feines Extrazimmer herstellen wollen, aber sie wollte es nicht; ich habe ihre Silbereichenmöbel im Stil des Fin de Siècle in meinem Badehäuschen untergebracht, mit ihren Büchern und der Erich-Kästner-Gesamtausgabe, die ich ihr zu ihrem fünfundsechzigsten Geburtstag geschenkt habe; aber ich habe ihr kein Zimmer gegeben, auch wenn ihr altes Bett in einem Zimmer stand und sie dort lebte, als ich mein letztes Buch fertiggestellt habe.

Ich habe gefehlt. Nun schweigt sie. Aber wie gefehlt? Aus Absicht und mit Zorn, wie es in der Schrift heißt? Aus bösem Geist? Am Ende des Achtzehnergebets bitten wir darum, dass wir nicht aus diesen düsteren Quellen trinken. Wir bitten, von unserem eigenen Bösen verschont zu bleiben. Weder ihr noch mir ist das gelungen. Beide haben wir von dieser Quelle getrunken. Das Gute und das Böse haben sich vermischt, wahrscheinlich ist es sogar blöd anzunehmen, dass sie stumm wurde, weil sie mich ablehnte. Vielleicht war es eher ein Hinüberschauen als ein Wegschauen.

VERLUST DER ERINNERUNG

Über Demenz ist sehr viel geschrieben worden. Von Betroffenen, Begleitern und Fachleuten. Unklar blieb mir dabei oft, warum der „Besitz" des Hirns so bedeutend sein soll. Menschen sagen: „Körperlich ist er schwach, aber geistig topfit!" oder „Das Hirn geht noch!" oder „Ich weiß noch alles!". Warum ist das so wichtig? Man sagt, dass das Hirn die Persönlichkeit ausmacht. Was ist diese Persönlichkeit, die von den Griechen erfunden wurde und am Theater das ist, was durch das gipserne Rohr der Maske tönt. Das soll so wichtig sein? Warum ist es nicht wichtiger, dass man sich noch selbst fortbewegen oder seine Ausscheidungen kontrollieren kann. Das alles können Demenzkranke oft sehr, sehr lange. Gleich gut oder besser als Gesunde. Nehmen wir es aber nicht auf die leichte Schulter: Der Verlust der Erinnerung ist bedeutend. Man merkt es als Erstes. Man hat etwas in ein Fach gelegt, aber es ist nicht mehr dort. Dann als Nächstes findet es sich dort, wo es wirklich hingelegt wurde. Handgriffe werden komisch: Meine Unterleibchen wurden wahllos zusammengelegt, mal verkehrt, mal richtig, so, als ob sie es sich selbst aussuchen könnten. Die Schlafenszeiten werden komisch: Mal schläft man nachts, mal tags. Der nächste Tag ist dann meist nicht so gut, die Flexibilität nicht mehr gegeben und die Konzentration sowieso nicht.

Das Festkleben an der Erinnerung beziehungsweise der Verlust dieses Klebens durch die Erinnerung selbst, ist komisch. Man verliert, was man nie besessen hat, und trauert etwas nach, das man so nicht hatte. Man wusste nie, was Erinnerung ist. Selbst die, die es wissen müssten, die Neuropathologen, wissen es nur ungefähr. Vieles andere ist weit besser bekannt. Was man weiß, ist nur, dass die Verschaltungen, die Fortsätze der Nervenzellen sich wieder zurückziehen und physisch Gewachsenes verschwindet. Einfach so. Bei dem einen früh, dem anderen spät, manche bleiben ganz verschont und manche haben es schon in jungen Jahren. Theorien der vielfältigen Erkrankungen gibt es viele, welche stimmen, weiß ich nicht.

Wie ich überhaupt immer weniger weiß. Die Erinnerung meines Notebooks, meiner iCloud ist inzwischen viel besser und mein Google

Drive weiß weit mehr über mich als ich. Selbst Facebook kennt mich besser als ich mich selbst. Ich frage mich: Benötige ich noch Erinnerung, wenn sie doch in der Cloud vorhanden ist? Muss ich noch viel wissen, wenn „sie" es weiß, und ist die Cloud die Nachfolgerin von Shikasta oder gar der Heiligen Mutter Gottes? Allwissenheit, das ist doch eine der Eigenschaften des Allmächtigen, er ist in den Wolken. Apple muss das absichtlich gewählt und mir so einen persönlichen Gott oder zumindest einen Schutzengel gegeben haben.

DIE STEINSETZUNG

Hitze. Im heißen August in Wien. Endlich ist alles fertig, so fertig, wie es nur fertig sein kann. Neben meiner Schwester Daphne liegt nun meine Mutter in einem adretten Grab im jüdischen Teil des Wiener Zentralfriedhofs. Das war mir wichtig. Sie war bis zuletzt adrett. Immer gepflegt und traurig, wenn das Alter ihre Erscheinung trübte. Zum Beispiel, als sie Altersflecken auf der Stirn bekam. Die dünnen Haare schützten die Haut nicht mehr vor dem Sonnenlicht. Statt von der Sonne braun zu werden, bekam sie Altersflecken. Obwohl sie immer im Schatten zu sitzen pflegte, verschoben sich die Pigmente und die Flecken traten auf. Mein Rat, im Sommer immer ein wenig Sonnenschutzmittel aufzutragen, behob das Problem. Die Hautärztin hatte eine operative Entfernung empfohlen. So waren viele Interaktionen von Mama und mir: Ich hatte einfach das Richtige zu wissen und sie war froh, es befolgen zu können.

Jetzt stehen wir hier am Grab: meine Kinder, außer der meiner Mama so wichtigen Ältesten, die mit ihren Kindern in Kitzbühel blieb; die Cousine, selbst schon fast neunzig Jahre alt, mit ihrem Mann und Sohn, der Rabbiner und der Kantor, die gekommen sind, um uns zu helfen.

Das Grab ist in blassrosa Granit gehalten, die Deckplatte hat eine Einsprengung von dunklem Stein, der Grabstein ist vielleicht eine Spur kleiner als die Grabsteine der anderen Gräber ringsum, aber klar und unspektakulär. Ich habe ihn dann doch nicht ausgesucht. Zuerst wollte ich, dass meine künstlerische Tochter einen designt, aber zuerst konnte sie nicht und dann war's mir zu teuer. Entwürfe wurden angefertigt, E-Mails gingen verloren, manche kamen an, Steine wurden im Internet ausgesucht, die weder liefer- noch bezahlbar waren. Jetzt steht dort ein ganz gewöhnlicher, unverrottbarer Stein mit einer silbernen Inschrift, die noch immer zu lang ist und Fehler beinhaltet, weil von der anderen Tochter und ihrem Mann geschrieben, ohne aber vorher zum Grab meiner Großeltern zwei Reihen weiter zu gehen, so dass der Name des Großvaters falsch buchstabiert ist. Im Herbst, wenn die Älteste dann Zeit haben wird, werden wir hingehen und sie wird das feststellen. Komisch, auf beide Kinder habe ich mich verlassen, aber ich habe mich geirrt oder wusste nicht mehr, dass sie sich auf mich verlassen und ihre Leistung beim Begraben meiner Mutter noch eingeschränkter sein würde als meine.

Stolz bin ich auf das neue Streifenfundament. Man kann im lehmigen Boden des Zentralfriedhofs in Wien sehen, wie die schweren Grabanlagen an der ein oder anderen Ecke einsinken, dann zerreißt der von Sonne, Regen, Hitze und Kälte unbeeindruckbare Granit in seiner Spröde und bricht. Quer durch gehen die Spalten, manchmal sogar durch den Grabstein, der dann merkwürdig, fast kitschig gespalten ist, nie mitten durch, wie es der Lyriker vielleicht haben wollte, schon des Reimes wegen. Der Steinmetz des jüdischen Friedhofs ist an sich Schuster und wurde Steinmetz, weil die Stelle frei war und er sich aufs Geschäft versteht. Heuer fuhr er nach Japan, solange es noch geht, hat er gesagt, und die Worte klangen, als hätte ich sie gesagt. Aber er ist teurer, sogar mein schriftstellender Freund und mein Sohn, der Wirtschafter ist, haben mir abgeraten, ihn zu nehmen. Aber der andere Steinmetz von der Simmeringer Hauptstraße hatte zwar ein Sonderangebot, aber kein Kapperl im Auto. Doch er sah den Riss in dem vorhandenen Streifenfundament, das ist ihm zu danken. Schmuck, das war meine Mama, bakschierlich nannte sie das gern, ein Wort aus einer anderen Zeit, aus dem Vorkriegswienerischen der höheren Töchter, die wie sie in eine jüdisch dominierte Privatschule gingen, in der Reformpädagogik gelebt wurde. Luitland hieß die Gründerin, die jüdische Mädchen zu selbstständigen Frauen machte, das war das Ziel. Und es ist gelungen. Sicher wusste man noch nichts von Emigration und Lehrlingszeit als „Schlepperin" in einem Souvenirladen in Palästina, den ihre Eltern betrieben. Noch unterrichte man eine Anwaltstochter, deren Mutter ein gutgehendes Miedergeschäft am Hohen Markt hatte. Dem Mädchen wurden in der Früh die starken Haare mit der Brennschere gebändigt, die Mode war zeitgemäß, die Mutter inzwischen wohlhabend, der Vater lebte getrennt von ihr mit einer Geliebten, Mathilde hieß sie, und ich weiß nichts von ihr, außer dass sie von Großmutter gehasst wurde und Großvaters Liebe war. Er hatte Ideen, Oma Fleiß. Er wusste, was das nächste Geschäft sein würde, Wechselstube, Miedergeschäft, seidene Strümpfe, sie machte es. So hatte sie es in Gorlice gelernt, der Mann und die Buben gehen beten, die Frau steht im Geschäft, vor allem sonntags, wenn die

Bauern aus den Dörfern kommen und eine neue Hose brauchen, wobei sie um diese handeln und bei jedem Gebot einschlagen, bis die Hände der Urgroßmutter am Abend vom Einschlagen der rauen Bauernhände rot waren. Oma führte diese Geschäfte in Wien mit harter Hand und viel Caritas für die Familie, die nahe und die weiter entfernte. Die jüngste Schwester Opas lernte Medizin unter der Verkaufspudel, das fiel ihr nicht schwer, sie war nur hundertfünfundvierzig Zentimeter groß. Die Nichte kam und aß einen Laib Brot auf einen Sitz weg, sie hatten zu Hause in Hernals fast nichts und die Heranwachsende war immer hungrig. Die Tante meiner Mutter wurde Ärztin in Israel, die Nichte heiratete einen deutschen Adeligen, der Eisendreher auf den heißen Baustellen in Tel Aviv wurde, sie – so ging die Mär – versuchte einmal eine Lampe in ihren Lüster einzudrehen, bekam einen elektrischen Schlag und war von da an behindert. Man fand nichts, aber sie konnte gerade noch ihre Söhne versorgen. Jenseits des achtzigsten Geburtstags trafen meine Mutter und sie sich bei einer Bar Mitzwa. Der Satz, den sie zu meiner Mutter sagte, wurde in meiner Familie legendär: „Ich dachte das Gesicht bleibt immer gleich!" Meine Mutter hatte im Freundeskreis Puppi geheißen, weil sie das Gesicht einer Porzellanpuppe hatte, glatte Haut, wie aus Keramik – oder Alabaster, wenn es eine billigere Puppe sein sollte. Rosa Wangen wie ein Pfirsich, ein Matrosenanzug bis zu ihrer Einschulung.

Bei Luitland wusste man, dass man das Schicksal der jüdischen Frau verändern wollte und dass das junge Mädchen mit den Kräuselhaaren eine eigene Identität brauchen würde in den damaligen gefährlichen Zeiten. Keinesfalls wollte man aber die Weiblichkeit, den Kinderwunsch oder die Ehe infrage stellen. Es war vor der Frauenbewegung der Achtzigerjahre des 20. Jahrhunderts, aber nach der Erkämpfung des allgemeinen freien Wahlrechts für Frauen.

In der Früh hatte ich noch von ihr geträumt. Sie war im Spital, anfangs in einem Zweibettzimmer, in dem ich sie besuchte. Man konnte sehen, dass sie schwächer wurde, von Tag zu Tag. Sie wurde immer weicher und lieber, so wie es auch in der Realität gewesen war. Plötzlich wurde ich ängstlich, unruhig, angespannt und rannte ins Spital. Sie war noch da, aber in einem Einzelzimmer, auf einem Eisenbett, glatt, ohne Kopferhöhung oder Polster. So wie eine Leiche, aber noch lebendig. Ich stürze hin, rufe Ima, Ima und sie schaut mich an, bewegt sich aber nicht mehr. Ich streichle ihr Gesicht, ihr Kinn – sie hat einen Bart, so wie auch die Haare nach dem Tod weiterwachsen. Ich erwache weinend. Ich weiß, sie war eigentlich schon tot und ich bin zu spät gekommen.

Otto mischt sich ein

Der Tag ist damit nicht zu Ende. Dieters Vater, den ich so lange betreut habe, stirbt. Ich werde angerufen, dass er ins Koma gefallen ist, frühstücke noch, fahre dann mit dem Fahrrad hin, da ist er schon tot. Ich habe es versäumt. Ich wusste es, als ich zu frühstücken begann. Ich saß vor meinem Haus in der Sonne, mein Sohn und seine Frau machten sich für eine Frühstückseinladung fertig, ich bot ihnen Tee an und gerne auch ein Stück meines Roggenschwarzbrots, getoastet und mit selbstgemachter Marillenmarmelade auf ein klein wenig Butter, aber sie wollten nichts essen, weil sie zum Frühstück verabredet waren. Der Garten war noch vom Fest meines Ältesten, der fünfundzwanzig Jahre alt geworden war, am Abend zuvor mitgenommen, es roch wie beim Branntweiner und ich schaute auf den Schöckl, der in der Ferne im Dunst lag, und wusste, dass Otto jetzt stirbt. Manche Sterbenden habe ich in Gedanken begleitet, bei manchen bin ich gesessen und habe ihre Hand gehalten, bis sie sich erst verkrampfte und dann lockerte. Bei Otto war sein Enkel, seine Frau und Tochter dabei. Das fand ich sehr gut und ich glaube, ich fehlte dort nicht.

Einfach ein Arztschicksal. Das Sterben begleiten, darauf achten, dass es würdig und den Wünschen des Sterbenden angemessen ist. Klingt gut und selbstverständlich, ist aber genau das Gegenteil.

Otto zum Beispiel wollte zu Hause sterben. Aber wie schaut ein Zuhause aus, wenn ein Schwerstkranker, ein Sterbender dort lebt. Alles ändert sich. Er schlief schon lange nicht mehr in einem Zimmer mit seiner Frau. Selbst das eigene Zimmer veränderte sich völlig. Früher sah es so aus: ein Kasten gegenüber der Fensterfront, die auf den ruhigen Innenhof schaute. Ein Bett für eine Person, etwa zwanzig Jahre alt und mit einer schon durchgelegenen Matratze. Im Eck ein Fernseher älteren Baujahrs, zirka aus 1978 mit einem Röhrenbildschirm. Ein Sessel und eine Stehlampe, wenn Otto in der Nacht lesen und nicht in sein Arbeitszimmer nebenan gehen wollte, weil es in der Nacht nicht beheizt war. Am Boden Perserteppiche, die nicht den ganzen Boden bedeckten, sondern jeweils etwa vier Quadratmeter und daher auf rutschfeste Gitter gelegt worden waren, so dass Otto nicht ausrutschte, wenn er nächtens aufstand.

Aber heute, in den Tagen nach seiner Operation, dem Zusammenbruch Wochen später, dem zweiten Spitalsaufenthalt und der Wiederkehr? Man hatte sich vorbereitet: Ein Pflegebett war angeschafft worden, das eine bewegliche Matratze hatte, die in Zweiminutenabständen die Luftpolster aufpumpte und die Luft wieder ausließ. So wurde Otto den ganzen Tag bewegt, dreißigmal in der Stunde vierundzwanzig Stunden lang, siebenhundertzwanzigmal pro Tag. Das half ein wenig, trotzdem lag er sich wund, weil er sich nicht bewegen konnte. Neben dem Pflegebett, das man außerdem noch in der Höhe verstellen konnte, ein Tisch mit Pflegebedarf: Binden, Desinfektionsmittel, Zubehör für die Infusion, die ihm seine Tochter täglich unter die Haut verabreichte, Tabletten und im unteren Fach Windeln und Feuchttücher. Der Geruch änderte sich. Von einem Herrenschlafzimmer zu einem Krankenzimmer mit dem Geruch nach Stuhl, Urin und schwärender Wunde, Desinfektionsmitteln und Salben sowie einer Frau aus dem Osten, die die Vierundzwanzigstundenpflege durchführt. Diese lag auch in Ottos ehemaligem Bett, das zu ihrem Schlafplatz geworden war. Für einen Krankenbesuch gab es keinen Sessel, Kommunikation mit dem Siechen war nicht vorgesehen. So wie in Ottos Leben kein Platz für seine Frau oder seine Tochter in seinem Schlafzimmer war, so war auch in seinem Siechtum wenig Platz für Besucher, seien sie Mitbewohner, Kinder und Kindeskinder oder Fremde wie ich.

Mein vorletzter Besuch war eigenartig. Anneliese, Ottos Frau, erzählte mir, dass Otto wundgelegen ist, trotz bester Pflege und dem ihn bewegenden Bett. Aber durch die Gewichtsabnahme und die Lähmung der unteren Extremitäten hatte sich eine kleine offene Stelle über dem Kreuzbein gebildet. Ich wollte sie mir ansehen, obwohl eine spezialisierte Wundärztin telefonisch schon alles Nötige veranlasst hatte.

Ich sah die kleine Wunde über dem Steißbein. Unter einem durchsichtigen Pflaster, unter das Stuhl gekommen war, war eine kleine, helle Stelle, fingernagelgroß. Die Haut fehlte, es blutete nicht und war auch nicht schmerzhaft. Der Knochen stach fast durch die Haut, kein Fettgewebe schützt sie und die Durchblutung in der gelähmten unteren Extremität war schlecht. Ich drehte Otto auf die Seite. Luft, so erklärte ich den Frauen, wäre zur Wundheilung wichtig. Kein Pflaster über der Wunde, unter das sich Stuhl schiebt, keine Windel den ganzen Tag und die ganze Nacht, etwas Staubzucker auf die Wunde und dann eine Jodsalbe – das wäre alles, was man tun sollte. Otto lag in meinem Arm, der Kopf hatte sich unabsichtlich an das Holz der Pflegebetteinfassung gedrückt, an der Stirn sah man den Abdruck. Er war lange schon nicht so gedreht worden, ich sah es ihm an, er atmete schwer, seine Muskeln waren schwach geworden und er konnte sich auch mit den Armen kaum mehr helfen. Mit dem freien linken Arm (ich hatte ihn nach rechts gedreht) versuchte er den Kopf vor dem Holz zu schützen. Er ertrug das Manöver, er war nicht schamhaft, sein nackter Hintern bekam Licht von den Fenstern, es war ein heller Morgen und selbst aus den nordwestseitigen Fenstern kam das helle Licht des Sommers. Das Laken war weiß, ich hatte darauf geachtet, die Windel erst wegzugeben, als alles sauber war. Ich befreite Otto aus seiner Lage, allerdings nur, um ihn auf die andere Seite zu drehen. Die Frauen wussten nicht mehr, wo sie hinschauen sollten. Auf mich, der ihnen seine überraschende Art der Wundpflege aus den Erinnerungen seines Afrika-Aufenthalts lehrte, auf den nackten Unterkörper Ottos oder auf den blauen Himmel vorm Fenster. Ihre Blicke irrten von einem Punkt zum anderen, sie wollten Otto helfen, aber ihre Einstellung war die der Begleiter und nicht die der Heiler, so wie es auch angemessen war. Es war schön, Otto anzugreifen, nicht so wie die Wundärztin, die sich die Wunde nur hatte schildern lassen. Es war gut, die Ernährung zu besprechen, zu erkennen, dass man in bester Absicht zu viel Fett gegeben hatte und auch zu viel Verdauungssäfte in Pulverform, so dass Otto wenig zunahm. Es war gut, das Gefühl zu haben, der umfassend zuständige Arzt zu sein, es war auch gut gegen das Schuldgefühl, zu wenig bei ihm gewesen zu sein, und dass es mir immer schwerer fiel, ihn zu besuchen. Es war auch gut gegen mein Schuldgefühl, dass ich damals, als man ihn auf meine Veranlassung und seinen Wunsch hin operiert hatte, nicht in den Operationsaal kam, obwohl ich in letzter Minute doch dazu eingeladen worden war. Aber ich war bereits im Wandergewand am Weg zum Schöckl und wollte weder umkehren noch in Kniehosen, Stutzen und Wanderschuhen im Umziehraum der Thoraxchirurgie stehen und mir blöde Kommentare anhören. Man weiß aber sehr genau, wann man etwas falsch macht, wann man sich und seinen Trieben nachgibt, so wie man weiß, dass man etwas Verbotenes tut, wenn man am Sonntag eine Zeitung stiehlt oder bei Rot über die Straße geht. So war es dann leider auch. Meine Selbstberuhigung, dass der Operateur schon wissen würde, was er tut, stellte sich als falsch heraus. Er war ein „Gewinner". Obwohl sich die sehr große und eingreifende Operation schon bei der einfachen Inspektion des Bauchraums als falsch oder zumindest unnötig heraus-stellte, führte er sie trotzdem durch. Gegen sein besseres Wissen ope-rierte er radikal, obwohl der Krebs schon die Leber, das Bauchfell und die Bauchspeicheldrüse erfasst hatte. Otto kam mit vierzehn Drainagen, einem Unterdrucksystem, das seine Lunge sich wieder entfalten ließ, und einem Ernährungskatheter auf die Intensivstation. Die Bestimmung, vierzehn Tage nichts zu essen, war ebenso schlimm wie die Schmerzen nach der Operation durch die große Wundfläche. Meine Schuld wird sich nie verringern. Niemand wird mich beruhigen können. Ich bin auf den Berg gegangen, ich habe nicht umgedreht, ich bin nicht in den Operati-onssaal gegangen und ich habe den Chirurgen nicht davon abgehalten, Otto zu verstümmeln, seinen Magen, seinen Zwölffingerdarm und seine Speiseröhre zu entfernen und kunstvoll seinen Dünndarm durch den Brustkorb zu ziehen und an den Schlund anzunähen. Ich könnte mich selbst beruhigen, könnte als Entlastung vorbringen, dass ich kein Ein-spruchsrecht gehabt hätte, ich könnte mir einreden, dass Otto die Ope-ration gewollte hatte, dass ich ihm den Tod durch Ersticken erspart hatte, aber die Schuld kann keiner von mir nehmen.

Danach traf ich Ottos Sohn, meinen Laufpartner. Wir aßen ein Eis beim Sax in der Zinzendorfgasse neben dem Sonnenfelsplatz. Die Sonne war stark an dem Tag, es war heiß, die Menschen suchten den Schatten. Der Blick auf die Begegnungszone Sonnenfelsplatz war wie immer erheiternd. Der ehemalige Kreisverkehr vor der Universitätsmensa war einer offenen Zone gewichen, wie es die Stadtplaner in Holland gesehen hatten. Sie hatten das Konzept des selbstbestimmten Benutzens einer Verkehrsfläche importiert, ohne die demokratische Ordnung Hollands und den dortigen Umgang miteinander mitzubringen. Aus diesem Import hat sich ein fortwährender Kampf zwischen Autos, Fußgängern, Fahrradfahrern und Bussen ergeben, den ich gerne sehe, schon um mein Vorurteil, dass holländisches Denken und österreichisches Wesen nicht zusammenpassen, zu bestätigen.

Ich aß ein Mohneis, mein Favorit des Sommers 2014, und roch Otto an meinen Händen. Am Gründonnerstag wusch Jesus die Füße der Aussätzigen, um seine Demut zu zeigen. Sein Hochmut lag vielleicht in der Behauptung, dass er Gott sei. Die Gleichzeitigkeit von Hoch- und Demut ist mir vertraut. Ich bücke mich, um mich zu erhöhen. Meine Schuld wird dadurch nicht kleiner, ich bin nicht Gott und auch sein Ruf ist nicht an mich ergangen. In meiner Demut bleibt Hochmut sichtbar und Ottos Verfall, vor allem die Belastung durch die große Operation, meine Schuld.

Nun ist Otto gestorben. Ich war nicht dabei. Ich habe gefrühstückt.

Das kann ich mir verzeihen, denn ich musste ja stark sein für den Tag. Wenn ich gut zu mir bin, dann vergleiche ich mich nicht mit meinen inneren Ansprüchen, sondern mit den Menschen, die weniger tun. Wenn ich spazieren gehe, vergleiche ich mich nicht mehr mit den Läufern und fühle mich deshalb schlecht, sondern lieber mit den Menschen, die zu Hause bleiben und sich nicht bewegen. Dann geht's mir besser, weil ich mir sagen kann: Ich bin besser als die, die nichts tun. So habe ich auch diesen Morgen zu lösen versucht. Ich bin zu Otto gekommen, wenn auch zu spät. Ich war zwei Tage vorher bei ihm, als er mich noch wahrgenommen hatte, und nach seinem Tod war ich bei seinen Angehörigen, seiner Frau, seiner Tochter und seinem Enkelsohn und habe ihnen Mut zugesprochen. Besser als nichts, aber nicht gut. Nicht gut genug. Da hilft es nichts, wenn ich mir denke, dass sein Sohn nicht bei ihm war, das beruhigt mich auch Wochen später nicht, wenn ich an die Verabschiedung denke und weiß, dass der Sohn nur Gutes über den Vater zu sagen wusste und ihm einen schnellen Tod wünschte. Vor der Stimme in meiner Brust, dem unerbittlichen Richter, ist das zwar beruhigend, zum Verstummen kann es sie nicht bringen.

ZWEI JAHRE DANACH

Wegen dieses Buches habe ich einen Schreibkurs bei Bodo Kirchhoff besucht. An sich muss man diesen Autor kennen, jedenfalls meint er das. Vielfach hat er recht, und wo nicht, da kränkt er sich aggressiv und beschimpft Leser, Presse und Verlag. Wie dem auch sei. Bodo meinte, dass man eine Geschichte erst erzählen kann, wenn sie vorbei ist, sie sich sozusagen abgesenkt hat und dann wieder auftaucht, so, als müsste man sie erst verarbeiten.

Da waren wir in Paris, meine Frau, mein Ältester und ich. Nur einen Nachmittag und einen Vormittag lang am Weg von einer Arbeit nach Hause zurück. In diesem Satz bleibt mehr offen, als beantwortet wird. Wieso „nur", wieso nach „Hause" und wo ist das? Aber das kommt später.

Jedenfalls spazierte ich am Morgen durch Paris. Das ist leicht, denn der Müllwagen weckt einen, weil das Zimmer in Saint-Germain-des-Prés, das man an sich gartenseitig gebucht hatte, dann doch nach vorne raus ging. Dann versucht man wieder einzuschlafen, vergebens, und steht auf.

Paris im Sonnenlicht ist so, wie es die Dichter beschreiben. Unsicher, weil schon länger nicht dort gewesen, mache ich mich auf den Weg. Noch vor ein paar Jahren bin ich eines Sommers von Saint-Germain-des-Prés in den Bois de Boulogne gelaufen. Heute spaziere ich, gehe schnell und, schwupps, war ich an der Seine, wo ich viele Laufende sah. Schnelle, junge, trainierte. Herrenpaare, bei denen ich mich immer mit dem kleinen Dicken identifizierte, der schnell durch den Mund atmete, und ich war froh, alleine gehen zu können. Wohin also? Vor mir die Tuilerien, die Glaspyramide, die angeblich über der Mona Lisa steht, die laut Dan Browns Roman[49] das Grab Maria Magdalenas beschützt, der Ehefrau Jesu. Weiter Richtung Montmartre, im Gedanken den Gesang der Karmeliterinnen, der allerdings zu dieser Stunde, es war fast acht Uhr, bereits verstummt sein musste. Sie waren schon

---

[49] Dan Brown: Sakrileg. Bastei-Lübbe, Bergisch Gladbach 2004 (besser bekannt unter dem englischen Titel „The Da Vinci Code", der auch dem Film seinen Namen gab).

in ihr Kloster zurückgekehrt und der Klang des Wechselgesangs, den ich noch im Ohr hatte, musste unerneuert dort weiter ruhen. Also die Tuilerien queren, auf zur Opéra Garnier auf der Avenue de l'Opéra, an der Oper vorbei, und plötzlich stehe ich vor dem Gare Saint-Lazare. Gleich nebenan war doch das kleine Hotel, in dem ich mit meiner Mutter abgestiegen war, als wir eine Woche in Paris verbrachten. Richtig, da ist das Eckgeschäft der Boulangerie, dort haben wir ein- oder zweimal gefrühstückt, im oberen Stock, in den sie zwar langsam, aber doch hinaufging. Daneben war das Geschäft, in dem sie sich einen Wendemantel fürs Frühjahr gekauft hat, innen rosa und außen grau – „viel zu jugendlich", sagte sie. Auf mein Anraten hin sogar noch eine rosa Pullmankappe, die ihr ein keckes Aussehen gab und die sie zuerst gar nicht nehmen wollte: „Für das bin ich doch wirklich zu alt. Auf so ein faltiges Gesicht kann man nicht ein rosa Käppchen setzen", sagte sie. Ich überredete sie, es zu kaufen. Sie trug es gern und bekam viele Komplimente, vielleicht auch von manchen, die dasselbe dachten wie sie und ihr Erstaunen in Lob übersetzten. Gut, dass man die Gedanken der anderen nicht hört.

Ich war unruhig. Ich hatte schon mehrmals das Lokal gesucht, das mir damals wie der Gral aus dem Nichts erstanden zu sein schien. Am letzten Tag, Mama war wegen des Nachmittagsflugs schon unruhig, gingen wir früh, das heißt um zwölf Uhr, in ein von mir entdecktes Hummerlokal. Hummer war eine schwierige Speise. Sie ist nach den jüdischen Speisegesetzen verboten, und uns verband die gemeinsame Lust und Liebe dazu. Wo immer wir waren, jedenfalls als Erwachsene, suchten und fanden wir Hummer, meist musste ein weißer französischer Wein aus dem Sancerre dazu getrunken werden, wenn nicht, tat es auch ein Chablis. Nun gab es dieses Lokal um die Ecke der Straße, in der unser Hotel war. Wir erreichten es zu Fuß, ich lockte sie mit Versprechungen und mit der Ankündigung, dass es gleich um die Ecke neben dem Frühstückslokal Paul liege. Das stimmte für mich, der ich damals alle Entfernungen plötzlich nah empfand, aber nicht für sie. Aber wir kamen an.

Es gibt dort drei Menüs, Meeresfrüchte, kleine Meeresfrüchte und blauen Hummer, und das seit der Gründung des Lokals 1887. Sie sind auf der Karte in Stein gemeißelt, und erst wenn sie verschwinden, werde auch ich an die Klimaänderung und an eine Welt glauben, die unbewohnbar geworden ist. Brasserie Mollard (115, rue Saint-Lazare) heißt das Lokal, es ist innen wie ein Aquarium ausgeführt, wie ein Schwimmbad, in dem der Gast der Fisch ist. Es erinnert in seiner Farbigkeit und seiner Vielfalt an glitzernden Scheibchen an das Schwimmbad, in dem ich als Kind im Hotel Gellert in Budapest schwamm, es ist in seiner Innenarchitektur ein Baudenkmal des Jugendstils. Wie eine schöne Frau sind sich die Besitzer der Schönheit bewusst, die Abbildungen auf der Homepage beweisen das, und jeder Kellner trägt stolz seine Zugehörigkeit zu diesem Lokal, das an einer unscheinbaren Ecke der meistbesuchten Stadt der Welt liegt.

Plötzlich stand ich davor. Ich hatte es seither oft gesucht, wie eben den Heiligen Gral, den Parzival[50] einmal sehen durfte, und dann erst wieder, als er durch Schicksalsschläge und Kriege gereift, gelernt hat, die Schicksalsfrage zu stellen. Ich hatte es immer in der anderen Richtung derselben Straße gesucht, hinunter zu, nicht gegenüber dem Gare Saint-Lazare. Jetzt stand ich davor, erschüttert und überrascht, dass ich doch schon so weit war, dass die guten Erinnerungen über die bösen und schuldgefühlbehafteten triumphieren konnten. Ich wollte aber hinauf auf den Montmartre, Jean Marais' Denkmal wollte ich meinen Tribut zollen und erst am Eingang des Friedhofs kehrtmachen, so wie damals. Allerdings ging ich zuerst auf die andere Straßenseite der rue Tronchet und versuchte mich zu orientieren. Da saß eine weißhaarige Frau mit einem gebrauchten Papierbecher, wie man ihn für Kaffee zum Mitnehmen (dass das heute noch jemand auf Deutsch sagt, ist fast irritierend, jeder würde mich, könnte er es, auf „coffee to go" verbessern, selbst in Frankreich, wo Anglizismen an sich verboten sind) verwendet. Sie saß dort und schaute mich hochmütig an, oder jedenfalls empfand ich das so. Ich versuchte aus der Gesäßtasche meiner Laufhose Kleingeld zu

---

[50] Zu Parzival von Wolfram von Eschenbach (um 1160/80 – um 1220) habe ich zweimal publiziert (In Hans Zimprich: Kinderpsychosomatik, Thieme, Stuttgart 1986 und im Programmheft der Münchner Oper zur Inszenierung Peter Konwitschnys, 1995) weswegen er mir immer wieder in die Quere kommt. Hat man dieses Buch gelesen, kennt man auch die Identifikation mit dieser Mutter-Sohn-Partnerschaft, die zwischen dem Helden und Herzeloide bestand.

fischen. Das ist schwer. Ich habe dort meine Bankomatkarte, Papiergeld und nur etwas Münzen, die meist Wechselgeld sind. Es ist meine Versicherung, wenn ich einmal stürze oder ein Taxi brauche, und ich kann's gar nicht verwenden, weil ich weder die Adresse des Hotels auswendig wüsste noch den Namen des Hotels korrekt wiedergeben könnte, schon gar nicht gegenüber aramäischen oder russischstämmigen Taxifahrern, die das Gros der Taxifahrer in Paris ausmachen. Endlich habe ich die Münze. Es war irgendwie zu wenig, fünfzig Cent, und doch mehr, als ich sonst meistens gebe. Dabei erinnert mich diese Dame, die dort aufrecht an einer Hausmauer lehnt, so sehr an meine Mutter. Ich glaube zwar nicht an Wiedergeburten, aber es erschien mir mystisch, vielleicht auch nur, weil ich unausgeschlafen war und die paar Kilometer, die ich nüchtern zurückgelegt hatte, mich etwas schwindelig haben werden lassen. Ich ging weg. Ich wollte auf den Montmartre, vielleicht auch noch zum Friedhof, um dem unerreichbaren Heinrich Heine meine Aufwartung zu machen. Doch schon am Fuße des Hügels stockte ich. Ein Herr stand vor einer Bar, die man eher am Abend aufsuchen sollte, eine Zigarette im Mund. Obwohl ich rauche, stank es für mich fürchterlich, vielleicht auch, weil der schwarzgekleidete Chauffeur, der mit ihm redete, aussah, als stamme er aus einem Mafiafilm. Eine junge Dame mit den weißen Originalkopfhörern des iPhone kam mir entgegen, ich musste ausweichen und verlor die Lust am Weg. Die fünfzig Cent hatte ich noch immer in der Hand. Ich dachte mir, vielleicht werde ich sie der Dame geben, wenn ich wieder vorbeikomme. Was sehr selten geschieht. Ich verlaufe mich oft und orientiere mich an einer inneren Richtung, die mir meine Orientierungsneuronen eingeben. Aber dennoch, sowohl an dem Gralslokal wie auch an der Dame kam ich nochmals vorbei. Als ich die fünfzig Cent in ihren leeren, oftmals benutzten Becher werfen wollte, streckte sie ihn mir entgegen und bedankte sich. Statt Freude und Überraschung zu empfinden, dass ich doch noch meine Schuld bei ihr beglichen habe, schäme ich mich. Schäme mich, dass ich nicht mehr – keine zwanzig Euro oder darüber hinaus – gegeben habe. Zwar gab ich mehr als die üblichen zwanzig Cent, aber doch viel zu wenig. Ich war ihr erster Kunde an diesem Tag, dass ich wiedergekommen bin, würde ihr Glück bringen. Wieso saß nicht ich dort oder meine Mutter?

War sie geschickt worden, um meinen Mamagedenkspaziergang zu symbolisieren? Bin ich schon ganz verrückt, dass ich in einer Bettlersfrau eine Gesandte sehe, höre ich schon an jeder Ecke IHN, umgeben von einem Meer der Ungläubigkeit, des Zweifels und der berechtigten Kritik an Religionen, die die Aufklärung, die Wissenschaft bekämpfen, Legenden erzählen und den Menschen Hoffnungen machen und dafür anständig kassieren? Was, wenn doch? Was, wenn doch sie kam, um mich zu erinnern, mich, der ich mich zu viel erinnere, zu viel noch weiß, noch immer den Gral in dem Lokal suche und finde, Parzival sein wollte und offensichtlich noch immer sein will.

Solche Vorwürfe habe ich mir damals gemacht, dass meine Mama und ich nicht in das Hôtel des Marronniers gegangen sind, in dem ich auf Empfehlung einer Pariser Prinzessin immer mit meiner lieben Frau war. Immer, wenn der Autobus uns um sechs Uhr in der rue Tronchet weckte, ich aufstand, das Fenster zumachte, auf den Montmartre lief und meine Mutter schlafen ließ, die gerne auf mich wartete und sich inzwischen für den Tag rüstete, immer warf ich mir vor, dass ich das Kopfsteinpflaster übersehen und in meiner Begeisterung für die billige Buchung die gute Adresse vergessen hatte. Vielleicht wollte ich auch nur mein Liebesnest schützen, dafür spricht auch, dass meine Frau die Augen zum Himmel verdrehte, als ich von meinen Erinnerungen an meine Mama, dem Besuch der Oper (man gab in dem großen Saal einen Film mit Maria Callas) und dem anschließenden Kuchen im Café de la Paix sprach, wo meine Mama das Gefühl hatte, dass wir reich sind, wenn wir hier sitzen können, wo jüdische Emigranten wenige Jahre zuvor im Mist stöberten, um Essbares zu finden.

Der alten Frau hatte ich Geld gegeben. Sicher war sie schon verschwunden wie alle Engeln, die nur kurz für ihren Auftrag erscheinen und sich dann wieder entfernen. Dankbar musste ich sein, dass der Engel auf mich gewartet, mir eine zweite Chance gegeben hatte, nachdem ich einmal vorbeigegangen war. Vielleicht hatte ihn die Tatsache milde gestimmt, dass ich das Geld in der Hand behalten hatte, schweißnass war es gewesen, als es in den leeren Becher fiel, eben einen Becher, der nur für diese Münze gemacht worden oder entliehen war, und nun wird die Münze zu den wenigen Gütern aufgehäuft, die mir einst vor Seinem Thron in die Gnadenschale geworfen werden, oder auch nicht.

Versponnenes Zeug. Die Mama und ich waren in Paris. Wir haben viel gelacht. Sie wollte mir schon damals eine teure Uhr, eine Patek Philippe, schenken, aber da das Geschäft, das diese Uhren führte, ein Lempe war, ein deutscher Juwelier in Paris, war es ihr und mir unmöglich. So gingen wir in eine Konditorei. Bedient wurden wir von einer dunkelhäutigen Kellnerin, die einen großen Hintern hatte und sich schwer durch die engen Sesselreihen zwängte, wobei ich es genoss, wenn sie mit ihrem Hintern meinen Rücken streifte. Sie roch intensiv und ich war mir sicher, dass sie in der Früh vor ihrer Arbeit Geschlechtsverkehr gehabt hatte. Der Geruch männlichen Samens, der aus der Vagina austritt, ist sehr charakteristisch, und wenn eine Frau noch Schambehaarung hat, kann man ihn Stunden danach noch riechen, auch wenn sie sich unmittelbar danach gewaschen hat. Ich sagte das damals meiner Mutter, sie war wie immer entsetzt und sagte, dass eine Woche doch zu lang sei, die ich mit ihr in Paris, der Stadt der Liebe, zu verbringen gedachte. Das war's aber nicht. Sondern es waren die Gerüche und nun die Erinnerungen an die Gerüche, die mich erinnerten. Nicht ich war's, der so roch, sondern ich war nur der, der's roch. Wie Gerüche so sind. Als ich an der Konditorei vorbeiging, roch ich es wieder.

Als wir jünger waren, erkannten wir, dass wir unsere Kindheit nur dann bewältigen können, wenn wir unseren Eltern ihre Fehler verzeihen. Dass wir selbst welche gemacht hatten, daran dachten wir nicht, dazu waren wir noch zu jung. Dann gründeten wir eine Familie, bekamen Kinder und bauten uns eine Karriere auf. Selbstverständlich nahmen wir die Begleitung durch die Eltern, durch die Mutter an. So, als wäre sie dafür gemacht. So, wie mich meine Kinder heute sehen und annehmen, dass ich ihre Kinder immer gern sehen will und mag. Jedenfalls jetzt, wo ich der Nächste bin, der sich zum Grab rückt, jetzt muss ich noch einen Schritt weitergehen und mir und ihr unser Verhalten verzeihen. Wenn ich auch weniger Zeit gemeinsam mit ihr verbracht, mich anders verhalten hätte, wie auch immer unsere letzten gemeinsamen Jahre gewesen sind, jetzt ist es vorbei. Nur durch das

Verzeihen, und zwar jedem, kann ich mich selbst leichter zum Grab rücken und heiter sein, wenn ich dran bin.

Ich habe mit Helmut bei einem Waldspaziergang über die Entwicklung der kleinen Firma gesprochen, die unsere Familie betreibt. „In der dritten Generation gehen Familienunternehmen oft schief. Da ist die Begeisterung draußen und die Erben streiten sich so lange, bis das Unternehmen untergeht", sagte er. Ich lachte herzlich, fast ein wenig übertrieben. Da lachte er mit. „Du hast recht, das werden wir nicht mehr erleben."

Während meines Kurses starb Bodos Mutter. Stefan, ein Kursteilnehmer, fotografierte uns am nächsten Tag, wie wir beide ins Wasser des Gardasees blickten. Wir waren stumm. Ulrike, Bodos Frau, hatte ihn mit seinem Schmerz weggeschickt: „Du konntest sie doch ohnehin nicht leiden!" Sonst war er den Teilnehmerinnen und Teilnehmern, die er regelmäßig als unbegabt beschimpfte, fremd geblieben und wollte es wohl auch so. Da standen nun zwei Waisen, es war spät geworden und es war vollendet. Nie mehr konnte gutgemacht werden, was falsch lief. Nur mehr die Verzeihung konnte helfen. Sich und ihr gegenüber.

AUF DEM WEG IN DEN WALD

Im Wald kommen mir die meisten Einfälle. Nun, zwei Jahren nach Mamas Tod, denke ich differenzierter über sie nach. Oft auch über ihre Präsenz. Nachdenklich macht mich: Wieso wohne und lebe ich mit ihr? Überall. Das Haus, das Gartenhaus – alles ist mit ihrer Hilfe entstanden. In allem wohnt sie.

Die Frage, wie ich ihr verzeihe, als ich erwachsen wurde, die drängende Frage, wie ich Ehemann und Sohn zugleich sein sollte, wandelt sich nun. Nun geht es nicht mehr darum zu verzeihen und anzuerkennen, nicht mehr um den scheinbar unausweichlichen Konflikt zwischen zusammenwohnender Schwiegermutter und Schwiegertochter, der sich im Herzen des Sohns ausdrückt. Nun geht es um das Erinnern als Tatsache, Wunsch und Pflicht und um das Vergessen als Erlebnis. Denn nicht nur in Paris lebt sie mit mir, sondern in allen Häusern, die ich bewohne, selbst wenn sie diese nicht mehr kennen gelernt hat. Denn wenn diese Wohnung in Israel ist und sie auch von meinem Sohn bewohnt und gemietet wird, heißt das noch lange nicht, dass Tel Aviv nicht Mutterboden ist. Es war eher ihre Stadt als meine, sie hat dort ihre Jugend und das junge Erwachsenenalter verbracht, Kinder bekommen, den einen und den anderen Krieg überstanden, die Sprache gut und verstehbar gesprochen, geschwitzt und auf das Eis des Eisausträgers gewartet. Es war ein anderes Tel Aviv, jenes der Jahre 1938 bis 1954, aber es waren sechzehn Jahre. Was kann ich dem entgegensetzen, mit meinen Wochen und Monaten, die ich nun dort bin. Nie war ich dem Leben in Tel Aviv ausgesetzt, dem Drängen im Bus, dem Feilschen am Markt, der Suche nach Milch für meine Kinder. Mein Tel Aviv ist touristisch, auch wenn ich oft dort bin. So ergibt sich nun ein ganz anderer Konflikt: In der Erinnerung finden sich fast ausschließlich Orte, die bereits „besetzt" sind. Konstruktivistisch gesprochen: Überall, wo ich hinschaue, sehe ich mich selbst und in diesem Fall meine Erinnerungen. Es ist ja nicht so wie bei Hamlet, dass die Tote mir erscheint, von mir Handlungen einfordert oder mein Schicksal mit dem ihren, ihrer Totenruhe verquickt. Nein, es ist so, dass ich das selbst will, dass ich es bin, in dessen Erinnerung die Orte vergeben wurden. Sitze ich auf der

Terrasse, so sehe ich meiner Mutter letzte Bilder, wie sie, schon sehr alt und müde, ihrer Stiefenkelin Essen gibt, die, blühend und jung, ihre Lebensmittel einfordert. Rede ich über Kreuzfahrten, sehe ich mich mit ihr in einem Zimmer, einer Kabine, an Bord eines Mittelmeerkreuzfahrtschiffs leben, lachen, essen und Ausflüge machen. Komme ich in meiner Stadt, in meinem Haus an, dann gehe ich in den Raum, den sie bewohnte und sehe sie. Selbst wenn ich abends Tee trinke statt Wein oder Bier wie jeder anständige Mensch und dann in der Nacht leichter schlafe und leichter erwache, wiederhole ich Fehler, die ich ihr bisweilen vorwarf.

Denn was ist denn die ideale Verarbeitung?

Soll man vergessen oder bewahren? Bewahrt man zu viel und ist man dabei traurig, so gilt das als krankheitswertig. „Verlängerte Trauer" wird das genannt. Das Traurigsein über eine gewisse Zeit hinaus, über den Anlass hinaus. Das zu lange Trauern, das Noch-immer-Trauern, auch wenn die verstorbene Person bereits mehr als sechs Monate tot ist. Das kommt vor, ich habe es bisweilen behandelt, aber das ist es nicht. Ich bin nicht traurig, ich erinnere mich nur. So sehr, dass der alte Konflikt zwischen Schwiegertochter und Schwiegermutter wieder aufbricht und ich meiner Frau auf die Nerven gehe, weil ich nicht „unser Paris" erinnere und erwähne, „unser kleines Häuschen" genieße oder verbessern will, sondern vielmehr an meine Mutter denke und sie sehe.

Meine Frau überhaupt: Sie war meiner Mutter zu dick. In ihrem Geschäft für Kleidermoden hat sie nie über die Größe sechsundvierzig Kleidung für Damen geführt. Sie wollte nicht, dass stärkere Frauen bei ihr einkaufen, sie waren ihr unangenehm. „In meine kleinen Umkleidekabinen passen so dicke Frauen nicht", pflegte sie dann als Argument vorzubringen. Meine Frau hat ungefähr Größe zweiundfünfzig, je nach Schnitt, und kleidet sich in Geschäften für Übergrößen ein. Ganz abgesehen davon, ob das für sie gut ist, ob mir das gefällt oder ob das „schön" ist – es wäre für meine Mutter ein Horror. Ihre langjährige beste und jugendliche Freundin Monika, mit der sie auch in einer Wohngemeinschaft gewohnt hat, war genauso so dick. Es war im Gespräch das beherrschende Thema. Als meine Schwester starb, erkrankte auch

Monika an Brustkrebs, den sie allerdings überlebte. Das beendete die Beziehung meiner Mama zu Monika, wieso, weiß ich nicht.

Man sieht: in allem ist sie drin. Selbst im Anblick der frühlingshaften Azaleen im Garten. Mit ihrem klugen und neugierigen Blick schaut sie mir über die Schulter, beurteilt meine kleinen Versuche, spricht mir Mut zu und versteht meine Schwächen. Sehe ich meinen Kindern zu, wie sie sich ihren Kindern gegenüber verhalten, verstehe ich den Satz auf einem Tontäfelchen, das ich meiner Mutter geschenkt habe. Es stand früher in ihrer kleinen Küche und lehnt nun an meinem Tintenfass am Schreibtisch: „Colei che tutto perdona e tutto dimentica è la mama!"

NACHWORT

Macht das Alter noch immer Lust?

Drei Jahre später ist die Erstauflage vergriffen. Heißt das, dass so viele Menschen Lust aufs Alter haben? Oder haben Sie durch die Lektüre dieses Buchs Lust darauf bekommen? Vor allem aber: Habe ich noch immer Lust aufs Alter?

Ohne mein Zutun werde ich bald siebzig. Ich fühle mich nicht so – aber das sagen ja alle alten Leute. Ich habe Glück: Mein Sohn sagt, dass ich ein alter Mann bin. Wenn ich dann alte Männer ansehe, kann ich mich schwer mit ihnen identifizieren. Ich bin doch – so denke ich – erst gestern in nur knapp zwei Stunden im Wienerwald fast zehn Kilometer gegangen, mit Stöcken in flottem Schritt hinauf - und dann hinuntergerannt, über Stock und Stein. Was habe ich denn mit jenen zu tun, die mit einem Gehstock links und sich rechts am Handlauf haltend die Treppe herunterkommen? Was verbindet mich mit dem alten Mann mit dem stacheligen, weiß-grauen Bart, der mir in der Synagoge gegenübersitzt? Wieso haben die Männer, die neben ihm sitzen, so große Bäuche, und was haben sie gestern gemacht? Nur gefrühstückt, bevor sie hierhergekommen sind, oder haben sie des Nachts noch was gegessen? Und wieso bewegen sie sich wie alte Männer und schauen auch so aus? Schau ich auch so aus?

Sie sehen: Man kann mit dem Alter seinen Frieden nicht machen. Da hilft nichts. Selbst wenn man an einem 1. Oktober, an dem es in Wien 27,5 Grad Celsius hat, die Klimaerwärmung nur genießen kann und die Folgen des Problems der nächsten Generation überlässt – man selbst muss sich als bald nicht mehr seiend entwerfen, und das schmerzt.

Der Kontakt zur Welt ist zu pflegen. Manchmal braucht man das aber nicht, weil Ruhe und Rückzug angenehmer sind. Reisen werden beschwerlicher, nicht wegen des Reisens selbst, sondern weil ich in der Nacht davor nicht mehr schlafen kann, die Ausscheidungsfunktionen gestört sind und das Kontrollieren, ob man auch alles eingepackt hat, obsessiver wird. Aber es gibt auch Freuden: Wenn ich nur mit Handgepäck leicht reise und junge Menschen mit riesigen Koffern am Flughafen sehe, oder wenn ich mich – wie in einem Film aus den Fünfzigerjahren – als Teil des Jetsets fühle, weil ich in der Früh in Wien einsteige und nachmittags in Holland Fisch esse. Oder wenn ich Kindern und Kindeskindern manchmal Ideen für Seminararbeiten, Masterthesen oder Projekte vorschlagen kann, die manchmal sogar angenommen und verwertet werden.

Nach drei Jahren, eigentlich vier oder fünf Jahren, seit ich das Buch begonnen habe, ist das passiert: Die Welt rast an mir vorbei, schon wieder ist ein Jahr um. So geht's allen. Besonders den Alten. Ich relativiere meine Zeit auf meine bisherige Lebenszeit und sie erscheint daher kurz. Sie ist nicht kurz. Sie ist wunderbar: voller Erlebnisse und Freuden. Nur wenn ich Todesangst hätte, wäre sie kurz. Aber ich doch nicht. Meine etwas ältere Freundin Friederike sagte, als wir unsere Sünden des alten Jahres am ersten Tag des Jahres 5780 symbolisch in den Donaukanal warfen: „Es ist komisch, sich als Nichts zu denken. Aber ich schiebe das zur Seite." Wohl ihr, wohl denen, die das können. Ich sehe es jeden Tag vor mir, obwohl es nicht sichtbar ist. Das Nicht-zu-Sehende, das Nicht-mehr-Seiende ist mir unvorstellbar. Gerade mein Begräbnis könnte ich mir noch vorstellen, aber darüber hinaus: nichts.

So habe ich, was meine wunderbaren Kontakten zu meiner Familie mit Kindern, Stiefkindern, deren Partnern, Pflegekindern und deren Kindern zeitlich in keiner Weise beeinträchtigt, begonnen, für diese aber auch für andere Menschen meine Biografie online und als Blog zu schreiben. Ein altersentsprechendes Unternehmen in zeitgemäßer Form. Eine Kiste steht in meinem Arbeitszimmer: Fotos von Menschen, die außer mir niemand mehr kennt, in – für das heutige Verständnis – absurden Lebensumständen. Autos wie aus einer Oldtimersammlung, Häuser, die heute unbewohnbar erschienen, und Skiausrüstungen, die nur in sehr, sehr alten Filmen vorkommen. Ich weiß nicht, wer das lesen wird. Meine idealisierte Zielperson ist mein Sohn Noah. Dem erkläre ich alles. Mein Freund hat seine Biografie seinem Sohn für die Veröffentlichung nach seinem Sterben übergeben – das ist nicht meins, auch wenn ich es verstehen kann. Er will sich nicht mit den Reaktionen beschäftigen, sondern lieber mit neuen Projekten. Beide wollen wir keine Bücher mehr schreiben – mir ist die Präsentation zu komisch geworden, er sagt, ihm falle nichts mehr ein. Aber wird mich das wirklich aufhalten, weitere Bücher zu schreiben?

Aber Auftritte, wie ich sie im Buch empfehle, die kann ich weiterhin wärmstens rekommandieren: Man muss, will man sich nicht zu den Fortgeworfenen zählen, auftreten! Meine Kabarettabende auf der Grundlage dieses Buchs unter dem Titel: „Es ist wie eine zweite Jugend, nur ohne Zukunft!", wie es in der Einleitung heißt – sie waren voller Angstglück. Am Stadttheater Leoben auf der Bühne zu stehen und hinzufallen war Genuss und Angstlust. Die Akustik dieses ältesten Stadttheaters des deutschen Sprachraums war so gut, dass ich gegen die Planken sprechen konnte und man hörte mich im Rang. Ich sprach über das Herbeirufen von Alter, Krankheit und Not und über die Frage der Hilfsbedürftigkeit. Ich spielte unter der Regie Michael Schilhans mit meinem Sohn Aaron als früh Gealterten, der nicht jung sein will und nicht mehr gefragt werden will, was er einmal machen wird; und mit der wunderbaren Andrea Schramek als Bettenschieberin, die mir kein Wasser bringen darf, weil sie keine Krankenschwester ist. Es war jede Sekunde fein. Ich freue mich auch auf Auftritte, die unerwartet kommen: ob es ein Aufruf zur Thora am Neujahrsfest in der Synagoge in Baden/Wien ist oder ein Auftritt in Holland bei einer Fachtagung mit meiner liebsten Frau – alles Momente, in denen ich als altes Schlachtross den Ruf des Trompetenschalls wieder erklingen höre und ins Geschirr gehe.

Sicher, das Fiakerlied[51] und vor allem das: „Des letzte Umziehn des muss sein .." – es kommt näher und näher. Stirbt ein Jahrgangskollege, oder sogar ein Schulkollege nehme ich das persönlich. Mir haben

---

[51] Ich bin bald sechzig Jahr' (das war damals schon ein respektables Alter! Anm. P. Scheer) alt,
vierz'g Jahr steh' i am Stand,
der Kutscher und sei Zeigl, war'n allweil fein beinand
Und kommt's einmal zum Abfahr'n, und werd' ich dann begrab'n,
so spannt's mer meine Rapp'n ein und führt's mich über'n Grab'n.
Da lasst's ihr's aber laufen, führt's mich im Trab hinaus,
i bitt' mer's aus, nur net im Schritt, nehmt's meinsweg'n auch a Kreuzung mit.
Das ist ein Muss, das Umzieh'n ins allerletzte Haus
und d'Leit, die soll'n nur merken, an Fiaker führ' mer raus.
Und auf mei'm Grabstein, da soll steh'n – damit die Leut' auch deutlich seh'n:

Refrain: Sein Stolz war, er war halt an echt's Weaner Kind, ein Fiaker wie man' nicht
alle Tag find'. Sei Bluat war so lüftig, so leicht wie der Wind, (Pfiff)
aber er war hoit (Pfiff) ein echt's Weaner Kind.

aber die Worte der Predigt eines Rabbiners geholfen. Er erklärte den Klang des Widderhorns, das am Neujahrstag geblasen wird, so: An sich strömt nur Luft aus dem Horn. Es sind Schwingungen. Das Horn ist und bleibt leer. Das kann eine Metapher auf's Leben sein. Die Luft ist leer – wir füllen sie mit Schwingung und Schwingung mit Bedeutung. Nicht die Luft hat Bedeutung, sondern der Klang, den wir hören. Es ist die Bedeutung, die zählt. So ist es auch mit dem Leben. Es geht nicht darum lange zu leben, sondern das Leben mit Bedeutung zu erfüllen. Jedenfalls war es das, was ich verstanden habe. Ich versuche oft dem Leben Bedeutung zu geben. Leichter fällt es mir, mich unwichtig zu fühlen. Wie kann man sich so bedeutend empfinden, dass man nach dem Tod weiterleben will – frage ich mich? Wie kann man unruhig sein an der Supermarktkasse, oder in der Autokolonne, ungeduldig mit anderen Menschen, die vor einem stehen, wenn man noch nur die paar Momente hat und dann ist's vorbei? Welch ein Witz im Kosmos ist man – und dann heißt's Lachen – Lachen über sich selbst und sein Leben und das Leben seiner Kinder, so vorhanden. Bei mir ist Manches schiefgegangen: Heimat, Zugehörigkeit. Vieles ist gut gegangen: Familie, Kinder und Kindeskinder, Beziehung, Bewegung. Daher kann ich nur empfehlen: Konzentration auf das Gelungene und Gelingende, Freude am Alltag, Essen und Trinken nach Herzenslust. Vor allem aber: Leben mit Bedeutung und Selbstrelativierung – das ist es, was täglich Lust macht. Die harten Tage des Sterbens kommen schon noch. Viel Glück jeden Tag fürs Lachen und für die Freude der letzten Jugend!

Da ging gestern ein Mann in einem Fischgeschäft an mir vorbei. Der Durchgang schien ihm zu eng. Er entschuldigte sich und drängte sich durch. Dann stand er vor der Theke und wusste nicht, was er bestellen sollte. Die Verkäuferin bedeutete ihm mit dem Blick: Eil dich nicht, alter Mann, ich hab Zeit! Dann entschied er sich und eilte aus dem Geschäft. Was machte ihn eilen? Die Kinder, die zu Hause aufs Heringsfilet warteten? Die Frau, die ihr Abendessen sehnlich erwartete? Die Freundin, die er beeindrucken wollte? Vor allem aber – wozu eilen? Trotz allen historischen Wissens, trotz aller Geschichtlichkeit – wir haben den Moment: Die Vergangenheit gehört dem Hades, oder dem Teufel – wie Sie wollen; die Zukunft gehört den Göttern, oder dem Einzigen Gott –

ebenfalls wie Sie wollen. Wir haben die Gegenwart, den Moment und daher auch keine Notwendigkeit, in die Zukunft zu schauen, die uns dunkel erscheinen mag. Diesen Moment erfreut zu begrüßen macht Spaß und Lust. Das sehe ich heute so wie vor Jahren.

Den lieben Leser*innen wünsche ich, dass sie durch die Auseinandersetzung mit meinen Gedanken ein leichteres Leben haben werden. Eine fast kontrollierbare Angst und ein Sich-selbst-Relativieren, das Lebensfreude ausstrahlt. Gelänge das, wären all die Stunden des Schreibens, Korrigierens und Überlegens mehr als entlohnt.

Peter Scheer im Dezember 2019